보이지 않는 영향력

INVISIBLE INFLUENCE: The Hidden Forces That Shape Behavior
by Jonah Berger

Copyright © 2016 by Social Dynamics Group, LLC
All rights reserved.
This Korean edition was published by Munhakdongne Publishing Group in 2017 by arrangement
with the original publisher, Simon & Schuster, Inc. through KCC(Korea Copyright Center Inc.),
Seoul.

이 도서의 국립중앙도서관 출판예정도서목록(CIP)은 서지정보유통지원시스템 홈페이지(http://seoji.nl.go.
kr)와 국가자료공동목록시스템(http://www.nl.go.kr/kolisnet)에서 이용하실 수 있습니다.
(CIP제어번호: CIP2017005837)

보이지 않는 영향력

대중은
왜 그런 선택을
했는가

조나 버거 지음 | 김보미 옮김

INVISIBLE **INFLUENCE**
JONAH BERGER

문학동네

차례

당신은 왜 그런 선택을 했는가

최근에 당신이 했던 선택을 떠올려보자. 아침식사용 시리얼 고르기, 관람할 영화 고르기, 혹은 점심식사를 할 장소 정하기 등 어떤 선택이든 좋다. 데이트 상대를 정하거나 정치적 지지후보자 결정 또는 직업 선택 등 더 중요한 결정을 떠올려도 좋다.

왜 그런 선택을 했는가? 왜 특별히 그 사항을 선택했는가?

이는 쉬운 질문처럼 보인다. 대개 마음속으로 다양한 이유를 떠올리겠지만 모두 같은 방향, 즉 당신을 가리킨다. 선택은 당신의 개인적인 취향과 선호도, 호불호가 작용한 결과다. 당신은 배우자에게서 유쾌함이나 매력을 발견했을 것이다. 당신은 정치적 입장이 같기에 그 후보를 선택했을 것이다. 우리의 선택이 개인적인 사고와 견해에 따라 이뤄진다는 개념은 너무나 명백해서 재고의 여지도 없어 보인다.

하지만 이는 잘못된 생각이다.

타인은 미처 의식할 겨를도 없이 우리의 행동에 엄청난 영향력을 행사한다. 사람들은 누군가 투표를 하면 같이 투표를 하고, 다른 사람이 먹으면 덩달아서 많이 먹고, 최근에 이웃이 그랬듯 새 차를 산다. 사회적 영향력은 사람들이 구매하는 상품, 의료보험 선택, 학교 성적, 그리고 직업에까지 영향을 미친다. 또한 은퇴를 대비해 저축을 할지 주식 투자를 할지에 대한 선택, 기부금 내기, 조합 가입, 에너지 절약, 그리고 새로운 혁신안 도입 등에도 작용한다. 심지어 범죄 가담이나 직업만족도 평가에도 사회적 영향력이 작용한다. 우리가 내리는 모든 결정의 99.9퍼센트는 타인에 의해 이뤄진다. 타인의 영향을 받지 않은 결정이나 행동은 찾기 힘들다.

사실, 삶의 거의 모든 부분을 통틀어 우리가 사회적 영향력을 받지 않는다고 생각하는 영역은 딱 하나뿐이다.

바로 우리 자신이다.

나는 사회적 영향력의 과학적 측면, 즉 타인이 우리의 행동에 영향을 미치는 방식을 연구하기 위해 자전거로 캘리포니아 주 팰러앨토 곳곳을 돌아다니면서 BMW를 찾았다.

팰러앨토는 세계에서 손꼽을 정도로 주거비가 높기로 유명한 동네다. 스톡옵션과 기업공개로 많은 주민들의 지갑이 두둑해졌으며, 집값부터 사립학교 수업료까지 모든 비용이 치솟았다. 페라리와 마세라티 대리점이 도처에 있으며, 고급 레스토랑에서의 점심식사 비용은 1인당 200달러 가까이 된다.

이 도시에서 BMW를 찾는 건 마치 이스터에그 찾기 같았다. 그 차가 어딨는지 확실하게 알 방법이 없으므로, 미약한 직감과 약간의 행운에 기댈 수밖에 없었다. 나는 자전거를 타고 BMW 특유의 외양과 로고를 찾아 자동차들을 살피면서 골목 이곳저곳을 천천히 누볐다. 모퉁이를 돌 때마다 멈춰 서서 어디로 가야 성공할 기회가 더 많을까 가늠했다. 왼편 치과로 가야 할까? 치과의사들은 좋은 차를 몰곤 하니 그곳 주차장에서 하나 건질지도 모른다. 오른편 고급 식료품점은 어떨까? 한번 돌아볼 만하지.

BMW를 발견할 때마다 가방에서 종이 한 장을 꺼내 자동차 와이퍼 사이에 조심스럽게 끼워넣었다. 물론 우리는 영업하려는 게 아니었으므로, 정비소 쿠폰이나 정밀세차 광고 전단은 아니었다.

프린스턴대의 에밀리 프로닌 교수와 나는 BMW 차주들의 자동차 구매에 어떤 요소가 작용했는지 궁금했다. 사람들이 자신의 자동차 구매 결정에 어떤 요소가 영향력을 미쳤다고 생각하는지, 그러한 요인이 누군가의 BMW 구매에는 얼마나 영향을 미쳤다고 생각하는지 알고 싶었다.

설문지에서 우리는 가격이나 연비 혹은 브랜드 신뢰도와 같은 기본 요소 외에도 사회적 영향력에 관한 다양한 질문을 던졌다. 친구의 의견이 당신의 구매 결정에 어떤 영향을 미쳤는가? 해당 차종을 유명인이나 고위층 인사들이 타고 다닌다는 사실에 영향을 받지 않았는가?

응답자는 두 종류의 설문에 각각 답해야 했다. 하나는 자기 자신에 관한 것이었고, 다른 하나는 자신이 아는 BMW 운전자에 관한 것이었다. 타인의 BMW 구매에 가격이나 연비 같은 요소가 큰 영향을 미쳤다고 생각하는가? 유명인이나 고위층 인사가 비슷한 차를 탄다는 게 타인의 구매 결정에 영향을 주었다고 보는가?

그날 자전거로 도시 구석구석을 빙 돌고 나자, 백 대 이상의 BMW에 설문지를 남겨놓을 수 있었다. 응답자가 설문지를 다시 우편으로 보낼 수 있게끔 회신용 봉투와 함께 놓아뒀다.

그러고 나서, 기다렸다.

첫날, 그날따라 집배원이 늦게 도착했다. 하지만 우편함을 열자 실망만 돌아왔다. 한 뭉치의 쓸데없는 쿠폰들과 가구 카탈로그뿐이었다. 회신은 전혀 없었다.

다음날, 나의 낙관주의는 다소 조심스러워졌다. 나는 우편함을 지나치며 안을 살짝 들여다보았다. 여전히 텅 비어 있었다. 그때부터 걱정이 됐다. 사람들이 설문지를 무시해버린 게 아닐까? 회신용 봉투가 바람에 날아간 게 아닐까?

셋째날이 되자 우편함을 들여다보기가 두려웠다. 만약 여전히 아무 응답이 없다면, 다시 나가서 새로운 BMW(혹은 다른 접근방식)를 찾아야 할 것이다. 하지만 우편함 구석에, 드디어 기다려왔던 설문지가 도착해 있었다. 며칠 전 자동차 와이퍼에 끼워둔 작고 하얀 봉투였다.

그다음날에는 더 많은 회신이 왔다. 그날 이후 한 다발 정도가 더 도착했다. 이제 모든 준비가 끝났다. 우리는 설문지를 분석해 자기 자신과 타인에 관해 사람들이 어떻게 인식하는지 비교했다. 그들의 BMW 구매에 영향을 미친 요소와 타인의 BMW 구매에 작용했다고 여기는 요소를 각각 비교했다.

비슷한 점이 많았다. 당연하게도 응답자들은 가격이나 연비 같은 요소를 중요시했고, 타인도 마찬가지일 거라고 여겼다. 자신들의 BMW 구매에 가격은 큰 영향을 미쳤고, 다른 사람의 BMW 구매에도 가격이 비슷하게 높은 영향을 미쳤다고 생각했다.

하지만 사회적 영향력을 평가하자 태도가 바뀌었다. 응답자들이 사회적 영향력을 중시하지 않았다는 게 아니다. 그들은 사회적 영향력을 인지했다. 자동차 구매 결정에 지인들의 의견이나 유명인이나 고위층 인사의 해당 차종 구입 여부가 영향을 미친다는 사실을 분명히 알았다. 그렇기에 사람들의 자동차 구매에 사회적 영향력이 큰 비중을 차지한다는 사실을 선선히 인정했다.

단, 자신은 그런 '사람들'이 아니었다.

설문 응답자들은 타인의 BMW 구매에 대해서는 사회적 영향력의 효력을 분명하게 파악했다. 누군가의 취향이 주변 사람들의 생각이나 압력에 의해 바뀐다는 사실을 쉽게 인지했다.

하지만 자신의 BMW 구매에 똑같은 기준을 들이대면, 사회적 영향력에 대한 인식이 '팟' 하고 사라졌다. 그들은 스스로의 행동에 대해 아무런 증거를 발견하지 못했다. 자신의 행동에 사회적 영향력이 작용했다고는 생각도 못했다.

자동차를 구매할 때만이 아니다. 여러 분야에서 이러한 불균형이 나타난다. 의류 구매, 정치적 이슈에 관한 투표, 운전 매너 등에 사회적 영향력이 작용한다는 사실을 사람들은 인지한다.

그 주체가 자기 자신인 경우를 제외하고 말이다. 사람들은 사회적 영향력이 타인의 행동에 작용한다는 사실은 인지했지만 자기 자신의 경우는 예외였다.

이를 뒷받침하는 설명이 바로 사회적 바람직성social desirability이다. 타인에게 영향을 받는 것은 바람직하지 않다는 통념 때문에 사회적 영향력을 부정할지도 모른다는 것이다. 실제로 우리 사회는 떼 지어 몰려다니는 나그네쥐처럼 살아서는 안 된다며, 타인의 영향력을 뛰어넘어 주체적으로 살 것을 장려한다. 이렇듯 사회적 영향력이 나쁘다고 인식되면 사람들은 스스로를 부정적으로 평가하고 싶어하지 않아하므로 자신이 외부 요소 때문에 흔들렸다고 생각지 않을 것이다.

하지만 그렇게 간단한 문제는 아니다. 사회적 영향력이 긍정적으로 인식될 때에도 사람들은 타인의 영향을 받았다고 생각지 않았기 때문이다.

예를 들어, 낯선 지역을 방문할 때 그곳의 관례를 따르는 태도는 예의바른 행동으로 여겨진다. 반대로 공식 행사와 어울리지 않는 튀는 옷차림은 대개 긍정적으로 받아들여지지 않는다. 하지만 사회적 영향력이 강하게 작용했다고 여겨지는 이런 상황에서도 사람들은 여전히 자신이 타인의 영향을 받았다고 생각지 않는다.

사회적 영향력이 우리에게 작용하지 않는다고 생각하는 데에는 좀더 미묘한 이유가 있다. 우리가 그걸 인지할 수 없기 때문이다.

나는 다르다는 생각

갓 고등학교 2학년이 된 당신에게 부모님이 이제 일을 시작할 때가 왔다고 통보한다. 그동안 충분히 자신들에게 기대어 살았으니 이제 스스로 용돈을 벌어야 한다고 말이다. 비록 일주일에 두 번, 몇 시간 정도만 하는 파트타임 아르바이트이지만 당신은 집밖으로 나왔다. 이 일로 당신의 성격이 형성되고 당신은 세상을 보는 방법을 배울 것이다.

베이비시터나 잔디깎이만 해본 당신의 이력은 그리 특별하지 않지만 동네 슈퍼마켓에서 식료품을 포장하는 자리 정도는 어렵지 않게 구할 것이다. 정말 신나는 일자리는 아니래도 무거운 고기 상자 운반처럼 힘쓰는 일보다는 낫다.

종이와 비닐 포장에 익숙해질 무렵, 새로운 동료와 휴게실에서 마주친다. 당신은 지난 몇 주간 7번 라인에서 포장하는 그녀를 지켜보았으며, 그녀가 예쁘다고 생각해왔다. 그녀가 자기소개를 한 후 둘은 대화를 나눈다. 상사에 대해, 각자 다니는 고등학교에 대해, 그리고 토마토를 상하지 않게 다루는 노하우에 대해 이야기를 주고받는다.

그다음주에 두 사람은 몇 번 더 마주친다. 그리고 그다음주에는 더 많이 마주친다. 이야기도 더 오래 나눈다. 이내 당신은 그녀의 근무 시간에 맞춰 근무 시간을 택한다. 일할 때면 콧노래가 나올 정도가 된 당신은 결국 용기를 내 그녀에게 데이트 신청을 한다.

207번의 저녁식사와 92번의 긴 산책, 세 번의 휴가, 그리고 한 번의 짧은 이별 후에 당신은 여생을 함께 보낼 단 한 사람, 그녀와 결혼한다.

소울메이트라는 개념은 수천 년 동안 존재했다. 플라톤은 『향연』에서 원래 인간은 네 개의 다리, 네 개의 팔 그리고 얼굴이 둘 달린 머리를 가졌다고 했다. 그들은 앞뒤 구별 없이 잘 걸을 수 있으며, 힘과 기운이 아주 무시무시해서 자신을 지배하는 신들을 위협했다. 무언가 조치가 필요했다.

신들은 다양한 해결책을 논의했다. 어떤 신들은 인류를 영원히 절멸시켜버리자고도 했다. 그러다 제우스가 한 가지 묘안을 내놨다. 신들에게 다양한 제물과 공물을 바쳐온 인간을 왜 모조리 없애버리려 하는가? 대신 각 인간을 반으로 나눠버리자. 그러면 그들에게 가르침을 줄 수 있을 것이다. 그런 형벌을 내린다면 인류의 힘은 약해지고 자긍심이 꺾일 것이다.

제우스의 방안이 받아들여졌다. 인간은 마치 통나무를 쪼개듯 반으로 갈라졌다.

인간들은 당연히 비참해했다. 그리하여 상처가 낫자 자신의 반쪽을 갈망하며 찾아다녔다. 자신을 온전하게 만들어줄 반쪽을 영원히 찾아 헤매게 된 것이다.

플라톤 이래로 많은 것이 변했지만, 진정한 사랑은 단 하나라는 개념은 여전히 존재한다. 부드러운 맥주가 연애편지를 대체하고 가벼운 만남이 공들인 구애를 대신하게 되었지만, 여전히 대부분의 사람들은 자신과 딱 맞는 반쪽이 어딘가에서 기다린다고 믿는다. 하나의 원에서 나뉜 두 개의 반구처럼 혹은 하나의 완두콩 꼬투리에 들어 있던 두 콩알처럼, 어딘가에는 당신을 완성해줄 누군가가 있다. 잃어버렸던 그 퍼즐 조각은 당신에게 딱 들어맞을 것이다. 이런 생각은 R&B 음악과 로맨틱 코미디 영화와 함께 점점 더 발전해왔다. 만약 연애운이 없더라도 조바심내지는 말자. 아직 소울메이트를 못 만났을 뿐이다.

신문에 실린 결혼 관련 기사를 살펴보거나 기혼자들에게 어떻게 만났는지를 물어보면 비슷한 대답이 돌아온다. "처음 본 순간 그냥 알았어요…… 다른 누구에게서도 느끼지 못했던 화학반응이 었어요…… 불꽃이 튀고 그가 제 반쪽이라는 걸 알았어요."

대부분의 사람들은 다른 가능성도 있었을 거라는 사실에 언짢아한다. 행복한 결혼생활중인 친구의 기분을 상하게 하고 싶은가? 그렇다면 다른 사람과 결혼했더라도 마찬가지로 행복했을 것이라고 말해주면 된다.

우리의 배우자는 완벽하지 않지만, 우리가 직접 선택한 사람이다. 그렇기에 우리는 결코 다른 사람이 그를 대신할 수 없다고 110퍼센트 확신한다.

이런 점에서 우리 모두는 유리구두 한 짝을 들고 그게 꼭 맞는 유일한 사람인 신데렐라를 찾아 헤매는 왕자와 같다.

하지만 대부분의 미국인들이 배우자를 어떻게 만나는지를 살펴보면, 흥미로운 사실이 드러난다. 미국에는 삼억 이천만 명 이상의 사람들이 살고 있다. 이 가운데 기혼자를 제외하면 일억 육천만 명이 남는다. 여기서 선호하는 성별로 한 차례 더 추려내면 당신에게는 팔천만 명의 후보가 남는다.

이중 나잇대와 지지 정당, 종교적 입장, 그리고 음악 취향 등이 다른, 당신과 맞지 않는 사람들을 걸러낸대도 여전히 수백만 명이 후보로 남는다. 반쪽이 될 가능성을 가진 사람이 아직 많다.

이러한 계산을 세계 인구에 대입해보면, 당신의 소울메이트가 될 수 있는 사람은 수억 명 이상이다.

그러나 결국 사람들이 어디서 미래의 배우자를 만나는지를 살펴보면, 꽤 협소한 몇몇 장소로 집중된다. 실상 삼분의 일 이상의 미국인들이 남편이나 아내를 두 곳 가운데 한 곳, 그러니까 직장 혹은 학교에서 만난다.

사실 그리 놀라운 일은 아니다. 대부분의 사람들은 직장과 학교에서 많은 시간을 보내기 마련이고, 만날 수도 없는 누군가와 사랑에 빠지기란 불가능하기 때문이다.

하지만 잠시 멈춰 서서 이것이 무슨 의미인지를 생각해보자. 물론 우리에게 각각 단 한 명의 반쪽이 존재할 수 있다. 수억 명 가운데 단 한 명의 소울메이트. 하지만 그 사람이 같은 시간에 식료품 포장 작업을 할 가능성이 얼마나 될까? 우리가 모두 운이 좋은 걸까?

피츠버그대에서 열리는 리처드 모얼랜드 교수의 성격심리학 수업은 대학에서 진행되는 여느 학부 수업과 크게 다르지 않다. 이 강의는 커다란 부채꼴처럼 생긴 좌석이 경기장처럼 배치된 강의실에서 진행된다. 이백 석 가까이 되는 강의실은 대부분 신입생과 2학년들로 채워졌고 간혹 3, 4학년생이 섞여 있다. 대략 절반은 남학생이며 나머지 절반은 여학생이고, 운동을 좋아하는 학생과 공부밖에 모르는 학생, 나태한 학생과 야심찬 학생들이 적당히 자리한다.

심리학 수업에서는 보통 학술 연구에 참여하면 약간의 가산점을 부여하는데, 모얼랜드 교수의 수업도 예외는 아니었다. 학기가 끝날 무렵, 학생들은 짧은 설문조사 작성을 요청받았고 대부분의 학생들은 이에 응했다.

설문조사는 단순했다. 남학생과 여학생 모두에게 A, B, C 그리고 D라고 쓰인 네 여성의 사진을 보여준 후, 각 사진에 대해 몇 가지 질문을 던졌다. 각 여성들은 얼마나 매력적인가? 사진 속 여성과 즐거운 시간을 보낼 수 있을 것 같은가? 그녀와 친구가 되고 싶은가?

네 여성은 별 차이가 없어 보였다. 모두 전형적인 학부생 같았다. 비슷한 나잇대에 평범하게 차려입은, 학기중에 옆자리에서 수업을 들었을 법한 모습이었다.

실제로도 그랬다. 사실 이 수업은 학생들 몰래 진행된 정교한 실험의 일부였다.

사진 속 여성들은 그 학기 동안 실제로 수업에 참여했다. 그들은 수업이 시작되기 몇 분 전에 도착해서 강의실 앞쪽으로 천천히 걸어내려가 대부분의 수강생들이 볼 수 있는 자리에 앉았다. 강의중에는 조용히 앉아서 수업을 듣고 필기를 했다. 강의가 끝나면

짐을 챙겨 다른 학생들과 함께 강의실을 나갔다. 수강신청을 하지 않았다는 점 말고는 다른 학생들과 거의 차이점이 없었다.

한 가지 좀더 중요한 세부사항이 있었다. 각 여성의 출석 횟수는 제각각 달랐다. 모얼랜드 교수의 수업은 학기당 마흔 번 이상 진행되는데, A여성은 한 번도 오지 않았고, B여성은 다섯 번, C여성은 열 번 그리고 D여성은 열다섯 번 출석했다.

당연한 얘기지만 사람들이 상대에게 매력을 느끼는 부분은 저마다 다르다. 누군가는 금발머리를 선호하지만 누군가는 흑갈색 머리를 선호한다. 어떤 여성은 키가 큰 구릿빛 피부의 잘생긴 남성을 좋아하지만 어떤 여성은 그와 반대되는 남성을 좋아한다(키가 작고 안색이 창백하며 외모가 그저 그런 남성들에게는 희소식일 것이다).

그렇기에 여성들에 대한 학생들의 평가가 저마다 달랐다 해도 전혀 놀랍지 않았다. 어떤 학생들은 A여성이 정말 매력적이라고 생각했고, 어떤 학생들은 C여성을 더 좋아했다. B여성의 눈이 마음에 든다는 학생들이 있는가 하면, D여성이 더 매력적이라는 학생들도 있었다.

하지만 모두의 의견에는 한 가지 패턴이 뚜렷했다.

학생들은 수업에 더 자주 참여한 여성을 더 매력적인 대상으로 꼽았다. 그들은 수업에 열다섯 번 출석한 여성을 열 번 출석한 여성보다 더 매력적이라고 평가했으며, 열 번 출석한 여성이 다섯 번 출석한 여성보다 더 매력적이라고 평가했다.

이처럼 누군가와 마주치는 빈도가 높을수록 상대에 대한 호감도는 더 높아졌다.

여기서 당신은 열다섯 번 출석한 여성이 개중 가장 예쁘지 않았을까 의문을 품을 수 있다. 애초에 그녀가 다른 여성들보다 더 매력적이었을 가능성도 있다. 하지만 이 경우엔 아니었다. 수업에 참여하지 않은 학생들을 대상으로 설문조사를 한 결과, 사진 속 여성들의 매력도는 엇비슷했다. 노출 횟수에 차등을 두지 않았을 때, 네 여성은 똑같아 보였다.

학생들이 자주 출석한 여성을 더 잘 알았던 게 아닐까? 그 역시 아니다. 여성들은 수업에 참석하는 동안 언어적으로든 비언어적으로든 어떠한 식으로든 다른 학생들과 교류하지 않았다.

그럼에도 학생들은 수업에서 더 자주 본 여성을 매력적이라 꼽았다. 학생들은 더 자주 출석한 여성에게 더 매력을 느꼈으며 더 친해지고 싶어했다. 그 여성을 수업에서 몇 번 더 봤을 뿐인데 말이다.

단지 노출 횟수 때문에 호감도가 상승한다는 개념은 언뜻 이상해 보이나 이는 수백 차례의 실험으로 실제로 증명되었다. 대학 졸업앨범 속 얼굴이나 광고 메시지, 신조어, 과일주스, 심지어 건물에 이르기까지, 사람들은 더 자주 접한 것일수록 더 선호한다. 익숙함이 호감으로 이어지는 셈이다.

무언가를 더 많이 볼수록 거기에 더 매혹된다는 단순 노출 효과는 그 자체로도 아주 흥미롭지만 그것을 더 흥미롭게 만드는 한 가지 측면이 더 있다. 우리가 이러한 작용을 전혀 인식하지 못한다는 사실이다.

모얼랜드 교수의 수업을 들은 학생들에게 사진 속 여성들을 이전에 본 적이 있느냐고 물었으나, 거의 모든 학생이 그 사실을 인지하지 못했다. 그리고 만약 어떤 여성을 자주 보면 그녀에 대한 호감도가 높아질 것 같느냐고 묻는다면 학생들은 그런 질문을 한 사람을 정신 나간 사람처럼 볼 것이다. "물론 아니죠. 그저 몇 번 더 봤을 뿐인데 어떻게 더 매력적이겠어요?"라고 반문할 것이다. 하지만 실제로 그랬다.

인식하든 못 하든 우리는 모두 모얼랜드의 수강생과 다름없다. 사회적 영향력이 발생한다는 사실을 깨닫지 못하기 때문에, 그것이 우리에게 얼마나 큰 힘을 발휘하는지 과소평가한다.

사회적 영향력이 우리의 행동을 형성하더라도 우리는 그 증거를 제대로 보지 못한다. 어떤 식으로도 사회적 영향력을 인지하지 못하기에, 이를 없는 것으로 치부한다. 하지만 영향력을 인식하지 못한다고 해서 그게 존재하지 않는 것은 아니다.

숨은 설득자

잠시 간단한 게임을 하나 해보자. 이제부터 기억력 테스트를 할

것이다. 아래 적힌 일곱 개의 단어를 당신이 얼마나 많이 기억하
는지 알아보려 한다. 충분히 시간을 들여 다음 목록을 읽어보자.

무모한
가구
자만하는
모서리
냉담한
스테이플러
완고한

기억력 테스트에 앞서, 당신이 해줬으면 하는 일이 하나 더 있
다. 다음은 도널드라는 사람에 대한 간단한 소개문이다. 이 글을
읽고 그에 대한 몇 가지 간단한 질문에 답해주기를 바란다.

도널드는 스릴 넘치는 일을 하는 데 많은 시간을 투자했다. 그
는 매킨리 산에 오르고, 카약 위에서 축구팀 콜로라도 래피즈의
사진을 찍었으며, 데몰리션 더비에 출전하고, 보트에 대해 잘 모
르면서 제트보트를 몰기도 했다. 그는 몇 번이나 부상의 위험을
감수했으며, 죽음까지 불사했다. 이제 그는 새로운 스릴을 느끼
고 싶어한다. 아마 스카이다이빙이나 요트로 대서양 횡단하기 등

을 고려중일 것이다. 그가 스스로를 어떻게 생각하는지는 그의 행동으로 쉽게 추측할 수 있다. 그는 자신이 많은 일을 잘해낼 능력을 갖췄다고 믿는다. 그렇기에 도널드는 사업상의 약속 외에는 다소 제한적인 인간관계를 유지한다. 누군가에게 의지할 필요를 못 느끼는 것이다. 그는 무엇을 하겠다고 마음먹으면, 얼마나 오래 걸리든 얼마나 어렵든 잘해낸다. 계획을 바꾸는 편이 더 나은 상황에서도 좀처럼 마음을 바꾸지 않는다.

당신이 이전에 도널드를 만난 적이 없다는 건 알지만, 이러한 설명을 읽고 그를 한 단어로 묘사한다면 어떤 단어를 선택하겠는가?

대부분의 사람들은 도널드를 다소 부정적인 인물로 묘사했다. 도널드는 무모하고 다소 우쭐대는 사람으로 인식됐다. 무엇보다도 요트로 대서양 횡단하기가 꽤 위험하다는 점과 '자신이 많은 일을 잘해낼 능력을 갖췄다고 믿는다'는 점이 그를 자만심 가득한 사람으로 보이게 했다. 어떤 사람들은 좀처럼 마음을 바꾸지 않는 그의 성격을 두고 완고하다고 평했으며, 그 누구도 의지하지 않는 모습을 두고 다소 냉담하다고도 했다. 당신 역시 그를 부정적인 인물로 봤대도 그리 놀랍지 않다.

하지만 만약 도널드 소개글에 앞서 다른 단어들을 기억해달라고 요청했다면 어땠을까? 다시 말해 위와는 뜻이 정반대인 단어를 보여줬다면 어땠을까? 도널드에 대한 묘사는 똑같지만 주어진 단어가 달랐다면 그에 대한 인식이 바뀌었을까?

당신은 물론 그렇지 않다고 대답할 것이다. "무작위로 나열된 단어 목록은 도널드와 전혀 연관되지 않아요. 아무런 관계가 없잖아요"라고 말이다. 그러므로 도널드에 대한 소개글이 달라지지 않는 한 당신은 그를 처음과 비슷하게 묘사하리라고 할 것이다.

하지만 틀렸다.

다른 집단의 사람들에게 도널드 소개글에 앞서 '모험심 강한' '자신감 있는' '독립적인' '인내심 있는' 같은 단어를 기억하게 하자, 그에 대한 인식이 바뀌었다. 사람들은 그를 훨씬 더 긍정적인 남자로 묘사했다. 대서양 횡단하기를 위험하다기보다는 모험심 강한 행동으로 여겼다. 타인에게 의지하지 않는 모습은 냉담하다기보다는 독립성을 나타낸다고 인식됐다.

같은 사람임에도 도널드에 대한 판단은 전혀 달랐다. 왜일까?

사람들은 깨닫지 못했지만, 도널드에 대한 묘사를 읽으며 떠올린 긍정적, 부정적 단어가 그에 대한 인식에 각기 다른 영향을 미쳤다. 이 단어들은 사람들이 다른 생각을 갖게끔 작용했고, 이는 도널드에 대한 인식에까지 영향을 미쳤다. 이 모든 과정은 부지불식간에 일어났다. 모든 것이 무의식적인 영향력에 의해 발생했다.

보이지 않는 영향력

이 책은 우리의 행동에 작용하는 단순하면서도 미묘하고, 때로는 놀라운 타인의 영향력에 대한 것이다.

과학이라고 하면 사람들은 대개 물리학이나 화학을 떠올린다. 시험관과 현미경 그리고 이중나선 구조의 꼬인 분자 모형을 떠올린다. 흰 가운을 입은 연구원들과 화성인의 글씨처럼 마구 휘갈겨 쓴 방정식으로 가득한 칠판이 놓인 실험실을 연상하기도 한다. 당신이…… 그러니까 로켓과학자 정도는 되어야 이해 가능한 대상이 과학이라고 생각한다.

하지만 복잡한 연구실에서만 과학을 만날 수 있는 건 아니다. 우리 주변에서 매일같이 찾아볼 수 있다.

우리는 누군가의 부추김 때문에 좀더 위험한 결정을 내린다. 매디슨과 소피아라는 이름이 요즘 유행하고 있으니 아이 이름을 미아라고 짓는다. 심지어 낯설거나 한 번도 본 적 없는 사람들이 우리의 판단이나 결정에 놀랍도록 큰 영향을 미치기도 한다. 복지 정책에 대한 우리의 생각은 이를 민주당이 지지하느냐 공화당이 지지하느냐에 따라 완전히 달라진다. (정책의 내용이 동일하더라도 말이다.)

마치 원자가 서로 반응하듯이, 우리의 사회적 상호작용은 지속적으로 우리의 모습과 행동을 만들어간다. 이러한 과학, 즉 사회과학은 당신이 왜 그런 이름을 갖게 됐는지부터 이 책을 집어들게 된 과정까지 모든 것을 결정한다.

하지만 사회적 영향력이 우리를 타인과 똑같이 행동하게만 이끄는 것은 아니다. 우리는 자석처럼 서로에게 이끌리기도 하지만 서로를 밀어내기도 한다.

우리는 종종 주변 사람들을 모방하거나 그들을 따른다. 하지만 어떤 경우에는 남들이 그렇게 행동하기 때문에 그런 일을 **피하거나** 방향을 달리하기도 한다. 손위 형제가 똑똑하다면 자신은 재미있는 사람이 된다. 또한 그런 부류의 사람은 되고 싶지 않기에 운전 중 경적을 요란하게 울리는 일을 삼간다.

어떤 경우에 남을 모방하고, 또 어떤 경우에 다르게 행동하는 걸까? 동료들은 언제 우리가 더 열심히 일하게끔 동기부여를 하고 언제 포기하게 만들까? 그리고 이 모든 것이 가정 혹은 직장에서의 행복, 건강 그리고 성공에 어떤 의미가 있을까?

이 책은 우리가 하는 모든 일에 다른 사람들이 어떻게 영향을 미치는지 그 수많은 방식들에 대한 질문을 다룬다. 나는 지난 15년 동안 훌륭한 동료들과 함께 사회적 영향력에 대해 연구해왔다. 펜실베이니아대의 와튼스쿨에서 교수로 일하면서 수백 번 실험을 수행하고 수천 번 비교 분석을 하였으며, 수백만 건의 구매 기록을 조사했다. 이웃이 새 차를 사면 당신이 차를 살 가능성이 높아진다는 것부터 경기에서 지고 있는 NBA 농구팀이 결과적으로는 이길 가능성이 높다는 것까지 모든 사례를 살폈다. 보이지 않는 **영향력**과 깊은 통찰력이 이러한 현상을 한데 모아 우리 행동에 작용하는 숨겨진 요소를 설명해줄 것이다.

1장에서는 인간의 모방 습성에 대해 살핀다. 심지어 잘못된 행동이라는 것을 알 때도 왜 사람들은 남들을 따라할까. 왜 누군가는 소다라고 부르는 것을 누군가는 팝이라고 부를까. 왜 남을 따라하는 것이 더 좋은 협상가가 되는 방법일까. 그리고 왜 사회적 영향력은 『해리 포터』를 비롯한 다른 블록버스터의 성공에 대해 전문가조차도 예측하기 힘들게 만들까.

2장에서는 무엇이 차별화를 일으키는지에 대해 살핀다. 사람들은 종종 주류에 편승하거나 타인을 추종하지만 사람들이 너무 몰려들면 그 흐름에서 다시 빠져나간다. 우리는 왜 대부분의 유명 운동선수들에게 손위 형제가 있는지, 아기들은 왜 모두 똑같이 생겼는지(우리 애가 아닌 경우에만), 그리고 왜 누군가는 무리에 섞여 있는 걸 좋아하는 반면 누군가는 무리에서 눈에 띄고 싶어하는지 알아볼 것이다.

3장에서는 이러한 상반된 경향이 어떤 양상으로 나타나는지에 대해 다룬다. 우리가 누군가를 따라하거나 누군가와 다르게 행동하는 것은 어느 정도 그 대상이 누구냐에 달려 있다. 왜 값비싼 상품일수록 브랜드 로고가 드러나지 않는지, 왜 기업들이 자사의 옷을 입지 않는 조건으로 셀러브리티에게 돈을 지불하는지, 그리고 왜 몇 시인지 알려주지 않는 시계를 30만 달러나 들여서 사는지 알아볼 것이다. 왜 피부색이 학업 성취에 영향을 미치는지, 왜 작은 청개구리들이 동물의 왕국에서 속임수를 쓰는지도 살필 것이다.

4장에서는 익숙함과 새로움 사이의 갈등 그리고 남들과 적당한 차이를 유지하며 행동하는 것이 어떤 가치를 지니는지 알아본다. 이 장에서는 기본 디자인에 가까운 외관의 자동차가 왜 더 잘 팔리는지와 미국 30대 대통령과 수탉이 무슨 관계인지, 그리고 허리케인이 신생아의 이름에 어떻게 영향을 끼쳤는지 알아볼 것이다. 또한 현대미술을 처음 접하면 거부감이 들지만, 피카소의 작품을 몇 번 접하고 나면 칸딘스키의 작품이 왜 훨씬 만족스러워지는지에 대해서도 살필 것이다.

5장에서는 어떻게 사회적 영향력이 동기를 부여하느냐에 집중한다. 왜 달리기를 할 때는 다른 사람이 함께 뛰면 더 빨라지지만, 평행주차를 할 때는 다른 사람이 함께 하면 오히려 방해가 되는 걸까? 환경 보호의 가장 좋은 방법이 이웃 감시하기라는 주장의 근거는 무엇일까? 바퀴벌레는 경쟁에 대해 우리에게 어떤 가르침을 줄 수 있으며, 왜 하프타임까지 지고 있던 프로농구팀이 이길 확률이 더 높은지 알아볼 것이다.

본격적으로 시작하기에 앞서, 한 가지 주목할 것이 있다.

여기서 다루는 과학은 실제로 다양한 문제에 적용되어왔고 앞으로도 그럴 수 있다. 직장생활을 잘하게 만들 수도, 환경을 살리고 인기 상품을 만들거나 아이디어를 얻는 데 도움이 될 수도 있다.

이 책을 읽은 뒤 당신이 이런 생각을 적용할 수 있는 영감을 얻기를 바란다. 사회적 영향력을 이해함으로써 우리와 다른 사람들의 삶을 개선할 수 있다. 도움이 되고자 각 장의 마지막 부분에서 사람들(혹은 회사들)이 공통적으로 자주 직면하는 문제에 대해 논의하고, 사회적 영향력이 어떻게 그 문제를 해결하는지 알아볼 것이다. 언제 다수의 의견을 따라야 하고 언제 자신의 의견을 고수해야 할지를 구분하고, 어떻게 우리의 영향력을 향상시킬 수 있는지 그리고 이러한 아이디어를 어떻게 적용해야 더욱 성공적이고 만족스러운 사회적 관계를 구축할 수 있을지에 대해서 말이다.

지금부터 여러분에게 한 가지 부탁을 하고 싶다. 이 책 전반에 걸쳐 사회적 영향력이 사람들에게 영향을 미치는 방식에 대해 당신이 미처 상상하지 못했던 여러 가지 예시를 통해 살필 것이다. 분명 흥미로운 읽을거리이지만 본인과는 상관없는 이야기라고 여기기 쉽다. '그래, 다른 사람은 대중에게 휩쓸리겠지. 하지만 난 아냐'라고 말이다.

하지만 사회적 영향력이 당신에게는 영향을 미치지 않는다는 생각은 틀렸다. 이 책을 읽고 영향력이 어떻게 작용하는지 잘 이해하게 되면, 그 힘을 이용할 수도 있다. 우리는 모두 군중 속에서 혼자라고 생각한다. 하지만 정말 그렇든 아니든, 그건 별개의 이야기다.

INVISIBLE
INFLUENCE

1장
원숭이는 본 대로 행동한다

같은 길이의 선을 찾아내기보다 쉬운 일이 있을까?

기본적인 시력검사를 받는다고 가정해보자. 당신 앞에는 카드 한 쌍이 놓여 있다. 왼쪽에 놓인 카드에는 한 개의 선이 그려져 있다. 오른쪽 카드에는 세 개의 비교선 A, B, C가 있다.

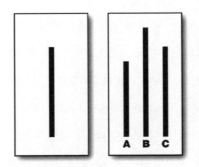

당신이 해야 할 일은 간단하다. 왼쪽 카드에 그려진 기준선과 같은 길이의 선을 오른쪽 카드에서 선택하면 된다. A선인지, 아니면 B선이나 C선인지만 결정하면 된다. 쉽지 않은가?

이제 조금 변형을 해보자. 이 실험을 혼자가 아니라 또래 집단과 함께해보자.

당신은 한 대학교 캠퍼스의 평범한 건물에 들어가 많은 계단을 올라 B7 강의실로 간다. 거기에는 사각형 테이블의 삼면에 여섯 명의 참가자가 이미 착석해 있어서, 당신은 자연스럽게 마지막으로 남아 있는 끝에서 두번째 자리에 앉는다.

실험자가 지시사항을 알려준다. 오른쪽 카드의 선 가운데 왼쪽 카드의 선과 가장 길이가 비슷한 선을 고르면 된다고 거듭 설명한다. 이 집단은 앞서 수행한 것과 동일한 실험을 여러 번 진행한다. 집단의 규모가 작고 실험 횟수가 상대적으로 적으므로 참가자들은 차례차례 자신의 선택을 발표하고 실험자는 그것을 특별한 형태로 기록할 것이다.

실험자는 테이블 왼편에 앉은 사람부터 시작하라고 지시한다. 붉은 머리에 회색 옷깃의 셔츠를 입은 첫번째 참가자는 스물다섯 살 정도로 보인다. 당신이 앞서 본 것과 같은 선을 보고 그는 주저 없이 "B선입니다"라고 대답한다. 다음 참가자는 스물일곱 살 정도로 좀더 나이가 들어 보이는데, 옷차림은 더 캐주얼하다. 그 역시 마찬가지로 "B선입니다"라고 대답한다. 세번째 참가자도 네번째 참가자도, 그리고 다섯번째 참가자도 모두 똑같이 답하고 마침내 당신 차례다.

"답은 무엇인가요?"라고 실험자가 묻는다. 당신은 어떤 선을 고르겠는가?

심리학자인 솔로몬 애시는 1951년에 실시한 이 실험에서 시력 그 이상의 것을 알아보고자 했다. 그는 누군가의 연구를 반박하려 했다.

그보다 몇 년 앞서, 또다른 심리학자인 무자퍼 셰리프가 유사한 연구를 실시해 놀라운 결과를 발견했었다. 그는 규범이 어떻게 형성되는지에 흥미가 있었다. 즉, 집단에 속한 사람들이 어떻게 공통된 세계관을 가지게 될까 궁금해했다.

이 문제를 연구하기 위해 그는 독특한 실험을 했다. 어두운 방에서 벽면에 작은 불빛을 비췄다. 그는 참가자들에게 가능한 한 눈을 움직이지 말고 불빛을 응시하라고 지시했다. 그런 뒤 불빛이 얼마나 움직였는지 기술하도록 했다.

그 불빛은 움직이지 않았다. 미동조차 없었다.

하지만 방안에 있던 참가자에게 불빛은 아주 조금씩 움직이는 것처럼 보였다. 어두운 방에서 작은 불빛을 응시하기란 생각보다 어렵다. 어둠 속에서 잠시 불빛을 응시하다보면 우리 눈은 피로해져서 부지불식간에 움직이게 된다. 이러한 경향 때문에 실제로는 정지해 있는 불빛이 마치 움직이는 것처럼 느껴진다.

셰리프는 자동 운동 효과라고 불리는 이 현상에 대해 연구했는데, 모호한 상황에서 사람들이 어떻게 타인의 의견에 동조하는지를 밝히고 싶었기 때문이었다.

그는 처음에는 참가자들을 방에 혼자 들어가게 했다. 각 참가자들은 불빛이 얼마나 움직였는지를 특정 숫자로 답했다. 어떤 참가자는 약 5센티미터라고 했고 어떤 참가자는 약 15센티미터라고 했다. 참가자들마다 추정치가 상당히 다양했다.

그다음에 셰리프는 참가자들을 집단으로 나누었다.

혼자서 결정하는 것이 아니라 두세 명 정도의 참가자가 동시에 한방에 들어가 다른 참가자들이 들을 수 있도록 자신이 생각한 숫자를 답하게 했다.

참가자들은 의견을 통일하지 않아도 괜찮았고, 저마다 원하는 만큼의 추정치를 결정할 수 있었다. 하지만 다른 사람들과 함께 들어가 대답하게 되자, 제각각이었던 수치가 일순간에 비슷해졌다. 동료의 존재가 추정치를 한데로 모았다. 혼자였다면 다른 참가자가 약 15센티미터라 답했어도 약 5센티미터라고 했을 것이었다. 하지만 사람들과 함께하자 그들과 비슷한 추정치를 내놓았다. 5센티미터 정도라고 대답했던 참가자는 자신의 추정치를 9센티미터 정도라고 올렸고, 15센티미터 정도라고 대답했던 참가자는 자신의 추정치를 10센티미터 정도라고 낮췄다.

참가자들의 추정치는 주변 사람들의 답변에 따라 변했다.

이렇게 동조 현상이 발생했음에도, 사람들은 이를 의식하지 못했다. 셰리프가 참가자들에게 타인의 판단에 영향을 받았느냐고 묻자, 대부분 아니라고 대답했다.

이런 사회적 영향력은 너무나 강력해서 참가자들이 다시 혼자 결정을 내릴 때까지도 지속되었다. 집단 실험 후 셰리프는 사람들을 다시 갈라놓고 혼자서 추정치를 만들게 했다. 하지만 이미 흩어졌음에도 사람들은 계속해서 집단일 때와 동일하게 대답했다. 예를 들어, 다른 사람들과 방에 함께 있을 때 추정치를 5센티미터에서 9센티미터로 높였던 사람들은 혼자 남더라도 올린 추정치를 고수했다.

집단의 영향력에 갇힌 것이다.

셰리프의 결론은 논란을 빚었다. 정말 사람들은 그저 다른 사람이 하는 대로 따라하는 걸까? 우리는 그저 다른 사람의 모든 행동을 따라하는 생각 없는 로봇일 뿐일까? 독립성과 자유사고에 대한 개념이 흔들리는 듯했다.

솔로몬 애시는 이에 납득하지 못했다.

애시는 단지 셰리프가 만든 상황 때문에 동조가 일어났다고 생각했다. 불빛이 얼마나 움직였는지 추측하기란 사람들에게 코카콜라를 좋아하는지 펩시를 좋아하는지 또는 베이글에 버터를 바를지 크림치즈를 바를지를 묻는 일과는 다르다. 사람들은 그전에 이런 판단을 한 번도 해보지 않았으며, 심지어 그럴 생각을 해본 적도 없었다. 게다가 정답도 명확하지 않았다. 쉽지 않은 질문이었다. 어려운 문제였다.

요컨대 불확실성으로 가득한 상황이었다. 그리고 사람들은 확신할 수 없을 때, 상황을 이해하기 위해 다른 사람에게 기댄다. 다른 사람들의 의견은 정보를 제공해준다. 특히 확신할 수 없는 상황에서라면 그렇게 얻은 정보를 배제할 이유가 없다. 무엇을 해야 할지 모를 때, 다른 사람들의 의견을 듣고 이를 토대로 의견을 조정하는 것은 합리적인 행동이다.

정답이 불확실했기에 사람들이 다른 사람들에게 동조한 것인지를 알아보고자 애시는 다른 실험을 생각해냈다. 그는 정답이 불확실한 상황에서 사람들을 관찰하기보다 정답이 명백한 상황에서 사람들이 어떻게 반응하는지 지켜보기로 했다. 쉽게 정답을 맞힐 수 있다면 타인에게 의존할 필요가 없었다.

선분 실험은 완벽한 선택이었다. 심지어 시력이 좋지 않은 사람이래도 정답을 말할 수 있었다. 좀 찡그려야 할 수도 있지만, 어쨌든 실험 참가자들 바로 앞에 분명히 선이 놓여 있었다. 다른 누구에게 의존할 필요가 없었다.

정답이 명확한 상황에서라면 동조 현상이 줄어들 것이라고 애시는 예상했다. 급격하게 줄어들 거라고 말이다. 실험을 더 확실하게 하기 위해 그는 집단 내 몇몇의 답변을 조작했다.

애시의 실험에서 진짜 참가자는 단 한 명이었고, 나머지 사람들은 배우였다. 각각의 배우들은 미리 정해진 답변을 내놓았다. 어떤 때는 정답을 말했다. 하지만 모두가 오답을 말하기로 사전에 정한 실험에서는 분명히 답이 C선인데도 "B선입니다"라고 답했다.

애시는 동조가 줄어들 것이라고 추측했기에 선분 실험을 실시했다. 실제 참가자는 정답을 눈으로 확인할 수 있기에 다른 사람들이 오답을 말한대도 영향을 받지 않을 것이라고 생각했다. 사람들은 독립적으로 행동할 것이며 본 대로 답하리라고 예상했다. 물론 다른 사람들에게 휩쓸리는 참가자들도 가끔 한둘 있겠지만, 대부분은 정답을 답할 것이었다.

그러나 결과는 달랐다.

심지어 예상과 전혀 달랐다.

그들은 너나없이 동조 행동을 보였다. 참가자 중 75퍼센트 정도가 적어도 한 번은 집단에 동조했다. 대부분의 참가자들은 모든 실험에 순응하지는 않더라도 평균적으로 세 번에 한 번꼴로 다른 사람의 의견에 따랐다.

정답을 제 눈으로 볼 수 있었음에도 집단의 의견을 따랐다. 집단의 답변이 오답이라는 게 명확할 때에도 말이다.

셰리프가 옳았다. 답이 명확할 때에도 사람들은 계속해서 타인을 모방한다.

동조의 힘

어느 더운 날을 상상해보자. 정말이지 무더워서 새들조차 지저귀지 않는 그런 날. 몹시 갈증난 당신은 차가운 음료를 마시기 위해 가까운 패스트푸드점에 들렀다. 계산대로 향하자 점원이 무엇을 찾느냐고 묻는다.

만약 달콤한 탄산음료를 주문하려고 한다면, 일반적으로 어떻게 표현하는가? 점원에게 뭐라고 말할 것인가? 다음의 빈칸을 채워야만 한다면 어떻게 말하겠는가? "_____ 한 잔 주세요."

어느 지역에서 자랐느냐에 따라 사람들의 대답은 매우 달라진다. 뉴욕과 필라델피아 혹은 미국 북동부 지역 출신의 사람들은 '소다'라고 대답한다. 미네소타를 비롯해 미국 중서부 지역처럼 대초원지대에서 자란 사람들은 아마도 '팝'이라고 답할 것이다. 이와 달리 애틀랜타, 뉴올리언스 등 남부 지역 출신의 많은 사람들은 '코크'를 달라고 요청한다. 설령 스프라이트를 마시고 싶더라도 말이다.

(남부 지역에 갈 기회가 있다면, 재미삼아 코크를 한번 주문해보라. 점원이 어떤 종류의 코크를 원하느냐고 물으면, 스프라이트와 닥터페퍼, 루트비어, 또는 진짜 콜라 중에 원하는 음료를 말하면 된다.)•

어디서 자랐는지, 우리를 둘러싼 사람들이 어떤 규범과 관습을 따랐는지는 사용하는 어휘부터 행동방식에 이르기까지 우리의 모든 것을 형성한다. 아이는 부모의 종교 신념을 따르고, 대학생은 룸메이트의 공부 습관을 따른다. 어떤 브랜드를 구매할지와 같은 단순한 결정이든 진로를 정하는 것 같은 좀더 중대한 결정이든, 우리는 주변 사람들을 따라한다.

이런 모방성은 상당히 본질적인 행위인지라 심지어 동물들도 모방 행위를 한다.

버빗원숭이는 주로 남아프리카에서 발견되는 작고 귀여운 원숭이다. 소형견과 비슷한 크기로 몸은 밝은 회색이며 얼굴은 검고 배 주변은 희다. 이 원숭이는 열 마리에서 일흔 마리 정도가 모여 사는데, 수컷은 성적으로 성숙하면 독립해서 자신의 무리를 이룬다.

버빗원숭이는 인간과 특성이 비슷해 과학자들이 연구 대상으로 삼곤 한다. 이 원숭이들은 고혈압과 불안증에 시달리기도 하고, 사회적인 형태로 알코올을 소비하고 이를 남용하기도 한다. 인간처럼 대부분 오전보다는 오후에 술을 마시지만, 술고래인 원숭이들은 심지어 아침에도 술을 마시고 개중에는 밤새 마시는 원숭이도 있다.

한 기발한 연구에서 야생 버빗원숭이들이 특정 음식을 피하게

● 아니면 사무실에서 동료들과 대화하는 상황을 가정해보자. 당신이 점심을 먹으러 나갈 때, 다른 직장 동료들은 마감에 쫓겨 함께 갈 수가 없다. 친절한 당신은 동료들에게 먹을 것을 사다 주겠다고 말한다. 이 경우, 당신은 동료들을 뭐라 부르겠는가? 즉, 둘이나 그 이상의 사람들을 지칭할 때 당신은 어떤 단어를 사용하는가? 다음의 빈칸을 어떤 단어로 채우겠는가? "_____, 먹을 것 좀 사다 줄까?" 대답은 아주 간단해 보인다. 하지만 이번에도 당신이 어디 출신인지에 따라 답변이 달라진다. 서부나 북동부 지역 사람들은 '친구들(you guys)'이라고 말할 것이다. 남부 지역 사람들은 '너희들(y'all)'이라고 할 것이다. 켄터키 주 사람들은 '여러분(you all)'이라고 부를 것이다. 그리고 필라델피아나 보스턴 출신의 사람들은 '당신들(youse)'이라는 단어를 사용해서 "당신들, 먹을 것 좀 사다 줄까?"라고 말할 것이다.

만드는 상황을 설정했다. 과학자들은 곡물이 담긴 두 개의 쟁반을 원숭이들에게 주었는데, 하나엔 분홍 곡물이, 다른 하나엔 파란 곡물이 담겨 있었다. 한 그룹의 원숭이들에게는 쓰고 역한 맛의 액체에 담갔던 분홍 곡물을 줬다. 다른 그룹의 원숭이들에게는 맛이 없는 파란 곡물과 평범한 맛의 분홍 곡물을 줬다.

점차 원숭이들은 맛없는 색의 곡물을 피해야 한다는 것을 배웠다. 첫번째 그룹이 분홍 곡물을 피했던 반면 다른 그룹은 파란 곡물을 피했다. 북동부 지역의 소다와 중서부 지역의 팝이라는 단어처럼 지역 규범이 생겨난 것이다.

하지만 과학자들이 관심을 가진 부분은 원숭이들의 통제가 아니라, 사회적 영향력이었다. 곡물 색에 대해 훈련받지 않은 새로운 원숭이가 각 그룹에 합류하면 어떤 일이 벌어질까?

이를 확인하기 위해, 연구자들은 우선 색깔 있는 곡물을 치우고 새끼원숭이가 태어날 때까지 몇 달을 기다렸다. 그러고 나서 원숭이들 앞에 다시 분홍 곡물과 파란 곡물이 담긴 쟁반을 놓았다. 이번에는 분홍 곡물도 파란 곡물도 맛이 괜찮았다.

새끼원숭이들은 무엇을 고를까?

분홍 곡물과 파란 곡물 모두 맛이 괜찮았기에, 새끼원숭이들이 둘 다 선택하리라고 예상했다. 하지만 아니었다. 색깔 곡물이 쓴맛이던 시절에는 태어나지도 않았던 새끼들도 그룹 내 다른 원숭이들의 행동을 모방했다. 만약 어미가 파란 곡물을 기피한다면 새끼들도 따라했다. 심지어 어떤 새끼들은 기피되는 색깔의 곡물은 음식으로도 여기지 않아 그 위에 앉아 다른 곡물을 먹기까지 했다.

이러한 동조는 너무 강력해서 그룹을 옮긴 원숭이들은 기피 색깔도 바꿨다. 실험과정에서 몇몇 나이든 수컷 원숭이들의 그룹을 변경시켰다. 어떤 원숭이들은 분홍색 기피 그룹에서 파란색 기피 그룹으로 이동했고 그 반대 경우도 있었다. 결과적으로 이 원숭이들은 선호하는 음식의 색깔 또한 바꾸었다. 그룹을 바꾼 원숭이들은 새로운 그룹의 규범을 따라 그곳에서 관습으로 여겨지는 색깔의 곡물을 먹었다.

거품이 나는 탄산음료를 '소다'라고 부르는 지역에서 자랐더라도, 다른 지역으로 이동하면 어휘가 달라질 수 있다. 탄산음료를 '코크'라고 부르는 사람들에게 몇 년간 둘러싸이면, 우리도 그들과 똑같이 말할 것이다. 원숭이들이 본 대로 행동하는 것처럼 말이다.

사람들은 왜 동조하는가?

몇 년 전, 컨설팅 프로젝트 때문에 샌프란시스코에 간 적이 있다. 샌프란시스코 만에 가봤다면 알겠지만 그곳은 단 하루 사이에도 날씨가 시시각각 변한다. 여름에는 그리 덥지 않고 겨울에는 엄청나게 춥지도 않다. 하지만 하루 동안 날씨가 어떨지 예측하기란 힘든 곳이다. 샌프란시스코는 11월에 21도까지 올라가고, 7월에 10도가 되기도 한다. 이 도시에 대한 유명한 말로—일반적으로 (와전된 이야기지만) 마크 트웨인의 말로 알려진—"내가 보낸 가장 추운 겨울은 샌프란시스코의 여름이다"라는 게 있다.

나의 일정은 11월부터였다. 그에 앞서 동부 해안 지역을 여행했기 때문에 두꺼운 겨울 코트를 가지고 갔다. 하지만 샌프란시스코에서의 첫날 아침, 외출 준비를 하다가 난관에 부딪혔다. 코트를 입을까 말까? 기온이 최저 10도에서 최고 15도라는 일기예보를 확인하기는 했지만, 여전히 확신할 수가 없었다. 그 예보는 추울 수도 더울 수도 있다는 말처럼 들렸다. 어떻게 결정해야 할까?

혼자서 추측하는 대신, 세월이 보장해주는 묘책을 쓰기로 했다. 다른 사람들이 어떻게 입었는지 창밖을 보고 확인한 것이다.

올바른 행동이 무엇인지 확신할 수 없을 때, 우리는 다른 사람들을 보고 도움을 받는다. 주차 공간을 찾는 상황을 생각해보자. 영원히 주차 공간을 찾아 헤맬 것처럼 돌다가 드디어 한쪽 가장자리가 모두 비워진 거리를 발견한다. 성공이다! 하지만 기쁨은 이내 걱정으로 바뀐다. '아무도 여기 주차하지 않았다면 나도 해서는 안 되는 게 아닐까. 거리 청소를 한다거나 불법 주차 단속을 할 만한 특별한 행사가 있을지도 몰라.'

하지만 그 거리에 다른 자동차가 몇 대 있다면 걱정은 사라진다. 당신은 합법적인 주차 장소를 찾았다고 좀더 확신할 것이다.

개 사료로 뭘 사야 할지 혹은 어떤 유치원에 자녀를 보낼지를

정해본 적이 있는가? 다른 사람들의 행동은 무엇이 최선인지에
대해 통찰력을 준다. 비슷한 품종을 키우는 다른 견주와의 대화를
통해 개의 크기나 에너지 수준에 적합한 사료 선택에 도움을 받는
다. 다른 학부모들과 이야기를 나눔으로써 어떤 유치원이 교사당
학생 수가 적당한지 혹은 교육과 놀이를 적합한 비율로 구성하는
지 파악할 수 있다.

어두운 방에서 불빛이 얼마나 움직였는지를 가늠하기 위해 다
른 사람들에게 의존했던 것처럼, 우리는 더 나은 결정을 내리도록
도와줄 유용한 정보를 제공해주는 타인에게 종종 의지한다.

타인을 정보원으로 이용함으로써 시간과 노력을 아낄 수 있다.
애완견에게 매주 새로운 사료를 주거나 며칠 동안 지역 내 모든
유치원의 안내문을 읽지 않아도, 타인의 정보는 유용한 지름길이
되어준다. 그것은 의사결정을 손쉽게 만들어주는 경험에서 우러
난 정보다. 다른 사람들이 경험했고 선택한 것, 또는 좋아하는 것
이라면 좋은 것임에 틀림없다.

하지만 선분 실험에서 입증된 대로, 단지 정보 때문에 모방하는
것은 아니다. 답을 알 때조차도 다른 사람들의 행동은 우리에게
계속해서 영향을 미칠 수 있다. 바로 사회적 압력 때문이다.

직장 동료들과 함께 좋은 레스토랑에 저녁을 먹으러 간다고 가
정해보자. 최근 사업이 아주 잘 풀렸기에 팀장은 모든 직원과 이

를 축하하기로 했다. 익숙한 인기 메뉴에 최신 스타일을 접목한 음식을 파는, 새로 문을 연 미국식 음식점으로 갔다. 랍스터가 들어간 맥 앤드 치즈, 돼지고기 대신 참치를 넣은 슬러피조 샌드위치 등이 있었다. 애피타이저도 맛있고 메인 메뉴도 훌륭해서 모두 이야기꽃을 피우며 유쾌하게 저녁식사를 즐겼다.

그리고 커피와 디저트를 주문할 때가 되었다. 달콤한 디저트로 정평이 난 레스토랑이라서인지 키 라임 파이도 훌륭해 보이고 더블 초콜릿 케이크도 맛있어 보인다. 선택하기 힘들었던 당신은 다른 사람들이 주문하는 동안 메뉴를 고심해보기로 한다.

하지만 뭔가 재미있는 일이 벌어졌다. 아무도 디저트를 먹고 싶어하지 않았다.

첫번째 동료는 배가 너무 부르다며 디저트 주문을 거절하고, 두번째 동료는 다이어트중이라며 먹지 않겠다고 한다. 테이블에 앉은 한 사람 한 사람이 각각 거절 의사를 밝힌다.

이제 웨이터가 당신에게 다가와 묻는다. "주문하시겠습니까?"

이런 상황은 애시의 선분 실험과 상당히 유사하다. 어떤 선이 정답인지 아는 상황과 마찬가지로 당신은 스스로가 무엇을 원하는지 그러니까 초콜릿 케이크나 키 라임 파이 같은 디저트를 주문하고 싶어한다는 걸 알고 있다. 이 상황에서 다른 사람들은 당신이 더 나은 결정을 내리도록 유용한 정보를 제공해주지 않는다. 하지만 그렇다고 해도, 당신 역시 그냥 넘어가야 할 것만 같다.

대부분의 사람들은 타인에게 호감을 얻고 싶어한다. 우리는 타인에게 받아들여지고 싶어하며, 적어도 소외되지 않았으면 한다. 모두에게는 아니더라도 최소한 우리가 신경쓰는 사람들에게는 그렇다. 농구 시합을 할 때 마지막 멤버로 지목되거나 결혼식 초대를 받지 못해봤다면 소외된다는 게 유쾌하지 않은 일이라는 사실을 알 듯하다.

디저트 주문도 마찬가지다. 물론, 당신이 유일하게 맛있는 디저트를 주문하는 사람이 될 수도 있다. 혼자 디저트를 먹어서는 안 된다는 법도 없다. 하지만 혼자만 디저트를 주문하는 건 영 내키지 않는다. 사람들이 당신을 이기적인 사람이나 튀는 행동을 하는 사람이라고 볼 것만 같다.

그래서 대부분의 경우 우리는 주변 사람들을 따른다. 다른 모두가 디저트 주문을 사양하니 자신도 건너뛴다. 그저 그룹의 일원이 되기 위해서 말이다.

하지만 이런 정보적 측면과 사회적 압력 외에 동조가 일어나는 이유가 하나 더 있다.

카멜레온과 모방의 과학

거울을 들여다볼 때면 나를 바라보는 누군가를 보게 된다.

대부분의 사람들은 부모를 섞어놓은 것처럼 생겼다. 코는 아빠, 눈은 엄마. 턱선은 아빠, 머리카락은 엄마.

하지만 나는 거울을 볼 때면 남동생의 얼굴이 보인다. 특히 갓 이발했을 때 더 그렇다. 다섯 살 차이인 우리는 아주 비슷하게 생겼다. 얼굴형과 입 모양이 닮았다. 내가 머리색이 더 밝고 더 곱슬머리이긴 하나 그 외 닮은 점이 많다.

확실히 유전자는 큰 역할을 한다. 부모가 같은 두 사람은 유전자형이 상당 부분 유사하다. 어떤 형질이 발현되느냐에 따라 형제는 마치 거울상처럼 똑같이 생겼을 수 있다.

그렇지만 실제로 결혼한 부부도 서로 닮아가므로 유전학이 형제의 외모가 닮은 유일한 이유라고는 할 수 없다. 혈연관계가 아님에도 배우자끼리는 얼굴이 비슷해 보인다. 결혼한 부부와 무작위로 선택된 두 사람을 비교해보면, 결혼한 사람들이 더 닮았다.

이런 유사성은 결혼에 어느 정도 선별적인 요소가 반영되기 때문이다. 사람들은 연령과 국적 그리고 인종적 배경이 비슷한 이와 결혼하곤 한다. 스웨덴인은 스웨덴인끼리, 스무 살 젊은이들은 스무 살끼리 그리고 남아프리카인들은 남아프리카인들끼리 결혼한다. 유유상종인 셈이다.

게다가 사람들은 자신과 외모가 비슷한 사람을 좋아한다. 만약 당신의 얼굴형이 둥글거나 광대뼈가 두드러졌다면, 얼굴형이 둥글고 광대뼈가 두드러진 사람에게 더 끌릴 것이다. 앞서 이야기한 단순 노출 효과와 마찬가지다.

이런 식의 경향 때문에 사람들은 자신과 약간이라도 닮은 듯한 상대와 결혼하게 된다.

하지만 여기서 끝나지 않는다. 시간이 흐르면서 부부가 한층 더 닮아가기 때문이다. 처음에는 약간 닮았다 싶을 수 있으나 시간이 지나면서 점점 더 닮아간다. 마치 두 개의 얼굴이 하나로 겹쳐지는 것 같다. 그래서 스물다섯번째 결혼기념일 무렵이 되면 두 사람은 판에 박은 듯해 보인다.

어떤 사람들은 함께 보낸 세월 때문이라거나 환경을 공유해서라고 해석하지만, 이런 요소들을 통제한 상황에서도 부부는 여전히 평균보다 더 비슷하게 보인다.

여기에는 그보다 한층 더 미묘한 메커니즘이 작용한다. 행복이나 슬픔을 비롯해 다양한 감정을 느낄 때, 우리는 기분에 따라 얼굴을 움직인다. 행복할 때는 웃고, 슬플 때는 찡그리며, 화가 났을 때는 미간을 찌푸린다.

어떤 특별한 감정이든 순식간에 지나가지만, 몇 년 동안 반복된 감정 표현은 우리 얼굴에 흔적을 남긴다. 눈가의 잔주름은 웃을 때 만들어지는 경우가 많아 종종 웃음선이라고 부른다. 마치 종이 접기처럼 더 많이 접을수록 선이 더 깊어진다.

그런데 우리의 감정은 독립적으로 표출되지 않는다. 우리는 주변 사람들의 감정 표현을 모방하고 흉내내곤 한다. 친구가 웃으면서 농담을 하면 당신도 아마 따라 웃을 것이다. 만약 그가 슬픈 이야기를 들려준다면 당신 얼굴에도 슬픔이 묻어날 것이다.

감정적 모방은 특히 결혼한 부부 사이에서 일반적으로 볼 수 있다. 부부는 서로를 바라보고 서로의 말에 귀기울이면서 많은 시간을 보낸다. 직장에서 있었던 일에 대해 들어주고 가게가 일찍 문을 닫아서 짜증났던 일에 대해 공감해준다.

그 결과, 부부는 공간과 음식만이 아니라 감정을 공유하게 된다. 함께 웃고 울며, 화내기까지 한다. 많은 농담을 건네면서 웃느라 눈가 잔주름이 생겼다면, 우리의 농담을 들었던 배우자에게도 같은 주름이 생겼을 것이다. 몇 년 동안 같은 순간 같은 감정을 느끼면서 얼굴에 작지만 비슷한 부분이 남는 것이다.* 모방은 우리를 닮아 보이게 만든다.

카멜레온은 놀라운 생명체다. 두 눈이 동시에 움직이는 다른 동물들과 다르게 카멜레온의 눈은 거의 360도로 독립적으로 회전한다. 마찬가지로 카멜레온의 혀도 인상적이다. 몸길이의 두 배 정도 되는 혀를 이용해 거의 시속 24킬로미터 속도로 먹이를 낚아챌 수 있다.

그렇지만 무엇보다 카멜레온은 변색 능력으로 유명하다. 그들은 몸의 천연색을 환경에 따라 바꿀 수 있다.

사실 인간의 행위도 이와 유사하다. 피부색을 바꾸는 건 아니지

---

* 시간이 흐르면서 점점 닮아가는 부부가 더 나은 결혼생활을 한다는 연구가 있다. 걱정과 근심을 공유하고 반복적으로 상대방에게 공감을 표현하는 것은 결혼 만족도를 높여준다. 하지만 서로에 대한 미묘한 모방은 그들을 더 행복하게 해줄 뿐 아니라 외모도 더 닮아 보이게 만든다.

만, 우리는 주변 사람들의 얼굴 표정과 몸짓, 행동 그리고 심지어 언어까지 흉내낸다.

다른 사람들이 웃을 때 함께 웃고, 고통스러워할 때면 함께 위축되며 텍사스 출신의 친구와 대화할 때면 "너희들"이라고 말한다. 회의중에 옆 사람이 얼굴을 만지거나 다리를 꼬고 앉아 있다면 우리도 얼굴을 만지거나 다리를 꼬게 될 가능성이 높다. 이 모든 일은 그렇게 행동한다고 의식하지 못한 채 일어난다.

모방은 거의 태어나자마자 시작된다. 태어난 지 이틀밖에 안 된 아기들은 옆자리 아기가 울면 따라 울고, 양육자의 감정 표현을 따라한다. 다른 사람이 메롱 하고 혀를 내밀면 어린아이들은 똑같이 따라한다.

이러한 모든 모방 행위는 무의식적으로 일어난다. 우리는 다른 사람이 그렇게 한다고 해서 일부러 의자에 기대앉지 않으며, 그저 친구가 그렇게 말한다고 애써서 텍사스 말투를 따라하지도 않는다.

하지만 깨닫지 못해도 우리는 반사적으로 주변 사람들의 행동을 계속해서 모방한다. 우리는 상호작용을 맺는 상대를 따라 미묘하게 자세를 바꾸고 움직이고 행동한다. 그리고 상대방 역시 마찬가지로 우리를 따라한다.

아이스크림에 관련된 한 사례가 없었다면 모방의 신경학적 근거는 아직까지 전혀 밝혀지지 않았을 것이다.

어느 더운 날, 이탈리아 파르마의 한 신경과학 연구실 한쪽 구석에 놓인 우리에서 마카크 원숭이가 점심식사를 하러 간 연구원들이 돌아오길 기다리고 있었다. 그 원숭이의 뇌를 커다란 기계에 얇은 전극으로 연결해 뇌 활동을 기록중이었다. 움직임을 계획하고 수행하는 영역인 전운동피질premotor cortex에 전극이 집중적으로 연결되어 있었다. 특히 손과 입의 움직임을 주관하는 영역이었다.

원숭이가 손이나 입을 움직일 때마다 그 영역에 관련된 작은 뇌세포가 활성화되고, 그러면 이런 움직임을 반영해 기계에서 소리가 났고, 그것이 모니터에도 기록됐다. 원숭이가 손을 올리면 모니터에 표시되고 '삐삐' 하고 반응했다. 원숭이가 입가로 무언가를 가져가면 '삐삐…… 삐' 하고 반응했다. 소리는 연구실에 울려퍼졌다.

여기까지는 예상대로였다. 원숭이의 다양한 움직임에 전운동피질이 활성화되었다. 어떤 행동을 하든 기계에서 '삐' 하고 큰 소리가 울렸다. 과학자들은 장비를 켜둔 채 점심을 먹으러 나갔다.

점심식사 후, 한 대학원생이 아이스크림을 먹으며 실험실로 돌아왔다. 그는 아이스크림콘을 마이크처럼 들고 있었다.

원숭이는 이를 흥미롭게 쳐다봤다. 아이스크림콘을 갈망하는 듯 응시했다.

그러다 예상치 못한 일이 일어났다. 학생이 아이스크림을 입가로 가져가자 모니터가 작동했다. '삐삐' 소리가 났다.

하지만 원숭이는 움직이지 않았다.

대학원생은 원숭이에게 좀더 가까이 다가가 다시 한번 아이스크림을 입가로 가져갔다. '삐삐' 소리가 울려퍼지면서 모니터에 기록되었다. 원숭이가 움직이지 않았다면 왜 움직임을 계획하고 수행하는 뇌 영역이 활성화된 것일까?

이는 원숭이가 누군가 다른 대상의 행동을 볼 때도 직접 행동할 때와 같은 세포가 활성화되기 때문인 것으로 밝혀졌다.

즉 원숭이가 손을 입으로 가져갈 때 활성화되는 뇌세포는, 아이스크림을 입으로 가져가는 모습을 보기만 해도 활성화되었다. 후속 연구를 통해 원숭이가 바나나를 집을 때 활성화되는 세포가 누군가가 바나나를 집는 모습을 바라볼 때도 활성화된다는 사실이 확인됐다.

이 세포들은 심지어 소리에도 반응한다. 원숭이가 직접 땅콩 껍데기를 깔 때와 다른 누군가가 땅콩 껍데기를 까는 소리를 들을 때, 같은 세포가 활성화되었다. 누군가의 행동을 관찰하는 것은 원숭이의 뇌에서 같은 행동을 따라해보게끔 이끈다. 이탈리아 과학자들은 이렇게 해서 오늘날 '거울신경'이라고 알려진 신경세포를 발견하게 되었다.

이 최초의 발견 이후 연구자들은 인간에게도 거울신경이 있음을 확인했다. 다른 사람의 특정 행동을 볼 때면 직접 그 행동을 할 때와 동일한 피질 부위가 활성화됐다. 타인이 물체를 잡는 모습을 보면 우리가 직접 물체를 잡을 때와 같은 운동유발전위 혹은 근육이 움직일 준비가 되었다는 신호를 보내온다.

이처럼 타인은 우리의 행동을 준비시킬 수 있다. 다른 사람의 행동을 관찰할 때 우리의 뇌는 활성화되어, 실제로 같은 행동을 했을 때 더 편안하게 작용하도록 만든다. 회의중에 누군가 꼿꼿한 자세로 앉아 있는 모습이 보이는가? 누군가가 그릇에서 사탕을 움켜쥐는 장면을 보았는가? 그렇다면 우리도 똑같이 행동할 가능성이 높은데, 그들의 행동이 우리를 이끌기 때문이다. 이렇듯 모방과정은 우리의 정신과 육체를 이끈다. *

우리가 모방 행위를 하도록 생물학적으로 만들어졌다는 사실도 흥미롭지만, 행동 모방에는 중요한 측면도 있다. 분명 우리는 타인을 모방한다. 하지만 다른 사람이 우리를 모방한다면 어떤 일이 발생할까?

---

* 거울신경은 지식 획득을 용이하게 만들기 위해 진화된 듯하다. 유아들은 수많은 새로운 행동을 배워야 하는 벅찬 상황에 처한다. 미소짓기부터 팔다리를 움직여서 결국 걷고 말하는 일까지 말이다. 이는 마치 우주선 조종석에 앉아 갑자기 이를 조종하라고 지시받는 상황과 같다. 알지 못하는 일투성이다.

거울신경은 학습과정을 빠르게 해준다. 미소를 어떻게 지어야 하는지 이해할 필요 없이, 다른 사람의 미소를 보는 것은 그러한 행동을 할 수 있게 만든다. 이는 미소짓기 위해 필요한 얼굴 근육을 조절하는 뇌 영역을 준비시켜 아기가 미소짓는 것을 더 쉽게 만들어준다.

처음 거울신경이 생겨나는 이유도 학습 때문이다. 학습하기 전에는 다양한 행동 자극을 신경중추로 전달하는 지각신경과 행동을 작동시키는 운동신경 간의 연관성이 거의 없다. 하지만 자가 관찰이나 어른이 유아와 같은 표정을 지어 보이는 상황에서, 행동을 관찰하는 지각신경과 행동을 만드는 운동신경 간의 상관관계가 생긴다. 두 신경들은 동시에 활성화가 되고 연관성이 커지며 마침내 거울신경을 형성한다. 동시다발적으로 활성화된 신경은 서로 연결되기 때문이다.

제이크는 협상을 싫어한다. 협상을 너무 싫어해서 흥정을 하느니 정가대로 값을 치르고 새 차를 구입할 정도다. 그렇기에 이베이에서 입찰하는 일 정도로도 약한 공황장애 상태에 빠지기 충분했다. 직장에서의 희망 연봉 협상이든 거래처와의 세부 내용 논의든, 제이크는 협상이라면 건너뛰고 싶어했다. 그에게 협상은 서로 대립해 논쟁하는 일 같았고 항상 강요받는 기분이 들었다.

어느 화요일 늦은 오후, 그는 어쩔 수 없이 한 주유소를 두고 팽팽한 협상을 진행하게 됐다.

제이크는 MBA 과정의 하나인 협상 훈련을 하느라 주유소 사장 역을 맡아 수전을 상대하게 됐다. 그는 주유소를 좋은 가격에 매도해야 했다.

주유소 주인과 그의 아내는 인생의 꿈인 세계일주 항해를 실현하기에 충분할 정도로 자금을 모으기 위해 지난 5년 동안 하루 열여덟 시간씩 일해왔다. 부부는 로스앤젤레스에서 출발해서 2년간 책에서만 봤던 수많은 곳을 돌아다닐 예정이었다. 이미 멋진 중고 보트에 계약금을 걸어두고 여행 준비에도 들어간 상황이었다.

유일한 문제는 주유소였다. 여행 경비를 마련하려면 주유소를 팔아야만 했다. 이런 상황 때문에 주유소 주인 역할을 맡은 제이크는 서둘러 주유소를 처분하려 했다. 하지만 주유소를 빨리 매도하면서도 여행 경비 마련을 위해서는 적당한 가격선을 지켜야 했다.

수전과 그는 협상 테이블에 마주앉았다.

그녀는 주유소 매입에 관심을 가진 텍스오일이라는 거대 정유회사의 대변인 역할을 맡았다. 회사는 전략적으로 사업을 확장하면서 제이크의 주유소처럼 개별적으로 운영되는 주유소를 사들이고 있었다.

제이크는 주유소의 장점을 말하면서 협상을 시작했다. 경쟁자가 적은 입지라 완벽한 투자 기회라고 말했다. 게다가 지난 10년간 부동산 가치가 높아져 만약 비슷한 주유소를 텍스오일 측에서 처음부터 세우려면 훨씬 비용이 많이 들 것이라고 강조했다.

수전은 제이크가 일궈온 주유소의 가치에 대해서는 인정하지만 설비를 최신식으로 바꾸려면 텍스오일 측에서 상당한 투자를 해야 할 것 같다고 반박했다. 새로운 펌프를 설치하고 최신식 정비 시설을 갖추는 등 아주 많은 부분을 바꿔야 할 것이라고 덧붙였다.

협상이 대개 그렇듯이 양측은 자신에게 유리한 사실만 강조한다. 협상자들은 왜 자신이 제시한 가격에 맞춰줘야 하는지만 강조하고 불리한 정보는 감춘다.

마침내 그들은 구체적인 가격을 주고받기 시작했다.

수전이 41만 달러를 제안하자 제이크는 정중하게 이를 거절하면서 65만 달러를 제시했다. 수전은 제시 금액을 조금 올리지만, 제이크는 종전의 금액보다 약간 낮출 뿐 동의하지 않는다.

30분이 흘렀지만, 그들은 여전히 합의점을 찾지 못했다.

이러한 협상 훈련은 학생들을 더 나은 협상가로 만들기 위해 고안되었다. 실제 교섭 상황을 직접 진행하면서 학생들은 넌지시 상대방의 의중 떠보기, 개인정보의 공개 범위 정하기, 그리고 교섭 마무리하기를 경험해볼 수 있다.

그렇다고 해도 이 협상은 언뜻 곤혹스러운 장난처럼 보인다. 가능한 합의점이 없기 때문이다.

협상에는 협상이 결렬되지 않고 구매자와 판매자 모두가 만족하는 거래가 이루어지는 범위인 협상 가능 영역ZOPA, Zone Of Possible Agreement이 존재한다. 만약 당신이 주택을 100만 달러 이상에 매도하기를 원하고 매수자는 120만 달러 이하로 매수하고 싶어한다면, 20만 달러라는 적당한 잠재적 동의 범위가 형성된다. 100만 달러에서 120만 달러 사이의 금액만 제시한다면 거래는 성사 가능하다.

물론, 양측은 가능한 한 이윤을 많이 남기고 싶어한다. 매도자 입장에서는 120만 달러에 팔고 싶을 것이다. 추가로 얻은 20만 달러로 새 차를 구입할 수도, 자녀를 대학에 보낼 수도, 전부터 갖고 싶었던 벨벳 엘비스 그림도 살 수 있기 때문이다. 그리고 매수자 입장에서도 당연히 100만 달러만 지불하고 싶어할 것이다. 둘 다 20만 달러를 아끼고 싶어하며 벨벳 엘비스 그림을 자기 거실에 걸고 싶어한다. 하지만 얼마나 이윤을 남길지를 떠나서 양측 모두 협상의 결렬보다는 타결을 바란다.

이와 달리, 협상 가능 영역이 훨씬 좁은 경우도 있다. 매도자는 100만 달러 이상에 주택을 매도하고 싶어하고, 매수자는 100만 달러까지만 지불할 의향이 있다면 협상 범위는 아주 빠듯해진다. 매수자는 원하는 바를 강력히 주장할 수 있다. 그들은 80만 달러, 90만 달러, 혹은 99만 9000달러를 제시할 수 있다. 하지만 그들이 생각하는 범위의 최대치에 이르지 않는 한 협상은 타결되지 못할 것이다. 벨벳 엘비스는 양측 어디에도 걸리지 못한다.

그 결과, 협상 범위가 좁을수록 협상은 어려워진다. 협상 범위가 넓을 때, 양측은 모르는 척하면서 협상 금액을 제시할 수 있다. 자신에게 가장 유리한 위치에서 협상을 시작해도 협상이 타결될 만한 좋은 기회가 존재한다. 하지만 협상 범위가 빠듯해지면, 타결은 더 힘들어진다. 양측은 상대편의 요구 이상을 원할 것이다. 그 결과 거래가 불발되는 경우가 많아진다.

텍스오일 협상 건은 훨씬 심각해 보였다. 양측의 입장에 공통된 부분이 없었다. 텍스오일 측이 수전에게 주유소 매입을 위해 승인한 금액은 제이크의 예상 금액보다 훨씬 적었다. 조건은 계속 자체적인 예상 범위를 맴돌았고 거래는 계속해서 타결되지 못했다. 그들의 협상과정은 쳇바퀴 돌리기 같았다.

다행스럽게도 한 가지 합의점이 있었다.

금액은 서로 일치하지 않았지만, 양측의 근본적인 관심사는 타협 가능했다. 텍스오일 측은 물론 주유소 매입을 원했지만, 장차 주유소를 운영할 실력 있는 관리자도 구했다. 그리고 매도자인 제이크는 지난 5년간 주유소 관리자로 일했으며, 세계일주 항해를 마치고 돌아왔을 때 안정적인 일자리가 있었으면 하고 바랐다. 이게 협상의 희망이었다.

양측이 이런 공통된 관심사를 인지하고 독자적으로 거래 내용을 구성한다면 합의할 수 있다. 단, 그러기 위해서는 주유소 가격 이상의 것을 내다볼 줄 알아야 하며, 다른 차원의 문제를 통합할 줄 알아야 한다. 매수자는 그 주유소에 대해 예상 범위에서 가장 높은 금액을 제시하고 제이크가 여행에서 돌아왔을 때 안정적인 관리자 자리를 보장해줄 수 있다. 이런 합의사항은 제이크에게 충분한 여행 경비를 마련하게 해주면서 여행에서 돌아왔을 때의 일자리도 확보해줄 것이다.

합의에 도달하기란 불가능하지 않다. 하지만 그러기 위해서는 개인적인 정보를 드러낼 정도로 충분히 서로 신뢰해야 한다. 제이크 측에서는 휴가를 가기 위해 주유소를 판다고 밝혀야 한다. 그리고 텍스오일 측 대리인인 수전 역시 주유소를 운영할 누군가가 필요하다는 사실을 알려야 한다. 매도자는 매수자를 신뢰해야만 하며, 반대 경우도 마찬가지다.

하지만 대다수의 사람들이 한 번뿐인 협상에서 서로를 신뢰하기란 어렵다. 양측은 상대에게 최대 가치를 얻어내기 위해 애쓴다. 다시 말해 어떻게 하면 최소한의 정보만 내주고 최대한의 가치를 확보할 수 있을까 궁리한다. 여행 계획을 밝히는 것은 협상에서 약점으로 작용할 수 있기 때문에, 제이크 입장에서는 이를 공유하지 않으려 한다.

그렇다면 수전은 어떻게 제이크의 신뢰를 얻을 수 있을까? 그를 자기편으로 만들고 협상에 유용한 개인 정보를 드러내게 하려면 뭘 해야 할까?

제이크와 수전 같은 협상가들의 협상 성사 기회를 다섯 배 높이는 간단한 묘책이 있다. 이 묘책은 거래 성사율을 다섯 배나 높였으며 심지어 가망 없어 보이는 상황에서도 효과적이었다.

어떤 묘책일까?

바로 협상 상대 따라하기다.

연구자들은 매수자가 매도자의 행동을 모방함으로 그의 신뢰를 얻을 수 있을지 알아보기로 했다. 그들은 몇 쌍의 사람들에게 제이크와 수전과 같은 협상 상황을 제시했다. 그중 매수자 역할을 맡은 참가자들 절반에게 협상 상대의 버릇을 미묘하게 따라하라고 지시했다. 매도자가 얼굴을 문지른다면 매수자도 코를 문지른다. 매도자가 의자에 기대 앉거나 앞으로 숙여 앉는다면 매수자도 똑같이 한다. 이때, 상대방이 알아차릴 수 없게 노골적이지 않으면서 신중하게 행동하라고 지시했다.

이 실험은 우스꽝스러워 보일 수도 있다. 어떻게 얼굴을 문지르거나 의자에 기대 앉는 행동이 거래를 성사시키겠는가?

하지만 이는 효과가 있었다. 상대편의 행동을 따라한 참가자들은 그렇지 않은 사람들보다 성공적인 성과를 얻을 가능성이 다섯 배 더 높았다. 상대방을 따라하지 않은 참가자들은 모두 거래 성사에 실패했지만 미묘하게 상대방의 행동을 모방한 사람들은 세 명 중 두 명이 거래를 성사시켰다.

모방은 친밀감을 불러일으켜 사회적 상호작용을 용이하게 만든다. 모방은 사회적 접착제처럼 우리를 결속시키고, 유대감을 형성한다. 누군가가 우리와 똑같은 방식으로 행동하면, '우리 대 그들'보다는 우리로 보는 상호연결적인 구도가 생긴다. 더 친밀하고 더 상호의존적인 관계가 형성된다. 이 모든 과정은 부지불식간에 일어난다.

만약 누군가가 우리처럼 행동하거나 우리와 비슷하게 처신한다면, 상대방이 우리와 공통점이 있거나 같은 부류라고 해석한다. 유사성이 연대감으로 이어지기 때문이다. 우리도 주변 사람을 모방하기 때문에, 누군가가 우리와 똑같이 행동하면 무의식적으로 그가 어떤 식으로든 우리와 연결된다고 생각한다. 만약 어떤 사람이 우리와 같은 억양으로 말하거나 똑같은 브랜드를 좋아한다면 친밀감이나 유대감을 느낀다. 이렇게 형성된 유대감은 더 큰 호감으로 이어져 상호작용을 더 원활하게 만든다.

결과적으로 모방은 모든 종류의 대인관계와 연관된다. 스피드 데이트 참가자들 중에서 상대방의 말투를 더 잘 모방했던 커플은 그렇지 않은 커플보다 서로를 다시 만나고 싶어하는 경우가 세 배 더 많았다. 또한 말투가 비슷한 커플은 석 달 후에도 교제중일 가능성이 50퍼센트 더 높았다.

모방은 직업적인 성공도 가져다준다. 협상에서의 모방은 거래 성사율을 높였을 뿐 아니라 협상자들이 가치를 창출하고 그 가치 이상의 효과를 얻게 해주었다. 인터뷰를 할 때 인터뷰어가 인터뷰이를 따라하면 인터뷰이가 더 편안해하기에 더 원활한 인터뷰가 이루어졌다. 그리고 소매점에서는 모방이 판매를 증가시켰다.

실제로, 우리가 다른 사람을 모방하지 않는 경우는 상대방과 가까워지고 싶지 않을 때뿐이다. 예를 들어, 현재 연인과의 관계에 만족하는 사람은 다른 매력적인 이성이 있어도 그들을 따라하지 않는다. 타인과 연결되고 싶지 않은 경우에만 우리는 모방이라는 기본 성향을 탈피한다. *

사람들이 타인의 행동을 종종 따라한다는 사실은 이제 명백해졌다. 그렇다면 모방에 대한 이런 경향이 인기를 얻는 데도 도움이 될까?

---

* 모방은 인간이 상호작용의 일반적인 방식이므로, 모방이 충분히 이루어지지 않으면 타인에게서 거부당했다고 느낀다. 상호작용을 하는 사람들에게 상대방의 행동을 따라하지 말라고 지시하면, 그 상대방은 소속감을 갈구하게 되고 스트레스 호르몬 수치도 급등한다.

모방이 탄생시킨 블록버스터

교실 책상의 철제 다리를 발로 가볍게 톡톡 두드리며 첫 장면이 시작된다. 그다음에는 연필로 드럼을 치듯 교과서를 두드린다. 그리고 마침내 턱을 괴고 지루해 보이는 소녀가 등장한다. 오후 세 시가 되기만을 기다리고 있다.

초침은 2시 59분 57초를 천천히 지나…… 58초가 된다. 째깍거리는 초침 소리와 연필로 교과서를 두드리는 소리가 섞인다. 카메라는 이제 시계를 힐끗대는 학생들을 보여준다. 수업은 언제 끝나는 거지? 선생님조차 기다리기 힘들어한다.

마침내, 종이 울리고 교착 상태가 깨진다. 학생들은 가방을 챙겨 자리를 박차고 일어나 복도로 몰려나간다.

빠른 4박자의 비트가 울리고 "오 베이비 베이비……"라는 가사가 허스키한 목소리로 들린다. '밤밤밤밤' 하는 비트가 이어지고 "오 베이비 베이비"가 다시 이어진다.

진한 금발머리를 양 갈래로 땋아 분홍 머리끈으로 묶은 십대 소녀에게 카메라 초점이 맞춰진다. 가톨릭학교 여학생 같은 차림이지만 실제 의상이라기보다 핼러윈 의상에 가깝다. 그녀는 배꼽이 드러나 보이게끔 올려 묶은 빳빳한 흰색 셔츠, 짧은 검정 치마와 긴 검정 스타킹 차림이다. 그녀가 엉덩이를 뽐내며 걸어갈 때 학생들이 복도로 쏟아져나오고 그녀는 그 학생들과 함께 짜인 안무 대형에 맞춰 선다.

"오 베이비, 베이비, 제가 어떻게 알 수 있었을까요……"

1998년 초가을, 전 세계는 이 노래로 브리트니 스피어스와 만났다.

〈베이비 원 모어 타임〉은 단순한 데뷔곡 이상이었다. 이 노래는 엄청난 인기를 모았다. 세계적인 판매 기록을 갈아치웠고 싱글앨범으로는 역대 최고로 많이 팔렸다. 『빌보드』는 이 뮤직비디오를 1990년대 최고 작품으로 선정했으며, 팝음악사상 세번째로 영향력 있는 뮤직비디오에 오르기도 했다. 이 노래가 실린 브리트니의 동명 앨범은 미국에서 열네번째로 천만 장 이상이 팔린 앨범이 되었으며, 전 세계적으로 삼천만 장 이상이 팔렸다. 십대 솔로가수 앨범 중에서 가장 많이 팔렸으며, 전 세대를 통틀어도 많은 판매량을 기록한 앨범으로 손꼽힌다.

여기까지 보면, 나쁘지 않은 출발이었다.

하지만 〈베이비 원 모어 타임〉은 이어질 성공작의 서막에 불과했다. 그녀의 두번째 앨범 〈웁스! 아이 디드 잇 어게인〉은 역대 여성 가수의 앨범 가운데 가장 빠르게 팔려나갔다. 세번째 앨범 역시 발매되자마자 빌보드 200 차트에서 1위를 차지했다.

그녀의 음악을 좋아하든 아니든, 브리트니 스피어스는 명실상부 21세기 초를 대표하는 팝 아이콘이다. 그래미상 수상을 비롯해 빌보드 뮤직어워드에 아홉 번 올랐고, MTV 뮤직비디오 어워드를 여섯 번 수상했으며 할리우드 명예의거리에 이름을 새겼다. 순회공연으로 총 사억 명 이상의 관객을 모았다고 집계되며, 음악 역사상 정규앨범과 싱글앨범 모두 1위를 기록한 유일한 아티스트이기도 하다.

멋진 기록이다.

하지만 이 모든 기록 이전의 상황을 생각해보자. 순회공연과 밀리언셀러를 기록한 앨범들 이전의 상황, 그리고 그녀의 기이한 사생활이 공개되기 전의 상황 말이다. (케빈 페더라인이 떠오르는가?) 〈베이비 원 모어 타임〉이 발표되기도 전의 상황부터 돌이켜보자.

지금부터 몇 초간 우리가 세상을 되돌릴 수 있다고 상상해보자. 특정 시기로 되돌아가서 다시 새롭게 시작할 수 있다고 가정해보자는 것이다.

그렇게 한다면 브리트니 스피어스는 여전히 인기가 있을까? 여전히 팝의 요정으로 엄청난 인기를 누릴까?

성공을 예단하기란 어렵다. 어쨌거나 브리트니는 반짝 성공한 인기가수가 아니었다. 앨범 판매량이 일억 장 이상인 그녀는 역사상 가장 많이 팔린 음악 아티스트 중 하나다. 그녀의 이 같은 성공에는 틀림없이 어떤 비결이 있지 않을까?

브리트니는 떡잎부터 스타의 면모가 보였다. 그녀는 세 살 때부터 춤을 췄다. 평범한 또래 아이들이 산수를 배울 나이에 오디션 프로그램에서 우승했으며 상업 광고를 찍었다. 저스틴 팀버레이크와 크리스티나 아길레라 등을 발굴해낸 십대 스타들의 등용문인 〈더 올 뉴 미키마우스 클럽〉에 캐스팅되기도 했다. 이런 근사한 배경을 가졌으니 성공할 만하지 않은가?

대중은 브리트니 스피어스 같은 슈퍼스타를 보면 그가 아주 특별한 사람일 것이라고 생각한다. 재능을 타고났거나 큰 인기를 얻을 만한 어떤 고유한 자질을 가졌으리라고 믿는다.

업계에 브리트니의 성공 비결을 물어보아도 비슷한 대답이 돌아온다. 그녀의 음색이 독특하다고 말이다. 물론 최고의 가수는 아닐지라도 그녀는 자신만의 음색을 가지고 있다. 또한 멋진 춤동작에 청순함과 섹시함이 적당히 어우러진 모습은 그녀를 완벽한 팝 아티스트로 만든다. 이런 자질 덕분에 그녀는 초대형 스타가 되었다. 여러분이 세상을 되돌린대도, 이 같은 자질 때문에 그녀는 인기를 끌 것이다.

그녀의 성공은 필연적이다.

우리는 흥행한 영화나 책 등 대성공을 거둔 대중문화 상품에도 비슷한 가정을 적용한다. 『해리 포터』 시리즈가 사억 오천만 부 이상 팔린 이유는 무엇일까? 훌륭한 책이기 때문이다. 몇몇 신문에서는 "『해리 포터』 시리즈는 명작의 모든 자질을 갖추고 있다"라는 찬사를 쏟아냈다. 어떤 이들은 "우리가 빠져들 수밖에 없는 매력적인 이야기"라고도 말했다. 그토록 많이 팔린 책이라면 틀림없이 다른 경쟁작보다 내용이 뛰어날 것이다. 더욱 흥미진진하고. 잘 쓰인. 더 매력적인 책일 것이다.

하지만 이런 성공이 생각보다 더 무작위로 일어났을 수도 있지 않을까?

만약 브리트니 스피어스와 같은 아티스트가 평균보다 자질이 더 뛰어나다면, 전문가들은 그런 자질을 식별해야 한다. 확실히 브리트니의 음악은 기술적으로는 최고가 아니더라도 그녀의 음색이 엄청난 인기를 얻을 만큼 팝음악에 어울릴 수도 있다. 그렇다면 비평가들이 그녀를 평가절하해도, 유명 제작자들은 그녀의 음색을 듣고는 홀딱 반해버려야 한다. 업계 전문가들은 그녀가 슈퍼스타가 될 것이라고 예견할 수 있어야 했다.

『해리 포터』 역시 마찬가지다. 초서의 작품까지는 아니더라도, 1990년대 중반 J. K. 롤링이 『해리 포터와 마법사의 돌』을 출간해줄 곳을 찾아 헤맬 때, 출판사들은 자리를 박차고 일어나 앞다퉈 그걸 출판하겠다며 달려들어야 했다. 와인 전문가가 그저 그런 카베르네와 좋은 품종을 구분해내는 것처럼, 10년 동안 책을 출간해온 사람이라면 옥석을 가려낼 수 있다. 평범한 사람들은 분간할 수 없대도 전문가들을 알 것이다.

하지만 현실은 그렇지 않았다.

롤링이 초고를 보낸 처음 열두 곳의 출판사에서 출간을 거절했다. 소설이 너무 길다고들 했다. 어린이책은 이윤이 남지 않는다고도 했다. 출판사 직원들은 롤링에게 "본업을 그만두지 마세요"라고까지 말했다.

그러나 J. K. 롤링만 이런 일을 겪은 게 아니었다. 『바람과 함께 사라지다』는 출간되기 전 서른여덟 번이나 거절당했다. 엘비스 프레슬리는 트럭운전수나 계속하라는 이야기까지 들었다. 월트 디즈니 역시 초반에는 "상상력이 부족하고 좋은 아이디어가 없다"며 해고된 적이 있다.

『해리 포터』는 심지어 가까스로 출판되었다. 출판기획자가 딸에게 원고를 보여준 일로 상황이 달라졌다. 그 원고를 본 소녀는 몇 달 동안 계속해서 그 책이 훌륭하다며 아버지를 설득했고, 결국 그는 롤링에게 출판 제의를 하게 되었다. 그리고 그녀는 그 과정에서 수백만장자가 되었다.

만약 인기작이 다른 실패작과 차별되는 고유한 자질을 가졌다면, 처음부터 그 성공이 예견되어야 한다. 우리처럼 평범한 사람들은 아니더라도 최소한 업계 전문가들은 알아봐야 한다. 좋은 작품을 구별해내는 것이 본업이니 말이다.

하지만 전문가들조차도 틀리다니 이게 무슨 의미인 걸까?

논문을 준비중이던 프린스턴대의 사회학자 매슈 살가닉은 이 문제로 고심했다. 크게 히트한 책, 음악, 그리고 영화는 다른 작품들과 질적으로 다르다고 여겨진다.

하지만 최고의 성공을 거둔 작품이 다른 작품보다 명백하게 뛰어나다면, 왜 전문가들이 그런 작품을 못 알아봤던 걸까? 왜 그렇게나 많은 출판사가 J. K. 롤링과 계약할 기회를 놓쳤던 걸까?

살가닉과 그의 동료들은 그 해답을 찾기 위해 간단한 실험을 실시했다. 그들은 사람들이 음악을 듣고 무료로 다운로드할 수 있는 웹사이트를 만들었다. 유명한 노래나 이름난 밴드의 음악이 아니라, 무명 아티스트들의 무명곡들로 채워졌다. 이제 갓 지역에서 활동을 시작했거나 갓 데모곡을 녹음한 고 모르드개, 십렉 유니언, 52메트로 같은 이름의 밴드들이었다.

차례차례 노래 목록이 만들어졌다. 사람들은 어떤 곡이든 클릭해서 들을 수 있고 마음에 든다면 다운로드할 수 있었다. 모든 노래가 똑같은 관심을 받을 수 있게 각 청취자가 듣는 노래는 무작위로 순서가 바뀌었다. 만 사천 명 이상이 이에 참여했다.

밴드 이름과 곡명에 더해 어떤 사람들은 이전 청취자의 선호도에 대한 정보를 받았다. 각 곡마다 다운로드 횟수가 표시되었다. 예를 들어, 백오십 명이 52메트로의 〈록다운〉을 다운받았다면, 곡명 옆에 150이라고 표시되었다.

'사회적 영향력'을 시험하는 참가자들에게 곡명은 베스트셀러 목록처럼 인기도에 따라 정렬되었다. 가장 많이 다운로드된 노래는 목록 맨 위에 표시되고 그다음으로 많이 다운로드된 곡은 두번째에 놓이는 식이었다. 다운로드된 횟수와 곡 순서는 청취자가 새로운 곡을 다운받을 때마다 자동으로 업데이트되었다. 그다음 살가닉은 사람들이 어떤 곡을 다운로드하는지 관찰했다.

단지 타인이 선택한 곡의 정보를 표시하는 것만으로도 큰 영향력이 발휘됐다. 갑자기 사람들은 다른 사람들이 듣는 음악을 따라 듣기 시작했다. 어두운 방 안에서 빛의 움직임을 관찰했을 때처럼 참가자들은 이전 청취자들이 좋아했던 음악을 듣고 이를 다운로드했다.

몇몇 노래에 인기가 집중되었다. 가장 인기 있는 곡과 가장 인기 없는 곡의 격차가 벌어졌다. 인기 있는 곡은 더 인기 있어졌고, 인기 없는 곡은 그전보다 훨씬 더 주목받지 못했다. 노래는 그대로였지만, 사회적 영향력이 가장 인기 있는 곡을 더 인기 있게 만들고 가장 인기 없는 곡은 더 인기 없게 만들었다.

그러나 살가닉은 여기서 실험을 끝내지 않았다. 타인을 모방하는 경향이 인기에 미치는 영향력을 알아본 것은 좋았지만, 여전히 풀리지 않은 의문이 있었다. 즉, 다른 경쟁작보다 유독 인기 있는 노래나 책이 분명 존재하는데, 왜 시장조사에 능한 전문가들조차도 성공작을 예측하지 못할까?

해답을 찾기 위해 살가닉은 한 가지 세부사항을 추가했다.

현실을 되돌리기란 불가능하다. 어느 누구도 어떤 일이 벌어질지 알아보기 위해 시간을 멈춰 세우고 과거로 돌아갈 수 없다. 그렇기에 살가닉은 같은 차원을 되돌리기보다 여덟 가지 별개의 세계를 구성했다. 여덟 개의 분리된 세계, 또는 별개의 그룹은 적어도 처음에는 동일해 보인다.

이 부분이 핵심이었다.

좋은 실험의 핵심은 통제다. 이 실험의 경우, 여덟 개의 세계가 똑같이 출발했다. 모두 같은 정보에 접근했다. 모든 곡은 다운로드 횟수가 0인 상태에서 시작되었고, 참가자들은 무작위로 각 세계에 배치되므로 다른 세계에 속한 참가자라 해도 구분하기 어렵다. 펑크음악을 좋아하는 사람도 있고, 랩음악을 좋아하는 사람도 있으며, 여러 가지 취향을 가진 사람들이 평균적으로 동등한 비율로 포함되었다. 이런 식으로 가능한 모든 요인이 똑같은 수준에서 각 세계가 시작됐다.

하지만 조건이 똑같았음에도 각 세계는 독립적으로 진화했다. 마치 서로 다른 여덟 개의 지구가 나란히 돌아가는 상황 같았다.

만약 성공이 고유 자질로만 좌우된다면 결국 각 세계의 결과는 같아야 한다. 더 좋은 곡이 더 인기 있어야 하며 더 형편없는 곡이 덜 인기 있어야 하고 어떤 세계에서 인기 있는 곡은 다른 세계에서도 인기 있어야만 한다. 만약 어떤 세계에서 52메트로의 〈록다운〉이 가장 많이 다운로드됐다면, 다른 세계의 인기곡 목록에서도 그 곡이 상위권에 자리해야 한다. 모든 그룹의 선호도는 평균적으로 같아야만 하니 말이다.

하지만 그렇지 않았다.

노래의 인기도는 세계마다 천차만별이었다. 52메트로의 〈록다운〉은 어떤 세계에서는 가장 인기 있는 곡이었다. 하지만 다른 세계에서는 별로 인기가 없었다. 48곡 중 40위로 거의 꼴찌였다.

같은 노래이고 참가자를 구분하지 않고 그룹을 구성했음에도 성공 정도는 완전히 달랐다. 출발선은 같았지만 최종 결과는 서로 달랐다.

왜 이토록 변동이 심한 걸까?

원인은 사회적 영향력에 있었다. 52메트로의 곡이 가장 인기를 끈 세계에 유독 펑크음악 애호가가 많았던 것이 아니다. 하지만 바로 앞사람을 따라하는 경향은, 작고 무작위로 만들어진 초기의 차이를 눈덩이처럼 불어나게 했다.

왜 이런 현상이 일어나는지를 이해하기 위해 지역박람회에 가서 주차하는 경우를 상상해보자. 박람회장은 별도의 주차장이나 주차 안내요원 없이 넓은 공터를 주차장으로 사용하고 있다. 대부분의 사람들은 솜사탕을 먹거나 대관람차를 탈 생각만 할 뿐 주차 공간에는 별 관심이 없다. 차를 세울 자리가 흰 주차선으로 표시되지 않았기에 첫번째로 공터에 들어선 가족은 어디든 원하는 자리에 주차할 수 있다.

공터에 처음 주차한 가족은 서부 지역에서 온 가족이었다. 그들은 약간 서쪽으로 주차하기를 선호했기 때문에 차를 몰고 들어와서는 우회전을 해 서쪽 방향으로 차를 세웠다.

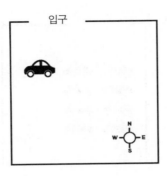

그리고 나서 두번째 가족이 등장했다. 남부에서 온 이 가족은 서쪽보다는 남쪽 방향을 선호한다. 하지만 굳이 그 방향을 고집하지는 않아서 서쪽을 향해 주차된 첫번째 자동차를 따라 그 옆에 주차한다.

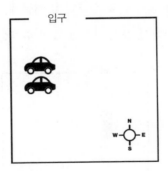

곧 자동차가 점점 더 많이 들어온다. 사람들은 저마다 선호하는 방향이 있겠지만, 대부분 앞서 주차된 자동차들을 따라 주차하기 때문에 결국 다음과 같이 주차된다.

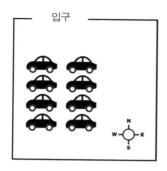

무슨 이야기인지 완벽하게 이해될 것이다.

하지만 서부 지역이 아니라 남부 지역의 가족이 첫번째로 나타났더라면 어땠을까? 그들이 공터에 주차한 첫번째 가족이었라면 상황이 어떻게 달라졌을까?

그들은 남쪽 방향을 좀더 선호하기 때문에, 서쪽으로 주차하는 대신 공터에 들어와서 곧장 다음과 같이 주차할 것이다.

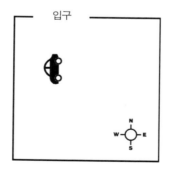

그다음에 서부 지역의 가족이 등장한다. 그들은 서쪽을 보고

세우기를 더 선호하지만 먼저 주차된 자동차가 남쪽을 향하고 있으니 같은 방향으로 주차할 것이다. 이렇게 새로 들어오는 차들은 앞차를 따라 주차하므로 이번에는 공터가 다음과 같이 바뀐다.

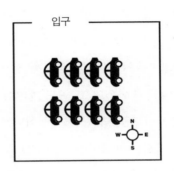

똑같은 여덟 대의 자동차이고 주차 방향의 선호가 저마다 다르다는 조건은 같지만 완전히 다른 결과가 나타났다. 이번에는 모든 자동차가 서쪽이 아닌 남쪽을 향했다. 단지 제일 먼저 주차한 가족의 선호도 때문에 말이다.

앞서 음악 실험에서도 마찬가지였다. 시작 단계인 두 개의 사회적 영향력 실험세계를 떠올려보자. 둘은 본질적으로 동일하다. 어떤 곡도 다운로드되지 않았다. 참가자들조차도 평균적으로 비슷했다.

하지만 서부 가족과 남부 가족처럼 각 개인은 저마다 선호하는 장르가 다르다. 랩음악보다는 펑크음악을 약간 더 좋아하는 사람이 있는가 하면, 펑크음악보다는 랩음악을 더 좋아하는 사람도 있다.

그런데 실험 참여 순서가 달랐다. 한쪽 세계에서는 펑크음악을 좋아하는 사람이 먼저 실험에 참여했다. 노래를 몇 곡 듣던 실험 참가자는 좋아하는 펑크음악을 찾아내 이를 다운로드한다. 펑크음악이 1점을 얻고 랩음악은 0점이 된다. 그러고 나서 두번째 청자가 첫번째 참가자의 선택을 가이드로 활용한다. 펑크음악은 더 많이 다운로드되고 더 주목받는다. 두번째 청자는 랩음악을 더 좋아하지만 펑크음악도 좋아했고 그 곡도 괜찮아 보여서 이를 다운로드했다. 펑크음악이 2점, 랩음악은 0점이다.

한편 다른 세계에서는 랩음악을 좋아하는 사람이 실험에 맨 먼저 참여했다. 실험과정은 완전히 똑같았지만 결과는 달랐다. 참가자는 몇 곡을 들은 후 자신이 좋아하는 랩음악을 찾아내 다운로드한다. 펑크음악을 싫어해서가 아니라, 랩음악을 좀더 좋아하기 때문이다. 펑크음악은 0점, 랩음악은 1점이다. 뒤이어 펑크음악을 좋아하는 사람이 등장하지만, 이번에는 두번째 순서다. 그래서 자신의 취향을 따르기보다 타인의 영향을 받아 마찬가지로 랩음악을 다운로드한다. 이로써 펑크음악은 0점, 랩음악은 2점이 된다.

동일하게 시작된 두 세계는 얼마 지나지 않아 조금씩 차이가 난다. 한쪽은 펑크음악이 인기곡 순위에 올라 있고, 다른쪽은 랩음악이 상위권을 차지한다.

다시 말하지만, 곡에 대한 한 사람의 선호가 다른 사람의 선호를 전적으로 바꾸기는 어렵다. 하지만 흐름에 영향을 미치기에는 충분하다. 상위권에 오른 노래들은 더 주목받게 되어 여러 사람이 더 많이 듣게 될 것이고 그 결과 다운로드될 가능성이 더 높아진다. 이런 결과는 첫번째 세계에서는 펑크음악이, 두번째 세계에서는 랩음악이 다시 다운로드될 가능성을 더욱 높인다. 그리고 이런 과정이 다음 청취자들에게서 반복된다.

공터 주차 실험과 마찬가지로 사회적 영향력은 천천히, 하지만 확실하게, 한때 동일한 정체성을 가졌던 세계를 다른 방향으로 이끌었다. 수천 명의 선택을 통해 이 격차는 더욱 확대되어 완전히 다른 결과를 가져온다.

이 결과는 단순하면서도 충격적이다. 상품의 질보다는 때때로 단지 행운과 대중의 선택으로 인기가 결정될 수 있음을 보여주기 때문이다. 만약 우리가 시간을 되돌릴 수 있다면 브리트니 스피어스(와 J. K. 롤링)는 전혀 인기가 없을지도 모른다. 브리트니의 뮤직비디오는 우연히 제때 전파를 타 몇몇 사람들을 사로잡았고, 그 때문에 다른 사람들이 유행에 편승했다. 하지만 우리가 지금까지 들어보지 못했을 뿐인 수천 명의 야심만만한 뮤지션들보다 그녀가 낫지 않을 수도 있다.

그렇다면 이 말인즉슨 뭐든 인기 있어질 수 있다는 걸까? 형편없는 책과 영화가 좋은 작품만큼이나 인기를 얻을 수 있는 걸까?

꼭 그렇지는 않다. 살가닉의 실험에서도 상품의 질은 성공과 여전히 관련됐다. 더 많이 다운로드된 '더 좋은' 노래들은 통제 그룹에서도 더 많이 다운로드되었으며, '더 별로인' 노래는 덜 다운로드되었다. 가장 좋은 노래는 절대로 최하위권까지 내려가지 않았고, 최악의 노래 역시 절대 최상위권에 오르지 않았다.

하지만 여전히 많은 차이가 있었다. 그리고 이는 좋은 자질만으로는 항상 불충분하다는 것을 의미한다.

대중의 관심을 끌고자 경쟁하는 수천 종의 책과 영화, 음악이 있다. 그리고 어느 누구도 모든 책의 표지 문안을 읽어보거나 모든 음악의 샘플곡을 들어볼 시간이 없다. 대부분의 사람들에겐 그 많은 선택사항 가운데 일부라도 확인해볼 시간적, 금전적 여유가 없다.

그래서 우리는 타인을 유용한 지름길로 활용한다. 일종의 필터로 말이다. 어떤 책이 베스트셀러 목록에 올라 있다면 그 책의 내용을 훑어볼 가능성이 높다. 어떤 노래가 이미 인기를 끌고 있다면 그 곡을 한번 들어보려 할 것이다. 타인을 따라하는 것은 우리의 시간과 노력을 절약해주며, (바라건대) 우리가 좋아할 만한 무언가로 이끌 가능성이 높다.

이는 인기 있는 책이나 노래라면 모두 좋아할 거라는 의미일까? 꼭 그렇지는 않다. 하지만 인기 있는 작품을 확인하려 시도해볼 가능성이 높다. 세상에는 서로 경쟁하는 수천 가지의 선택사항들이 있는데, 이중 어느 하나에 두드러지게 관심이 집중된다면 인기에 날개가 달리기 충분하다.

다른 사람들이 무언가를 좋아한다고 하면 우선 이를 믿어보게 된다. 베스트셀러 목록에 오른 상품은 신뢰감을 준다. 많은 사람이 구매했다면 분명 좋은 상품일 테니 말이다.

J. K. 롤링은 필명으로 책 한 권을 출판하며 본의 아니게 이러한 예상을 시험했다. 『해리 포터』의 성공 이후, 롤링은 『쿠쿠스 콜링』이라는 추리소설을 쓰기로 결심했다. 『해리 포터』는 롤링에게 대단한 평판을 가져다주었지만, 평론가들은 그 시리즈 이후 그녀의 차기작 성공에 대해 회의적이었고, 롤링은 자신의 유명세로 인해 독자들이 새 소설에 편견을 가질까봐 걱정했다. 그녀는 소설 자체로 평가받기를 원했다. 그래서 로버트 갤브레이스라는 필명으로 『쿠쿠스 콜링』을 출간했다. 로버트 케네디라는 미국 전 법무장관의 이름과 어린 시절 공상세계에서 사용했던 이름인 엘라 갤브레이스에서 따온 필명이었다.

소설은 절반의 성공을 거뒀다. 『쿠쿠스 콜링』을 읽은 독자는 거의 대부분 소설을 마음에 들어했고, '탁월하고' '매력적인 이야기'라고 평했다.

하지만 유감스럽게도 그렇게 평가한 이는 많지 않았다. 『쿠쿠스 콜링』의 구매 독자는 그리 많지 않았다. 거의 광고 없이 출간된 이 책은 출간 후 3개월간 양장본으로 천오백 부가 팔렸을 뿐이었다.

그러던 어느 날, 그 책은 아마존 판매 순위 4709위에서 갑자기 베스트셀러로 급상승했다. 그리고 이내 수십만 부가 팔려나갔다.

독자들이 로버트 갤브레이스의 천재성을 알아챈 걸까? 아니었다. 『쿠쿠스 콜링』을 꼼꼼히 읽어보니 문학적으로 뛰어난 작품이라는 게 드러난 걸까? 그 역시 아니다.

누군가가 그 책의 진짜 작가가 롤링이라는 사실을 밝혔기 때문이었다.

J. K. 롤링이라는 이름이 붙지 않았을때, 『쿠쿠스 콜링』은 대중의 관심을 놓고 경쟁하는 수천 권의 잘 쓰인 추리소설 중 하나였을 뿐이었다. 하지만 사억 오천만 부가 팔린 검증된 작가인 J. K. 롤링이라는 이름은, 잠재적인 독자들이 『쿠쿠스 콜링』을 한번 훑어보게 만들었다. 어쨌든 수백만 명이 선택했는데 어떻게 틀릴 수 있겠느냐며 말이다.

사회적 영향력 활용하기

지금까지 알아본 모방의 과학에 관한 발견에는 수많은 중요한 의미가 함축되어 있다.

우리는 어떤 일을 할 때 보상이나 처벌로 타인을 설득하거나 확신하게 만든다. 이달의 우수 사원에게는 100달러를 지급하고 그들의 이름을 공지한다. 어린아이들에게는 채소를 먹지 않으면 디저트로 아이스크림도 못 먹게 할 거라고 말한다.

하지만 보상과 처벌은 단기적으로는 효과가 있지만 종종 애초의 목적을 약화시킨다.

당신이 어느 외계 행성에 갇혔다고 상상해보자. 저녁식사로 두 가지 음식이 나오는데, 하나는 재그와츠이고 다른 하나는 갤블랫이다. 어느 쪽이든 처음 듣는 이름이며, 둘 다 좀 이상하게 보이지만 배가 고프니 뭔가 먹어야 한다.

음식을 고르기 직전, 외계인은 갤블랫을 먹어야만 재그와츠를 먹을 수 있다고 말한다.

둘 중 뭐가 더 맛이 괜찮아 보이는가? 재그와츠인가 갤블랫인가?

아이들은 아이스크림과 채소에 대해 이와 비슷한 추론을 한다. 그들은 아이스크림을 좋아하지만 채소는 좋아하는 정도까지는 아닐 수도 있다. 이 경우 보상으로 아이스크림을 내걸면 채소만 먹었을 경우 긍정적이었을 수도 있는 경험이 약화된다. 어쨌거나 원래 채소가 맛있다면 왜 그걸 먹는 데 보상이 필요하겠느냐고 추론하기 때문이다.

아이스크림을 보상으로 주는 것은 채소만 먹는 것은 무가치하다라는 교묘한 신호를 보낸다. 아이들은 채소를 먹기 위해 (아이스크림으로) 보상받으려 한다. 그리고 부모들이 보상을 그만둔다면 아이들도 더는 채소를 먹지 않는다. 아이들이 스스로 음식을 선택해야 할 기회가 생길 때마다 채소는 밀려날 것이다. 직원들도 마찬가지다. 직원들이 제시간에 출근해서 고객에게 좋은 서비스를 제공하는 것을 직업적 책임감 때문이 아니라 더 많은 월급을 받기 위해서라고 여기게 된다.

이런 방법보다는 사회적 영향력을 이용하는 편이 더 효과적이다. 분홍 곡물과 파란 곡물에 대한 원숭이들의 반응처럼 사람들은 타인의 선택과 행동을 따라한다. 만약 부모들이 브로콜리를 덜 먹는다면 자녀들도 그럴 것이다.

유감스럽게도 채소는 맛없다는 신호를 자녀에게 보내는 부모가 많다. 접시에 채소를 많이 담지 않고, 닭고기나 스테이크나 다른 음식을 먼저 먹는다. 부모가 채소를 먹지 않는데, 어떻게 자녀들이 그러겠는가?

하지만 부모들이 접시에 브로콜리를 맨 먼저 담고, 이를 맨 처음에 먹는다면 자녀들도 똑같이 할 것이다. 이때 부모들이 마지막으로 남은 브로콜리를 서로 먹겠다고 경쟁한다면 더 효과적이다. 부모들이 무언가를 먹고 이를 좋아하는 모습을 더 많이 볼수록 자녀들이 그대로 따라할 가능성이 더 커진다.

모방은 삶의 유용한 도구이기도 하다.

화창한 어느 봄날, 직장 동료들과 함께 점심을 먹으러 간다고 가정해보자. 당신은 동네 음식점의 야외석에 앉아 잠시 메뉴를 살피고는 뭘 먹을지 확실히 정한다.

웨이터가 다가와 무엇을 먹을지 묻자 술술 주문한다. "베이컨과 체더치즈가 들어간 미디움 사이즈의 브뤼셀 버거와 샐러드 하나 주세요."

"알겠습니다. 베이컨과 체더치즈가 들어간 미디움 사이즈의 브뤼셀 버거와 샐러드 맞으시죠?"라고 웨이터가 확인한다.

"네, 맞아요." 당신은 힘차게 대답한다. 위장은 벌써부터 먹을 채비에 들어갔다.

무슨 일이 벌어졌는지 알아챘는가? 아마 모를 것이다.

수백 번까지는 아니더라도 하루에 몇 번 정도는 이런 일을 겪는다. 웨이터는 당신의 주문을 그냥 받아 적지 않고, 당신의 주문을 따라한다. 그냥 "알겠습니다"라거나 "바로 가져다 드리겠습니다"라고 응대할 수도 있다. 하지만 그는 그러지 않는다. 주문을 다시 들려주면서, 한 글자 한 글자 당신이 말한 대로 따라한다.

사소한 일처럼 보이는가? 그럴 수도 있다.

하지만 이러한 모방만으로 웨이터의 팁이 70퍼센트가량 증가한다는 연구가 있다.

계약을 따내려고 하거나, 누군가에게 일을 시키려고 한다면, 혹은 사람들의 호감을 사려고 한다면, 상대방의 언어와 행동을 살짝 따라하는 것이 좋은 시작법이다. 심지어 "저기요" "안녕" "안녕하세요" 등 이메일에서 상대방의 인사법을 따라하는 간단한 모방도 연대감을 증가시킨다.

사람들이 왜 모방하는지를 이해함으로써 우리에게 미치는 영향력에도 대비할 수 있다.

집단의사결정은 종종 집단사고에 부딪히는데, 동조 그리고 집단 안에서 조화를 이루려는 욕구가 좋지 않은 결정을 이끄는 현상을 일컫는다. 의견을 공유하는 단체나 채용 결정을 위해 모인 위원회를 살펴보면 맨 처음에 의견을 표명한 사람이 결과에 커다란 영향을 미친다는 걸 알 수 있다. 첫번째로 곡을 다운로드한 소수 청자들의 선호도에 따라 인기곡이 결정됐듯이 토론이나 투표의 방향은 이를 주도했던 사람의 의견에 달려 있다. 형세를 관망하던 사람들은 처음 의견을 낸 사람에게 동조하는 경향이 있으며, 누군가가 강하게 반대하지 않는 한 반대 의견이 있더라도 자제한다. 따라서 편이 갈리기 쉬움에도 불구하고, 심하게 눈치보지 않고 조용히 한 방향으로 의견이 일치된다. 이러한 집단의사결정은 유인 우주왕복선 챌린저 호의 참사부터 쿠바 미사일 위기에 이르기까지 많은 사건의 원인으로 지적되며 비난받았다.

사람들은 집단이 발휘하는 지혜에 대해 말하는데, 그러려면 우선 집단이 각 구성원의 사견을 파악할 수 있어야 한다. 전체 의견을 종합하면 누군가 혼자서 단독으로 내린 결정보다 더 나은 결정으로 이끌 수 있다. 하지만 모든 사람이 그저 다른 사람을 따라가기만 하고 자신의 의견을 감춘다면, 집단적 지혜의 가치는 상실되어버린다.

따라서 모든 사람이 자신의 의견을 내도록 이끌어야만 한다. 그러려면 어떻게 해야 할까? 어떻게 하면 반대 의견을 내게 할 수 있을까?

그런 분위기는 반대 의견 하나로 충분히 만들 수 있다. 애시의 선분 실험에서 참가자들에게 그가 생각하는 정답을 말하게 하는데는 정답이 아닌 다른 답을 말하는 사람 한 명이면 충분했다. 방안의 절반까지도 필요 없었고, 단 한 명의 공모자만 있으면 됐다. 우리의 생각을 표현하기 위해서는 편안할 필요까지도 없고, 그저 혼자가 아니라는 느낌이면 충분하다.

흥미롭게도 다른 한 명의 의견이 같을 필요는 없었다. 반대자가 오답(B선보다 A선이라고)을 말해도 사람들이 자유롭게 정답(C선)을 말하게 하기에 충분했다. 거기에 동의하지 않더라도 단지 반대 의견을 가진 누군가가 있다는 사실만으로도 사람들은 더 편안하게 자신의 견해를 밝혔다.

반대 목소리는 토론의 본질을 바꾸었다. 토론은 더이상 옳고 그름의 대립 또는 집단과 개인 간의 싸움이 아니었다. 이제 대답은 의견 차이였다. 그리고 명백히 다른 의견이 존재한다면 모두 훨씬 더 편하게 자신의 의견을 표명했다.

반대 의견을 고취하기 위해, 어떤 관리자들은 일부러 한 사람에게 계속해서 반대 의견을 내라고 지시한다. 이는 특이한 견해를 가진 사람들이 발언하게끔 북돋워줄 뿐만 아니라 다른 대안적 관점도 불러일으킨다.

비공개 방식 역시 효과가 강력하다. '원숭이는 본 대로 행동한
다'라는 말은 모방을 근사하게 설명해주지만, 실제로 '원숭이가
본' 부분은 우리의 생각보다 훨씬 더 중요하다. 타인의 행동을 보
거나 관찰하지 못한다면 타인이 우리에게 영향을 미칠 수가 없다.
만약 어떤 원숭이가 다른 원숭이들이 분홍 곡물을 먹는지 아니면
파란 곡물을 먹는지를 한 번도 보지 못했다면, 다른 원숭이들의
선택은 그 원숭이에게 영향을 미치지 못했을 것이다. 사회적 영향
력은 타인의 의견이나 행동을 관찰할 수 있을 때만 작용한다.●
　결과적으로 선택이나 의견 표명을 비공개로 하면 사회적 영향
력을 피할 수 있다. 회의에서 거수로 결정하지 않고 비밀 투표를
하면 독립성이 장려되고 집단사고를 피할 수 있다. 익명 투표도
사람들이 훨씬 더 자유롭게 의견을 말하게 해준다. 또한 사람들에
게 회의가 시작되기 전 자신의 의견을 미리 써두게 하는 것도 도
움이 될 수 있다. 작은 행동이지만 다른 사람들과 소통하기 전 자
신의 의견을 적어둠으로써 스스로의 신념에서 벗어나지 않게 되
고 다양한 관점이 오가는 기회가 증가된다.

● 이는 개별적인 선택 상황에서도 마찬가지다. 만약 다른 사람들이 우리의 결정에 영향을 미치지 않기를
바란다면, 선택을 공개하지 않는 것이 도움이 된다. 이런 이유로 예비 부모들은 종종 자녀가 태어나기 전까
지는 어떤 이름을 지어뒀는지 비밀로 남겨둔다. 이는 따지기 좋아하는 몇몇 친지들이 자녀의 이름을 잘 알
려지지도 않은 질병 이름과 연관시켜 처음부터 다시 이름을 정해야만 하는 귀찮은 상황을 피하게 해준다.

이러한 일반적 원칙을 적용해 반대로 타인에게 영향을 미칠 수도 있다. 여러 의견들이 뒤섞인 상황에서 하나의 의견은 때때로 주목받지 못하므로 집단의 수를 줄여 하나의 목소리에 힘을 실어줄 수 있다. 방안의 모두를 움직이려 하기보다 미리 개별적으로 한 사람씩 만나서 합의하는 편이 훨씬 쉽다. 의견이 일치하는 사람들과 함께 작은 연합을 조직한다면 반대 입장을 가진 사람들보다 우위를 점할 수 있다.

먼저 발언하는 것 또한 쉽게 토론을 주도하게 해준다. 설령 모두가 동의하지 않는다 해도 상당히 주목받을 수 있으며, 중립적인 입장의 사람들을 끌어들일 수 있다.

이런 생각은 또한 크로넛이든 일본식 치즈케이크 가게든 요즘 유행하는 음식점 앞에 엄청나게 늘어선 줄이 별 의미 없을 수도 있음을 시사해준다. 틀림없이 그 주변에는 비슷하게 맛있으면서도 50분씩 기다릴 필요가 없는 음식점들이 존재할 것이다.

필라델피아에서 치즈스테이크 샌드위치를 먹는다고 하면 여행자들은 항상 팻츠나 제노스를 추천받는다. 남부 지역의 필리스테이크 샌드위치 명소인 이곳에서는 얇게 저민 립아이 스테이크를 길쭉한 빵 위에 얹고 프로볼로네 치즈나 미국산 치즈, 또는 한층 풍미를 더해주는 치즈위즈 소스를 뿌린 샌드위치를 판매한다. 늦은 밤이나 주말이면 이 가게들 앞에는 엄청난 규모의 대기 행렬이 이어진다.

하지만 이 가게들이 정말 다른 가게보다 훨씬 맛있는 걸까? 그럴 것 같지는 않다. 실제로 여기가 최고라는 사실도 확실한 정보는 아니다.

그렇지만 이 가게들은 유명하다. 수년 전 어느 때부터 이 가게들은 좋은 맛에 운이 더해져, 현지인들이 다른 지역 사람들에게 우선적으로 추천하는 음식점으로 자리잡았다. 그렇게 추천받아 이곳을 찾았던 방문객들은 다른 친구들에게 소문을 냈고, 입소문이 계속 이어졌다. 처음에는 작은 차이였지만 빠르게 확산되어, 앞서 살핀 음악 실험 같은 결과가 나타났다.

대중을 끌어모을 가장 좋은 수단은 대중이다.

그러니 디즈니랜드에 가서 스페이스 마운틴을 타기 위해 대기 줄에서 반나절을 허비하거나 새로 출시되는 상품을 사기 위해 밤새워 줄을 서기 전에 쓸모 있는 대안을 생각해보는 편이 현명하다. 그러지 않으면 때때로 휴가는 하이라이트 장면의 재현처럼만 느껴질 수 있다. 명소마다 줄을 서서 교각이나 궁전을 틀에 박힌 사진으로 담기 위해 시끄러운 인파와 싸울 것이다. 이런 일이 즐겁다면 다행이지만 그게 아니라면 가까운 곳을 슬쩍 둘러보자. 아마 그렇게까지 붐비지 않으면서도 명소만큼이나 멋진 장소가 존재할 것이다.

결론적으로 이런 조사 결과는 우리가 사소한 것부터 중대한 것까지 타인에게 영향을 받는다는 사실을 분명히 보여준다. 우리는 스스로 내린 선택의 중심에 자기 자신이 있다고 생각한다. 우리의 선호, 편애, 그리고 내적 호불호 때문에 그런 선택을 했다고 믿는다. 하지만 우리가 고른 음식부터 사용하는 언어와 상품에 이르기까지 타인은 우리에게 놀라운 영향력을 행사한다. 누군가에게 상대가 당신을 따라했기에 협상이 성공적으로 이뤄진 게 아니냐고 물으면, 그는 당신을 정신 나간 사람 취급하며 비웃을 것이다. 하지만 그런 영향력은 정말로 성공적인 협상에 영향을 미쳤다.

우리가 미처 깨닫기 전에 다른 사람들이 우리의 행동에 영향을 미친다는 사실은 분명하다. 하지만 그런 영향력이 항상 우리가 타인과 똑같은 행동을 하도록 만들까? 무언가 색다른 것을 하게 이끌지는 않을까?

INVISIBLE
INFLUENCE

2장
색상이 다른 상품

이제 열두 살인 모건 브라이언은 친구 집 컴퓨터 앞에 앉아 다리를 흔들면서, 눈으로 모니터 화면을 이리저리 살폈다. 화면 속 이름들을 위에서부터 아래로 미친듯이 읽어내려갔다. 처음에는 A팀. 그다음엔 B팀. 그리고 마지막으로 C팀까지.

그녀와 같은 클럽 소속의 동료들은 명단에 포함돼 있었다. 한 명도 빠짐없이. 열 명 모두 올림픽 선수 육성 프로그램이나 그와 비슷한 곳에 합격했다. 그녀만 빼고.

브라이언은 큰 충격을 받았다. 그녀는 축구에 인생을 걸었고, 팀 내에서 입지를 다지는 것 외에 더 바라는 것이 없었다. 엎친 데 덮친 격으로 그해 여름, 그녀 외의 나머지 동료들은 지역 올림픽 선수 육성 캠프를 위해 앨라배마 주의 몬테발로로 떠났다.

그녀에게는 힘든 여름이었지만, 한편으로는 귀중한 시간이었다. 실패는 그녀에게 동기부여가 되었다. 브라이언은 이전보다 더 열심히 연습을 했다.

그녀는 늘 체구가 작은 편이었다. 종종 함께 경기했던 몇 살 위의 소녀들보다 훨씬 작고 말라서 팀 동료들이 그녀를 '플랑크톤'이라고 부를 정도였다.

하지만 체구와 기술은 빠르게 성장했다. 그녀는 경기 전후로 연습을 했고, 연습 상대를 찾아서 체스트 트랩과 공 주고받기, 양 발 끝 닿기 같은 기초 훈련을 병행했다. 단순 동작들이 몸에 배게끔 같은 동작을 연습하고 또 연습했다.

실패를 겪고 1년 후, 브라이언은 주립대표팀에 선발되었다. 그 후 지역대표팀에 선발되었고 마침내 청소년 국가대표팀에 뽑혔다. 10년 후, 그녀는 미국의 최연소 국가대표로 경기장을 밟았다. 그렇게 그녀는 스물두 살의 나이로 2015년 여자 월드컵에서 팀을 우승으로 이끈 주역이 되었다.

골잡이 미드필더인 브라이언은 수비수와 공격수를 잇는 접착제로 불린다. 어떤 이들은 그녀를 미국 축구의 미래라고 여겼다. 미국의 차세대 축구스타. 미아 햄을 뒤이을 선수라고 예상한다.

하지만 브라이언이 처음 맞닥뜨린 적수는 뛰어난 기술을 가진 브라질 공격수나 강력한 독일 수비수가 아니라 언니 제니퍼였다. 그들은 저녁 먹으러 들어오라고 할 때까지 집 앞마당에서 공을 차면서 놀았다. 제니퍼가 다섯 살이나 많았기 때문에, 브라이언은 일대일로 붙어서는 언니를 당해낼 수가 없었지만 그로 인해 운동에 흥미가 생겼다.

브라이언만 그런 게 아니다. 뛰어난 여자 축구선수들은 맏이가 아닌 경우가 많다. 2015년 미국의 월드컵 여자축구 대표팀 선수 스물세 명 중 열일곱 명에게 손위 형제가 있다.

그저 우연의 일치일까?

여느 조직처럼 미국 국가대표팀 또한 어떤 선수가 좋은 경기를 펼칠지 예측하는 데 관심이 있다. 무엇이 이 선수를 다른 선수보다 잘하게 만들까? 성공과 관련되는 특정 요소가 있을까?

국가대표팀뿐만 아니라 어린 선수들을 양성하는 중학생 대상의 클럽조차도 자리가 한정되어 있다. 거기 들어갈 선수들도 그만큼 제한적이다. 하지만 선수 선정은 정말 어려운 일이다. 선수를 어떻게 고를 것이며, 국가대표팀의 선수가 될 만한 자질을 지녔는지 어떻게 알아볼 수 있을까?

이를 판단하기 위해 연구자들은 전 연령대의 선수들을 대상으로 연구했다. 한 번이라도 미국 여자 국가대표팀 캠프에서 훈련을 받은 경험이 있는 14세부터 23세까지의 선수가 그 대상이었다. 신체 능력과 정신적 측면부터 지리적 요소와 그들의 포부까지 다양한 요소들을 측정했다.

선수들에게서 아주 흥미로운 관련성이 나타났다. 성공한 선수들은 부모 모두와 함께 살았으며, 그들의 어머니나 아버지는 어떠한 방식으로든 종종 자발적으로 팀을 도왔고, 부모 대다수가 고등교육을 받았다.

하지만 이러한 요소들 중에 한 가지가 눈에 띄었다. 바로 출생순서였다. 빼어난 선수들 가운데 사분의 삼 정도에게 최소 한 명 이상의 손위 형제가 있었다.

축구선수들만 그런 게 아니었다. 전 세계의 서른 개 이상의 운동 분야를 조사한 결과, 같은 패턴이 나타났다. 정상급 운동선수들은 나중에 태어난 경우가 많았다.

손위 형제가 있는 누군가가 스포츠 분야에서 더 뛰어난 이유는 여러 가지다. 자신의 손위 형제를 보면서 빨리 운동에 입문할 기회를 얻는다. 손위 형제가 어린 상대에게 경기방법을 가르쳐주거나 영감을 불어넣어주기도 한다.

손위 형제는 또한 연습 상대나 경쟁자이기도 하다. 형제간의 경쟁이라는 말이 괜히 생겨난 게 아니다. 손위 형제와 경쟁할수록, 특히 가족 구성원이 많을수록 어린 동생들은 빠르게 성장한다. 그들은 더 작고 더 가벼우며 더 느리다는 상황을 스스로 이겨내야 한다. 자신의 손위 형제와 어울리거나 혹은 이기기 위해서 동생 입장에서는 빨리 배우는 것 말고는 선택지가 없다. 이러한 자연발생적인 '괴롭힘' 환경은 좀더 위험을 무릅쓰게 하고 기술을 연마하게 이끈다.

하지만 흥미롭게도 뛰어난 운동선수들에게 대개 손위 형제가 있다 해도 반드시 같은 종목의 운동을 할 필요는 없었다. 손위 형제들은 일반적으로 활동적이고 어떤 운동과 관련되기는 했지만, 그게 동생이 최종 선택해 성공한 종목과 꼭 일치하지는 않았다. 예를 들어, 뛰어난 축구선수들에게 손위 형제는 있으나 그들은 축구 대신 농구나 배구를 하는 식이다.

단순히 손위 형제에게 배우거나 그와 경쟁하는 것이 아니라면, 왜 동생들이 더 성공하는 것일까?

첫째들은 대개 학업 능력이 더 뛰어나다. 그들은 GPA 점수가 더 높고 SAT 점수가 더 높으며, 내셔널 메리트(미국에서 전국의 최상위 고등학생들에게 지원하는 가장 큰 규모의 장학금—옮긴이) 점수가 더 높다. 또한 대학 진학률이 더 높고, 셀렉티브 스쿨 진학률도 더 높다.

이렇게 높은 학문적 성취에 대해 부모들이 첫째에게 차등 투자 혹은 더 많은 지원을 해서라는 이들도 있지만, 사실상 맏이들이 더 사회적이라서 그렇다는 설명도 있다.

맏이들이 형제 중 처음으로 학교에 가는 사람이란 건 당연하다. 그리고 모든 맏이가 학업 능력이 뛰어난 건 아니지만, 많은 맏이들이 최소한 잘하려고 노력한다. 게다가 맏이들은 대개 학구적이고 성실한 경우가 많다. 그래서 맏이 중에 명사인명록에 포함된 사람이 많고 노벨상을 비롯해 각종 상을 수상한 과학자들이 많은 것도 그리 놀랍지 않다. 미국 대통령을 포함한 전 세계의 정치 지도자들 중에도 첫째가 다수다.

이러한 환경에서 태어난 어린 동생들은 선택의 기로에 놓인다. 그들은 손위 형제들보다 뛰어난 학업 성과를 거두려고 노력하거나 다른 분야를 찾을 수 있다. 손위 형제들이 다져놓은 길을 따라갈 수도, 그 길을 벗어나 새로운 분야에서 빛날 수도 있다.

그리고 다른 분야를 찾는 것은 차별화를 위한 하나의 방법이다. 이러한 논리에 따라 어린 동생들은 운동 분야에서 더 뛰어난 결과를 낸다. 뛰어난 운동선수들뿐 아니라, 보통 성공한 운동선수들 중에도 나중에 태어난 경우가 많다.

한 연구에서 삼십만 명이 넘는 대학 신입생들의 과외 활동을 조사했다. 550개 이상의 다양한 학교에서 온 수십만 명의 학생들이 대상이었다. 2년제 전문대학부터 4년제 종합대학교까지 모두 아울렀다. 이들 중 전국 단위로 경쟁한 학생들이 그리 많지 않았기 때문에, 이 연구에서는 버시티 레터(각 학교가 정해놓은 기준에 따라 우수한 성적을 내는 클럽의 팀원에게 수여되는 상—옮긴이) 수상이라는 중간 수준 이상의 운동 성과에 대해 조사하였다.

뛰어난 고등학교 운동선수들에게 손위 형제가 있는 경우가 많다는 결과가 나왔다. 출생 순서가 늦은 학생들이 고등학교에서 상을 받은 경우가 더 많았다. 또한 어린 동생들은 친구들과 운동에 관해 더 많은 이야기를 나눴다.

버시티 레터를 받기 위해서 손위 형제가 하나인지 혹은 셋인지, 넷인지는 중요치 않았다. 최소 한 명 이상의 손위 형제가 존재한다는 게 중요했다. 맏이는 버시티 레터를 받는 운동선수가 될 확률이 더 낮았고, 외동인 경우에는 더욱더 드물었다.

형제간의 차이점은 학업과 운동 분야 외에서도 나타난다. 맏이는 정치적, 사회적으로 조금 더 보수적이다. 그들은 낙태와 가벼운 성관계를 그리 지지하지 않는다. 하지만 동생들은 조금 더 진보적이다. 그들은 종교 활동을 적극적으로 하지 않거나 고교 시절 술을 마셨다거나 시험중 부정행위를 했다고 시인하는 경우가 많다.

하지만 이러한 연관관계를 과도하게 일반화해서는 안 된다. 통계적으로는 유의미할지라도, 많은 차이점들이 평균적인 정도일 뿐이라 법칙으로까지는 볼 수 없다. 많은 동생들이 그들의 손위 형제만큼이나 똑똑하거나 학업적으로 더욱 뛰어나다. 어떤 손위 형제들은 심지어 동생보다 운동을 잘한다. 어떤 맏이들은 시험중 부정행위를 저지르기도 하고, 일부 동생들은 더 보수적이기도 한다.

하지만 평균적으로 차이가 있긴 하다. 실제로 전체 인구에서 무작위로 뽑은 두 사람과 형제간을 비교해보면, 성격 측면에서 조금 더 닮았을 뿐이다.

환경 요소는 성격 형성에 큰 영향을 미친다. 대략적으로 성격의 다양성 가운데 절반은 주변 사람들에 의해 형성된다고 한다. 어떤 육아 스타일이 아이들을 외향적이게 이끈다면, 어떤 스타일은 아이들을 예민하게 만들기도 한다.

하지만 형제간이라고 해도 사실상 상당히 다른 환경에서 자란다는 사실이 자료로 드러난다. 예를 들어, 함께 자란 쌍둥이가 따로 자란 쌍둥이들보다 성격이 체계적으로 더 비슷한 것은 아니다. 아이들이 같은 가정에 입양되더라도 그들의 성격은 거의 상관관계가 없다.

자녀들의 성격이 낮과 밤처럼 다르다고 생각하는 부모라면 뭔가 알아챘을 수도 있다. 한 아이가 긍정적이라면, 다른 아이는 부정적이다. 한 아이가 파티를 즐기며 산다면 다른 아이는 조용하고 내성적이다.

이러한 차이점은 무작위로 나타나지 않는다.

형제간의 경쟁은 단지 누가 축구를 더 잘하느냐 또는 누가 마지막 남은 아이스크림 한 입을 차지하느냐 그 이상이다. 그것은 어떤 부류의 사람이 될 것인지 그리고 어떤 다른 사람이 되어야 하는지에 관한 문제다. 누가 재미있는 사람이 되고 누가 똑똑한 사람이 될 것인가. 누가 더 엄마를 닮고 누가 더 아빠를 닮을 것인가.

형제관계는 모방과 차별화 모두를 불러온다. 아이들은 종종 자신들의 손위 형제를 우상으로 삼고 그들이 추구하는 활동은 뭐든 따라한다. 만약 오빠가 예술에 소질이 있다면, 여동생들은 그를 따라 미술 수업을 듣거나 공예품점에서 더 많은 시간을 보낼 가능성이 높다. 이런 모든 상황은 동생을 손위 형제처럼 되게 이끈다.

하지만 모방으로 인해 손위 형제와 같은 길로 들어서더라도, 동생들은 이 길이 누군가가 이미 차지한 길이라는 사실을 곧 깨닫게 된다. 만약 손위 형제가 이미 예술에 소질이 있는 사람, 재미있는 사람, 똑똑한 사람, 운동을 잘하는 사람이라면, 동생들은 그런 역할을 맡기가 어렵다. 만약 손위 형제가 예술에 소질이 있다면, 그 동생들은 예술을 좋아하는 것만으로는 부족하다. 그들은 해당 분야에 더욱 관심을 가지든 더 많이 알든 혹은 손위 형제가 그 위치에서 내려올 정도로 자신의 위치를 더욱 강하게 다져야 한다. 형제들은 사회적으로 중요한 비교 대상이며, 항상 더 못한다고 비교되는 상황은 달갑지 않다.

따라서 손위 형제들이 더 나은 분야로 옮겨가지 않는 한, 동생들은 흔히 다른 길을 택한다. 부모에게 잘 보이기 위해서든, 자기 자신을 위해서든 동생들은 자신만의 길을 개척한다.

이는 형제간의 나이가 비슷할 때 특히 더 두드러진다. 세 명의 자녀를 둔 가정에서 셋째는 둘째보다는 첫째와 더 비슷해진다. 또한 차별화 경향은 반대 성별보다는 같은 성별의 형제간에 훨씬 많이 발생한다. 다른 성별의 형제는 이미 성별이라는 하나의 중요한 범주에서 차별화되어 있으므로 다른 부분에서는 비슷해지기 쉽다.

심지어 시간이 지남에 따라 아이들의 성격은 형제와 상반된 성향으로 옮겨간다. 한 아이가 더 외향적일수록 다른 아이는 더욱 내향적으로 변한다. 유명한 음양의 원리처럼, 한 명이 움직이면 다른 한쪽도 움직인다. 영원히 연결되지만 영원히 차별화되고자 싸운다.

동시에 형제들은 중요한 역할을 한다. 형제는 놀이 상대이자 비밀을 터놓는 사이이며, 동맹관계이자 친구다. 하지만 서로의 성장 환경이기도 한다. 롤모델이자 차별화의 대상인 셈이다.

축구 스타인 모건 브라이언은 언니에 대해 이렇게 말했다. "저는 언니에게 많은 것을 배웠어요. 그녀는 축구를 좋아하긴 했지만 진정으로 원하는 것 같지는 않았어요. 그래서 반대로 전 축구를 잘하고 싶었죠."

차별화의 원인

당신이 그림 한 점을 산다고 상상해보자. 평소 엄청난 미술품 수집가는 아니지만, 어느 갤러리 앞을 지나다가 그림 한 점에 마음을 뺏겼다. 굉장히 멋진 그림이었다. 약간 추상적이지만 고급스러운 색감에, 아름다운 선, 멋진 구성의 작품이다. 게다가 작가가 열다섯 점만 그린 한정판이었다. 그 작품이 당신에게 말을 걸어오는 것만 같았고 색감도 거실에 놓기에 완벽했다.

그림 구매 건을 마무리짓기 며칠 전, 당신은 이웃집에 들러 이웃과 커피를 마시게 된다. 두 사람은 종종 만나서 대화를 나누며 근황을 주고받는 상당히 가까운 친구 사이다. 그는 당신에게 플로리다로 떠날 휴가 계획에 대해 이야기했고, 당신은 직장 상사가 중요한 회의 도중 잠들어버린 일을 들려줬으며, 최근 할리우드 블록버스터 가운데 뭐가 최고라고 생각하는지에 대해 이야기를 나눴다.

그러다 그 친구가 미술 이야기를 꺼낸다. 그는 당신이 그림 한 점을 구매할 예정이라는 얘기를 들었다고 한다. 그는 최종 구매에 앞서 자신이 얼마 전에 산 작품을 봐야만 한다고 말한다. 완벽한 작품이라고, 오랜 시간 미술 작품을 보아왔지만, 이 작품만큼 행복하게 해주는 작품은 없었다면서 당신도 정말 좋아할 것이라고 말한다.

당신은 그러기로 한다.

밖으로 나가서 그가 창고 문을 열자, 멋진 새 작품이 눈을 사로잡는다. 당신이 사려는 것과 거의 똑같은 작품이다.

같은 작가. 같은 추상화. 아름다운 색감도 똑같다. 레이아웃에 몇몇 사소한 차이는 있지만 기본적으로는 동일한 작품이다.

당신은 어떻게 할 것인가? 마음에 두었던 그 그림을 살 것인가 아니면 다른 작품을 찾을 것인가?

    미술품 구매에는 많은 비용이 드는 만큼 이와 동일한 상황의 실험을 진행하기는 힘들었기에 과학자들은 지역 양조장에서 비슷한 연구를 시행하였다.

    두 명의 소비심리학자가 웨이터로 가장해 맥주 시음을 진행했다. 그들은 동석한 고객들에게 미디엄보디의 레드에일, 골든라거, 인디아 페일에일 그리고 바바리안섬머 스타일의 맥주 등 네 종류의 수제맥주 시음을 권했다. 고객들은 원하는 종류의 공짜 맥주를 4온스씩 받았다.

    공짜 맥주라니. 대부분의 사람들은 참가하는 것만으로도 만족스러워했다.

    시음을 마친 후, 소비자들은 몇 가지 질문을 받았다. 선택한 맥주에 얼마나 만족했는가? 다른 종류의 맥주를 마시고 싶지는 않았는가?

    실험에는 한 가지 추가적인 세부 설정이 있었다. 우선 테이블 중 절반에서는 통상적인 방식으로 주문을 받았다. 웨이터가 메뉴판을 제공하고 각 맥주에 대해 설명한 다음, 그 테이블에 앉은 한 명 한 명에게 원하는 맥주를 고르게 하였다.

    나머지 테이블에서는 개별적으로 주문이 진행됐다. 이번에도 웨이터가 고객들에게 메뉴판을 제공하고 각 맥주에 대해 설명도

했지만, 각자 메모지에 주문 내용을 적어냈기에 다른 사람이 뭘 주문했는지 알 수 없었다.

주문 상황은 둘 다 거의 동일했다. 모두가 같은 구성의 맥주 가운데 선택을 했고, 같은 정보를 제공받았다. 선택하기 전에 다른 사람이 선택한 맥주를 알았는지 몰랐는지 정도만 달랐다.

하지만 연구원들이 데이터를 분석하자 두 그룹 사이의 현격한 차이가 드러났다. 자신이 어떤 맥주를 주문했는지 남들이 아는 그룹에 속한 사람들은 선택한 맥주에 대한 만족도가 낮았다. 그리고 다른 그룹에 비해 자신들의 선택을 세 배 이상 후회했다.

왜일까? 남들과 다른 맥주를 선택하려고 대부분 주문을 변경했기 때문이었다. 즉 다른 사람들과 같은 맥주를 선택하지 않으려고 여느 때였다면 하지 않았을 선택을 했던 것이다.

성인 남성 셋이서 술을 마시러 간다고 가정해보자. 폴은 페일에일을 좋아하고 래리는 라거를 마실 생각이며 피터는 폴과 마찬가지로 페일에일을 마시고 싶어한다. 만약 그들이 개별적으로 주문한다면 다른 사람이 뭘 주문하든지 개의치 않고 원하는 맥주를 주문할 것이다. 폴과 피터는 페일에일을, 래리는 라거를 주문한다.

하지만 만약 테이블에서 한 명씩 돌아가며 주문한다면, 맨 마지막에 주문하는 사람은 결정하기 힘들어진다. 폴이 페일에일을 주문하고, 래리가 라거를 주문한 뒤 피터가 주문할 차례가 온다. 그는 페일에일을 마시고 싶지만 폴이 이미 골랐기 때문에 같은 맥주를 주문하기 주저된다. 이웃과 같은 그림을 사고 싶지 않을 때처럼 말이다.

따라서 피터는 결과적으로는 만족도가 떨어지더라도 다른 맥주를 선택할 가능성이 높다. •

때때로 사람들은 남들과 똑같은 것을 원하지 않는다. 때때로 사람들은 남들과 다르기를 원한다.

나는 그들의 예전 스타일을 좋아해

오늘날 프로 야구선수는 정규직이다. 7개월 동안 160경기 이상을 치르고 시즌이 끝나면 다음 시즌 준비로 여념이 없다. 어떤 선수는 몸집을 키우려고 웨이트 운동을 하고, 어떤 선수는 날씬해지려고 엄격하게 식이조절을 한다. 코치, 요리사 그리고 트레이너들은 경기력을 최대한 끌어올리는 식단을 제공한다.

하지만 항상 이런 식은 아니었다. 예전에는 현재와 같은 수준으로 연봉이 지급되지 않았기에 시즌이 끝나면 선수들은 배트와 글러브를 내려놓고 가족을 부양할 다른 방법을 찾아야만 했다. 명예의 전당에 오른 케이시 스텡걸은 택시를 몰았다. 투수인 월터 존슨은 전화사에서 전봇대를 세울 때 필요한 구멍을 팠다. 유격수인 필 리주토는 옷가게에서 일했다.

• 맨 먼저 주문하는 사람들은 거의 영향을 받지 않는다. 아무도 그들보다 먼저 주문을 하지 않기 때문에 거리낌없이 원하는 것을 주문하면서도 차별화된다고 느낄 수도 있다.

요기 베라는 루제리스라는 세인트루이스의 유명 이탈리안 레스토랑에서 그리터와 웨이터 책임자로 일했다. 베라는 1950년대 월드 시리즈에서 양키스를 우승으로 이끌었지만 비시즌에는 턱시도를 입고 레스토랑을 찾는 손님들을 맞이했다.

보수가 늘어남에 따라 선수들은 비시즌에도 야구에 더 많은 시간을 투자하게 됐다. 부상의 위험을 감수하면서 주수입원을 위태롭게 할 필요가 없었기 때문이다.

루제리스 역시 달라졌다. 괜찮은 음식과 (비록 더이상 거기서 일하지는 않지만) 베라의 유명세 덕분에 이 레스토랑은 더욱더 유명해졌다.

새로운 명성은 레스토랑 주인에게는 호재였지만, 이를 반기지 않는 사람들도 있었다. 그중 하나였던 베라도 그곳에 발길을 끊었다. 그의 친구가 이유를 묻자 그는 이렇게 대답했다. "이제 아무도 거기 안 가. 사람이 너무 많잖아."

정통경제학에서는 한 사람의 결정이 다른 사람의 행동에 영향을 받아서는 안 된다고 본다. 미술 작품을 고르거나 맥주를 구매할 때는 가격과 품질을 기반으로 해야만 한다. 따라서 아티스트가 미술 작품에 수천 달러를 매기거나 맥주에 물을 타서 팔지 않는 이상 사람의 기호는 변하지 않아야 한다.

그렇다고 해도 다른 사람을 **모방**해야 할 때가 있다. 어두운 방에서 불빛이 얼마나 움직였는지 추측하는 사람들처럼, 타인의 결정은 정보를 제공한다. 더 많은 사람이 선택한 대상은 틀림없이 품질이 더 좋을 것이다. 그렇지 않다면 그토록 많은 사람들이 왜 그걸 선택했겠는가? 인기가 곧 품질이라면, 인기 제품만 고르면 된다. 다른 사람들이 이미 무언가를 하고 있으면 따라만 해도 이득이다.

하지만 늘 그렇지는 않다. 루제리스처럼, 너무 많은 사람들이 좋아하는 것들을 꺼리는 경우가 종종 있다.

상품이나 서비스에 대한 개인의 수요가 시장의 수요와 반비례하는 현상을 '스놉 효과'라 일컫는다. 이미 많은 사람들이 무언가를 사용하거나 가졌다면 새로 진입한 소비자들은 그것을 구매하거나 사용하는 것에 흥미를 덜 느낀다.

대부분의 경우 사람들은 어떤 일을 하는 유일한 사람이 되기를 바라지는 않지만 너무 많은 사람들이 똑같이 행동하면 그와는 다른 뭔가를 찾게 된다. 케일이나 퀴노아가 너무 유행하면 반감을 갖는다. 모두가 새로 출시된 물방울무늬 옷에 대해 이야기하면 먼저 그 패턴의 옷을 입었던 사람들 중 일부는 다른 무늬 옷을 입는다. 이들은 다른 사람들이 자신과 같은 것을 좋아한다면, 자신이 좋아했던 것이라도 포기한다.

몇몇 사례에서는 그 이유가 더욱 현실적으로 드러난다. 레스토랑이 너무 붐비면 즐겁게 식사하기는 어렵다. 자리가 날 때까지 오랫동안 기다려야 하거나 일찌감치 예약 전화를 해야 한다. 대화를 나누기 위해 목소리를 크게 내야만 한다면 식사를 즐기기 힘들다.

하지만 여기에는 훨씬 더 복잡한 이유가 있다.

음악 마니아에게 이제 막 유명해진 어떤 밴드에 대해 말한다면, 그들은 흔히 이런 반응을 보인다. "아시안 스파이더 몽키 말하는 거야? 난 그들의 예전 스타일이 좋아. 그들의 공연이 매진되고 음악 성향이 상업적으로 변하기 전의 앨범이 좋았어. 그땐 지금보다 좀더 진솔한 음악을 했었는데. 그때가 더 강렬하고 덜 상업적이었어. 그때가 더 그들다웠어."

아시안 스파이더 몽키의 초창기 음악이 실제로 더 괜찮았을 수도 있다. 어떤 가수들은 점점 원숙해지지만 좋은 아이디어가 바닥나버리는 경우도 많기 때문이다.

그러나 비틀스와 마돈나 외의 성공한 다른 많은 가수들의 무명 시절의 음악이 실제로 유명해진 후의 음악보다 더 좋을 가능성은 얼마나 될까? 유명하지 않은 가수의 초창기 음악을 좋아한다는 사람을 주변에서 한 명이라도 본 적이 있는가?

인기가 창작력을 앗아가는 크립토나이트(슈퍼맨의 힘을 빼앗는 물질—옮긴이)일 수도 있겠지만, 그보다 그럴듯한 설명이 있다. 그들의 음악적 변화와 상관없이, 밴드가 유명해지면 그들을 좋아하는 일이 덜 특별해지기 때문이다. 만약 당신이 카페에서 진행된 아시안 스파이더 몽키의 첫 공연을 보게 된 열두 명의 관객 중 하나였다면, 당신은 선택받은 소수다. 아무도 그들에 대해 들어본 적 없기에 데이브 매슈스 밴드나 베토벤을 좋아한다고 말하는 것보다 스파이더 몽키의 경쾌하고 색다른 사운드를 좋아한다고 말하는 것이 차별화의 증표가 된다. 사람들은 당신이 『오즈의 마법사』나 괴상한 원숭이 감염에 대해 이야기한다고 생각할지도 모르지만 아시안 스파이더 몽키를 좋아한다는 것은 당신을 눈에 띄게 만든다. 그것은 감염일 수도 있지만, 당신의 감염이고 당신 혼자만의 감염이다.

하지만 아시안 스파이더 몽키가 유명해지면, 모든 것이 무효가 된다.

그들이 『롤링 스톤』 표지를 장식하면, 많은 이들이 그 음악을 듣기 시작한다. 인디음악 팬부터 가볍게 음악을 즐기는 사람까지 말이다. 그렇게 되면 이제 그 밴드는 더이상 당신만의 밴드가 아니라 모두의 밴드가 된다. 한때 특별함의 상징이었던 것이 평범해지고 널리 퍼진다.

이런 상황에서 아시안 스파이더 몽키의 진정한 팬은 어떤 행동을 하게 될까?

완전히 밴드를 떨쳐낼 수 있다. 콘서트 티셔츠를 버리고 재생목록에서 그들의 노래를 지우면 된다.

하지만 그 방법은 약간 극단적이다. 어쨌거나 당신은 여전히 그들의 음악을 좋아하니 말이다. 게다가 당신은 그들을 초기에 좋아했던 사람이다!

그렇기에 많은 사람들은 그 밴드를 떨쳐내기보다는, 충성심을 유지하면서도 자신을 차별화해줄 새로운 요소를 찾는다. 예전 노래가 더 좋았다고 말하는 식으로 말이다.

스파이더 몽키의 예전 노래를 좋아한다고 말함으로써 사람들은 밴드에 대한 애정을 유지하면서도 스스로를 차별화할 수 있다. 그리고 이제 막 그 밴드의 음악을 듣기 시작한 사람들보다 사회적 차별점을 하나 더 추가할 수 있다. 인기 밴드의 음악을 다른 사람들처럼 좋아할 뿐 아니라, 유명해지기 전부터 그 밴드를 잘 알았다는 걸 드러낼 수 있는 셈이다.

어떤 사례에서는 심지어 그들이 유명해지기도 전에 반발이 시작된다. 어떤 사람들은 무언가가 인기가 올라간다는 조짐만 보여도 그것을 싫어한다. 다른 이들이 하기 전에 자신이 가장 먼저 해야 하기 때문이다.*

---

* 어떤 사람들은 다른 사람들이 좋아하는 것을 싫어하거나 거기에 반대 입장을 취함으로써 자신을 차별화한다. "모두 모모푸쿠의 쿠키에 열광하더라. 난 별로던데." "대부분 사람들이 제프 쿤스의 작품을 좋아하지만, 그의 작품은 단지 마르셀 뒤샹의 손길이 닿은 앤디 워홀의 재탕 같아." 모두가 좋아하는 것을 적극적으로 싫어한다고 말함으로써 사람들은 스스로를 차별화한다. 자신들이 쌓아온 지식을 사람들과 함께 어울리는 데 활용하는 것이 아니라, 다르게 보이는 데 활용한다.

왜 달라야 하는가?

미국인들은 추수감사절 때면 칠면조 구이와 스터핑을 먹지만, 대부분 이 명절의 유래에 대해서는 잘 모른다. 굳이 생각해야 한다면, 유치원 때 배운 내용을 떠올리는 정도다. 순례자와 인디언 혹은 플리머스의 바위와 메이플라워 호 같은 이야기들 말이다. 하지만 실제로 크랜베리 소스와 단정한 하얀 식탁보 이면에는 오늘날 미국인의 가치관에 대단히 강력한 영향력을 미쳤던 미국 초기 정착민들이 있다.

1620년 9월, 백여 명의 사람들이 종교의 자유를 찾아 배를 타고 영국에서 신대륙으로 떠났다. 대부분은 영국 국교회의 로마 가톨릭 관례와 제한적인 개혁에 불만을 품었던 영국 분리주의자와 근본주의 청교도들이었다. 네덜란드에서 얼마간 머문 후, 이 프로테스탄트들은 새로운 정착지를 찾아 나섰다. 경제적인 전망이 더 좋고 계속 영어를 사용할 수 있는 어딘가를 말이다.

그 당시 성직자들은 신과 인간 사이의 거의 모든 일에 관여했다. 사제들만이 유일하게 성령과 직접 이어져 있었다. 그들은 속죄와 면죄 선언을 하고 성서를 해석하고 보완했으며, 중재자로서의 일반적인 역할도 했다. 종교의식과 형식이 지배하던 시대였다.

뒤따라 도착했던 사람들의 관점은 초기 미국인들과 달랐다. 그들은 현세와 내세에 대해, 평범한 인간인 자신들이 직접 운명을 결정하고자 했다.

그들은 사제의 말을 무조건 받아들이기보다 스스로 성경을 공부하고 직접 해석해야 한다고 주장했다. 모든 사람은 자신의 신앙심을 통해 신과 직접 대화할 수 있으며, 모든 사람은 자기 자신의 사제가 될 수 있다. 아무 생각 없이 권위에 복종하는 것이 아니라, 직접 느끼고 생각하라고 장려했다. 독립적인 주체가 되라고 말이다.

이러한 독립 혹은 개인주의 개념의 영향력은 엄청났다. 이는 정착민들의 종교적 신념뿐 아니라, 다른 사람들과의 교류에도 영향을 미쳤다. 그것은 (오늘날 우리가 기리는, 플리머스 항에 상륙한 순례자들이 개척한) 당시의 매사추세츠 식민지뿐 아니라 미국문화에 깊게 뿌리내렸다.

사람들은 독립적으로 저마다의 목적을 자유롭게 추구했다. 자신만의 길을 개척하고 그 길로 나아갔다.

몇 년 후, 프랑스의 역사학자인 알렉시스 드 토크빌이 신대륙에서 급성장한 민주주의 질서에 대하여 조사했을 때, 개인주의는 핵심 요소 중 하나였다. 이기주의나 자기중심주의처럼 부정적인 개념이 아니라, "각 시민들이 다수의 주변인에게서 떨어져 자신의 신념대로 인생을 주관하는 차분하고 사려 깊은 감정"이라고 표현되었다. 이는 미국 독립선언서부터 시민의 자유 보장을 명시한 미국 헌법과 권리장전으로 이어졌다. 부당한 위압을 받지 않고 자유롭게 의사결정을 할 수 있는 것이 국민의 권리였다.

오늘날까지도 많은 국가에서 개인의 독립성 문제를 정치 담론의 바탕으로 여긴다. 정부는 개인 의사 표현의 권리를 어느 정도까지 허용해야 할까? 한 개인의 자유를 보호하는 것이 또다른 사람의 자유를 침해하게 되는 지점은 어디일까?

독립과 자유를 어렵게 쟁취한 역사가 있기에 미국인들이 차별화를 소중히 여기는 것은 당연하다. 다른 사람들과 무언가 다를 자유. 하느님의 말씀을 해석하는 방법이든 다른 맥주를 고르는 것이든지 말이다.•

미국에서는 외적 고려사항뿐 아니라 한 개인이 원하고 바라는 내적 선호가 선택에 반영된다고 인식한다. 하지만 그러한 자유는 책임을 동반한다. 만약 선택에 자기 자신이 반영된다면, 선택은 문화라는 특별한 맥락에서 더욱 중요해진다. 옷은 단지 옷이 아니라 우리가 누구인지를 말해주는 요소가 된다. 그래서 무언가 다른 것을 선택했다는 것은 독립성을 표현하는 방법이 된다.

파티에 갔는데 당신과 같은 옷을 입은 사람이 있다고 상상해보자. 아니면 어느 날 출근했더니 직장 상사가 당신과 똑같은 넥타이를 맸다고 가정해보자.

보는 사람들은 대부분 그냥 재미있어하며 웃어넘길 테지만,

• 반면 동조에 대해서는 대개 부정적으로 인식한다. 동조는 자기선택권을 포기하거나 자기 자신이 휘둘리는 상황을 용인하는 것으로 인식된다. 조지 오웰의 『1984』나 에인 랜드의 『파운틴헤드』 같은 소설에서는 사람들이 서로 동화되어가는 것의 위험성을 경고하고 독립적인 사고를 찬양했다. 디스토피아적 미래상을 그리는 영화에서도 사람들은 그저 교체 가능한 부속품에 지나지 않는다(여느 사람들과는 다른 영웅이 나타나 세상을 구하기 전까지는 말이다).

당사자들은 황당해하거나 조금은 불편해할 가능성이 높다. 한 명 때문이든 백만 명 때문이든 지나치게 남과 비슷하다 싶으면 종종 부정적인 반응이 나타난다. 이는 사람들을 언짢고 불안하게 만든다.

따라서 우리는 스스로 차별된다고 느끼게 하는 대상을 선택한다. 아무도 들어보지 못한 브랜드나 아직 덜 발전한 지역의 아파트를 산다. 한정판 티셔츠를 구매하거나 아우트리거 카누를 타고서만 갈 수 있는 잘 알려지지 않은 폴리네시아의 어느 섬으로 휴가를 떠난다.

첨단기기가 시장에 수용되는 과정을 설명하는 데도 차별화가 도움이 된다. 구글 글라스는 웨어러블 컴퓨터의 미래상으로 여겨졌다. 사용자의 시야에 작은 화면이 자리하는, 머리에 쓰는 광학 디스플레이인 이 기기는 2012년 최고의 발명품으로 꼽혔다. 손을 자유롭게 사용하면서도 글 작성, 사진 촬영, 혹은 길 안내 등의 기능을 이용할 수 있어, 사람들을 자유롭게 해주고 유용한 제품이라고 홍보되었다.

하지만 이러한 장래성에 제동이 걸렸다. 몰래 동영상을 촬영하는 사람들 때문에 사생활 침해 문제와 윤리적 의문이 제기된 것이다. 또한 구글 글라스 착용이 정신을 산만하게 만든다는 연구 결과도 있어 정부에서는 운전중 구글 글라스 착용을 금지했다. 과시가 심한 일부 얼리어답터들 때문에 구글 글라스 착용자들이 욕을 먹기도 했다. 얼마 지나지 않아, 구글 글라스는 (반대로) 모든 문제의 원인처럼 보이게 되었다.

이러한 모든 단점에도 불구하고, 사람들은 여전히 그 기기에 열광했다. 그들은 구글 글라스를 손에 넣기 위하여 10만 달러에 가까운 금액을 부르거나 (공개적으로는 구할 수 없었기에) 지인에게 구글 글라스 구매 초대를 받기 위해 애썼다.

구글 글라스 구매는 단순히 그 제품이 유용하냐 아니냐의 문제가 아니었다. 첨단 기술을 택하는 사람들에게 최신 기기는 단순한 작업 도구가 아니라 차별화의 도구다. 자신이 남들보다 앞서 있다는 것을 보여주는 방법이다. "남들은 똑같이 보고, 행동하고, 말할지 모르지만, 난 아니야! 난 대단한 개인주의자거든. 특별해. 난 달라"라고 말하는 것과 같다.

당신은 누구인가?

다른 사람과 다르다는 것에는 종종 보상이 따른다. 더욱 매력적일수록 더 많이 데이트를 한다. 키가 더 클수록 농구할 때 더 먼저 뽑힌다.

하지만 독특성은 단지 남들보다 더 낫다는 것 이상의 의미를 지닌다. 물론 긍정적으로 보면 눈에 띈다는 건 기분 좋은 일이다. 데이트 신청을 자주 받거나 어떤 일에 맨 먼저 뽑히면 사람들은 자신을 특별한 존재로 여기게 된다. 그렇지만 독특성에는 그 이상의 의미가 있다.

새로운 일자리를 구했다고 가정해보자. 출근 첫날은 오리엔테이션을 하므로, 당신과 새로운 동료들은 서로 알아가는 시간을 가질 것이다. 어색한 분위기를 깨며 하루가 시작된다. 신입 사원들은 사무실을 돌면서 자기소개를 한다.

"저는 서른여섯 살이고 두 아이의 엄마입니다."

"저는 볼티모어 토박이로 오리올스 야구팀의 광팬입니다."

"저희 부모님은 의사와 화가이십니다."

당신은 어떻게 자기소개를 할 것인가? 보다 본질적으로 묻자면, 당신은 어떤 사람인가?

이는 심오한 철학적 질문이자 굉장히 현실적인 질문으로 분명하게든 함축적으로든 우리는 항상 이에 답해야 한다.

학교나 직장에서의 첫날, 우리는 언제나 다른 사람들에게 자기소개를 해왔다. 이름을 알려주고 우리가 어떤 사람인지에 대한 정보를 넌지시 제공한다.

오늘날과 같은 디지털 세상에서는 종종 온라인상으로 소개가 이뤄진다. 누군가의 신상 정보가 웹사이트나 소셜미디어의 '프로필' 항목에 자세하게 나온다. 이렇게 요약된 프로필은 직접 만나지 않고서도 그 사람에 대해 빠르게 알려준다.

트위터는 자기 자신에 대해 완전한 문장으로 표현하기에는 빠듯한 공간이지만 사용자들은 이러한 제한된 공간을 특별한 방식으로 채운다. 예를 들어, 좋아하다라는 단어를 빈번하게 사용하는 것처럼 말이다.

하지만 이는 사람들이 구제불능의 낭만주의자여서가 아니다. 그들은 자신의 선호를 표현하기 위해 좋아하다라는 동사를 사용한다. '난 개를 좋아해' '난 축구 경기 보는 걸 좋아해' '난 아이들을 좋아해'라는 식으로 자신이 선호하는 대상이나 행동을 표현한다.

직업이나 직무도 빈번히 등장한다. '소셜미디어 매니저' '가정이 있는 남자' '교수'라는 식으로 말이다.

이러한 소개글은 사교적인 인사말 이상의 의미를 지닌다. 좀더 깊이 있게 들여다보면 우리가 스스로를 어떻게 인식하는지 보여주는 창이기도 하다. 그건 전 세계 수십억 명의 사람들 중에서 우리 자신을 정의하는 방식이다.

자신이 분류되는 것을 좋아하는 사람은 없지만, 대부분의 사람들은 사물을 비롯해 다른 대상과의 관계에서 의미를 얻는다. 만약 당신이 한 번도 사과를 본 적이 없다면, 누군가에게 사과에 대해 설명을 듣는다 한들 도움이 되지 않는다. 사과의 본질은 "붉거나 초록빛의 작은 과일"이라는 식으로 당신이 아는 다른 것과 연관지어 설명할 때 명확해진다. 그렇게 사과가 속한 범주(과일)를 떠올림으로써 의미가 전달된다.

과일은 일반적으로 먹을 수 있기 때문에 사과도 분명 먹을 수 있을 것이다. 과일은 보통 달콤하니까 사과도 아마 달콤할 것이다. 즉, 사과를 과일이라고 말하면 이것이 땅에서 자랐으며 먹을 수 있고, 아마도 비타민이 상당히 풍부하다는 의미가 거기에 포함되어 있다.

때로는 사과가 무엇인지만이 아니라 그것이 무엇이 아닌가를 설명하는 데에도 의미가 포함된다. 사과를 과일이라고 말하면, 거기에는 사과가 과일이 아닌 것들과 구별된다는 의미가 함축된다. 예를 들면, 사과는 다리가 없을 것이며 가구 재료로는 부적합할 것이다. 차이점을 모르면 의미가 명확해지지 않는다.

우리를 어떻게 묘사할 것인가에도 이 같은 원칙이 적용된다. 만약 누군가 자신을 교수라고 소개했다면 자신이 어떤 사람인지 살짝 드러냈다고 볼 수 있다. 그가 교수로 묘사되는 다른 사람들과 공통점을 가졌다는 의미인 셈이다. 그는 아마 독서를 좋아하고 사색을 즐기며 실내에서 더 많은 시간을 보낼 것이다.

이는 또한 자신을 교수라고 소개하지 않는 사람들과 자신이 다르다는 뜻도 된다. 아마 그는 자신을 농구선수라고 칭하는 사람들보다 키가 작을 것이며 자신을 예술가라고 하는 사람들보다 창의적이지 않을 것이다.

모두가 교수라고 말한다면, '교수'라는 분류는 의미 없어진다. 이는 단순히 "나는 인간입니다"라고 말하는 상황처럼 별다른 정보를 전달하지 못한다. 그런 말로는 한 사람을 다른 수십억 명과 구별할 수 없다.

고로 특별함은 정의 내리기 때문에 가치를 지닌다. 만약 모두가 똑같다면 자의식을 갖기 어렵다. 남들과 다른 자아는 어디에서 시작될까? 차별화는 정체성 확립을 돕는다. 이는 자신이 어떤 사람이고 어떤 사람이 아닌지 정의하기 때문이다.

차별화는 대개 청소년기에 시작된다. 열두세 살 정도 된 아이들은 기본적으로 부모를 따라한다. 부모가 입혀주는 대로 입고 부모가 만들어준 요리를 먹으며 부모가 사는 집에 함께 산다. 그들은 부모의 복제인간은 아니지만, 자기 자신을 거의 차별화하지 못한다(물론 말대꾸도 하고 편식도 하지만).

그렇지만 어른이 되는 과정은 고유의 자아를 정립하는 과정이기도 하다. 즉 부모에게서 분리되는 과정이다. 그래서 십대 청소년들은 반항을 한다. 채식주의자가 되기도 하고, 불량스러운 이성과 데이트를 하기도 하며, 학교로 부모가 데리러 가면 대개 지긋지긋해하거나 화를 낸다.

십대들은 단순히 부모를 화나게 하려는 게 아니다. (물론 그렇게 보일 수는 있지만.) 그들은 자신을 고유하고 독특하게 특징짓기 위해 노력중인 것이다. 자신의 정체성이 시작되고 부모의 영향력이 미치지 못하게 경계선을 긋는 것이다.

차별화의 환상

최근 변호사인 친구와 이야기를 나누었다. 그가 내게 요새 뭘 하느냐고 물어와서 사회적 영향력에 관해 집필중이라고 답했다. 그러자 그는 자신의 동료들이 그러한 영향력을 받고 있다며 통탄했다.

"모두가 똑같아지고 싶어해. 젊은 변호사들은 보너스를 받으면 BMW부터 산다니까."

그도 BMW를 몰지 않느냐고 지적하자, 이렇게 대꾸했다. "물론 그렇긴 하지만 다들 은색 BMW를 모는데 내 차는 **파란색이야.**"

모든 선택이나 결정에는 저마다의 속성 혹은 양상이 있다. 자동차는 브랜드, 모델, 색상 혹은 다른 다양한 특징들로 설명된다. 여행은 어떤 도시나 주, 나라에 갔는가, 어떤 호텔에 머물렀는가, 그리고 거기서 무엇을 했는가로 설명된다.

차별화 욕구 때문에 사람들은 더욱 특이한 차를 구매하거나 (올랜도보다는 앵귈라 섬처럼) 보다 독특한 여행지를 고른다. 하지만 차별화 욕구 때문에 사람들은 조금 더 특별하게 느끼게 해주는 선택에 중점을 둔다. 비록 실제로는 똑같은 선택이더라도 말이다.

똑같은 드레스를 입고 파티장에 온 여성들은 다른 구두를 신었다거나 다른 핸드백을 들었다는 사실에 초점을 맞출지도 모른다. BMW 운전자들은 독특한 색상이나 자신이 택한 특별한 옵션 사항에 초점을 맞출 것이다. 우리는 차별화 욕구를 채워줄 정보에만 집중하고 그것만 기억한다.

아래 사진 속 두 핸드백을 보자. 둘 다 프랑스 명품 브랜드인 롱샴 제품이다. 둘 다 대부분 나일론 소재로 이뤄졌고 가죽으로 강조한 부분이 있다. 제품 설명에 따르면 일상생활에 필요한 물건들을 가지고 다니기에 적합한 크기다. 이 두 가방은 색상만 다를 뿐이다.

사람들에게 두 가방이 얼마나 유사한지 1점부터 100점까지 점수로 매겨보라고 요청하자, 대부분 90점 정도로 매우 유사하다는 의견을 내놨다.

왜냐고 묻자 앞서 언급했던 것과 같은 이유를 들었다. 크기가 같다, 같은 브랜드 제품이다 등등. 사람들은 두 가방을 매우 유사하다고 인식했기에 일부 응답자들은 틀림없이 내가 무슨 속임수를 쓰는 거라고 생각할 정도였다.

하지만 이 가방을 소유한 사람들에게 같은 질문을 던지자 완전히 다른 대답이 돌아왔다.

그들은 "전혀 다르죠"라고 반응했다. "보세요, 색깔이 완전히 딴판이잖아요!"

누군가에게 애장품 목록을 말해달라고 해보자. 좋아하는 목걸

이, 셔츠, 혹은 주방기기 등등. 그중 다른 사람들과 같은 제품이 얼마나 되는지 물어보자.

예상대로 사람들은 별로 겹치지 않을 거라고 추정한다. 때로는 실제와 크게 차이날 정도로 적다고 생각한다. 우리는 무언가 우리에게 중요한 것일수록 더 독특하다고 여긴다.

더 알고 싶다면, 어린이집에 가서 아이들이 마카로니로 미술 작품을 만드는 모습을 보라. 애견 공원에 가서 모든 강아지가 서로 쫓아다니며 빙빙 도는 모습을 봐도 된다. 외부자의 눈에 그들은 매우 비슷해 보인다. 물론 조금씩 다르게 생겼지만 대체로 비슷하다.

하지만 그 부모에게 자녀에 대해 묻거나, 견주에게 강아지에 대해 물어보면 당신과 의견이 다를 것이다. 그의 아이는 다른 아이들과 전혀 다르다. 그의 강아지는 이 세상에 존재하는 가장 특별한 동물이다. 언제나.

여러 가지 면에서 볼 때, 이게 특별함에 있어서 가장 중요한 부분이다. 물론 실제로 차이날 때도 있다. 우리는 서로 다른 브랜드를 구입하고, 다른 의견을 지지하며, 친구나 이웃과 다른 여행지를 선택한다. 또한 재생 티크 원목과 침목으로 만든 앤티크 커피테이블을 구매하기도 한다.

하지만 차별화에 대한 갈증을 심리적인 변화로만 해소하기도 한다. 그래서 타인들과 비슷하지만 조금이라도 다른 점에 초점을 맞춘다. 수천 명이 셔츠를 산 상점에서 셔츠를 구매했지만 몇 명만 선택한 아주 연한 회색 셔츠를 샀다는 사실에 초점을 맞추는 식으로 말이다.

이러한 정신적 훈련은 많은 사람들이 품는 차별화에 대한 의아함을 해소하는 데 도움이 된다.

식료품점에 가거나 지하철을 기다릴 때 다음번에는 주변을 둘러보라. 그러면 대부분의 사람들이 상당히 비슷하다는 사실을 알아챌 것이다. 우리는 모두 눈 두 개, 귀 두 개, 코 하나, 입 하나를 가졌다. 거기다가 비슷해 보이는 옷을 입으며 비슷해 보이는 음식을 먹고 비슷해 보이는 집에 거주한다. 하지만 이런 유사성의 바다에서도 우리는 스스로를 독특하다고 느낀다. 남과 다르다고. 특별하다고.

그리고 이는 부분적으로 특별함이 주는 환상 때문이다. 비록 본질적으로 우리는 다른 사람들과 거의 비슷하지만, 스스로를 차별화시키는 방법에 초점을 맞춘다.

하지만 차별화에 대한 욕구가 모두 똑같을까?

자동차 동호회를 시작해보자
이번에는 앞선 예시와는 반대되는 상황을 가정해보자. 다른 사람이 이미 구매한 미술 작품을 구매하거나 당신이 원하는 맥주를 다른 사람이 먼저 주문하는 문제가 아니다. 누군가가 당신의 행동을 따라했을 때 당신은 어떻게 반응하는가, 누군가가 당신을 모방한다면 어떻게 반응할 것인가.

당신이 새 차를 샀다고 해보자. 몇몇 친구들에게 이를 보여주었는데, 그중 한 친구가 그걸 보고는 똑같은 차를 구매했다는 사실을 알게 되었다. 제조사와 모델까지 똑같은 차다. 기분이 어떨까?

노스웨스턴대의 니콜 스티븐스 교수가 MBA 학생들에게 이런 질문을 던지자 어느 정도 예상했던 답변이 돌아왔다.

학생들은 짜증나거나 속상할 것 같다고 대답했다. 같은 차를 산 친구에게 배신감을 느끼며, 자신의 차가 더이상 독특하지 않다는 사실에 짜증날 것이라고 답했다. 그 MBA 학생들은 누군가가 자신과 똑같은 자동차를 구매하면 자신의 차별점이 망쳐진다고, 자신의 차가 평범해진다고 생각했다.

이런 부정적인 반응은 지금까지 이야기한 독특성과 잘 맞아떨어진다. 사람들은 어느 정도 독특해지고 싶어하기 때문에, 자신만의 차별점이 위협받으면 부정적인 감정이 생긴다. 차별화 욕구 때문에 그 MBA 학생들은 자신의 행동을 누군가가 따라했을 때 언짢아했다.

니콜은 다른 집단의 사람들에게도 같은 질문을 던졌다. 이 두번째 집단은 MBA 학생들과 여러 가지 면에서 유사했다. 나잇대가 같고, MBA 학생들과 마찬가지로 대부분 남자였다.

딱 하나 차이점이 있었다. MBA 학생들이 상대적으로 더 부유했다면 이 두번째 집단에는 육체노동 종사자가 더 많았다. 그들은 1년에 10만 달러 이상의 학비를 지불하며 경영대학원에 다니는 학생이 아니라 노동자였다.

바로 소방관들이었다.

니콜이 소방관들에게 친구가 똑같은 차를 사면 기분이 어떨 것 같으냐고 묻자, 짜증나거나 속상할 것 같다는 사람은 거의 없었다. 실제로 자료 통계를 내보니 그들은 확실히 긍정적 반응을 보였다. 그들은 짜증나기보다 오히려 친구 때문에 기쁠 것 같다고 대답했다. 친구가 똑같은 차를 샀다는 사실은 전혀 신경쓰이지 않으며, 그 친구가 좋은 차를 샀다고 생각했다.

한 소방관은 이렇게 반응했다. "잘됐네, 자동차 동호회를 만들자!"

어째서 소방관들의 반응은 이렇게 달랐을까? MBA 학생들과는 달리 비슷한 행동을 왜 편안하게 받아들였을까? 이는 사람들의 차별화 욕구에 대해 무엇을 시사하는 걸까?

니콜은 대학에 입학해서야 자신이 남과는 다른 환경에서 자랐다는 사실을 알게 됐다. 아버지와 할아버지와 그 선조들처럼 니콜은 플로리다의 웨스트 팜비치에서 태어났다. 부유하지도 빈곤하지도 않은 가정이었다. 그녀의 아버지는 베트남전에 참전하지 않기 위해서 대학에 진학한 뒤 소방관으로 일하다가 고압 세척 사업을 시작했다. 사업은 곧 직원들을 고용할 정도로 성장했다. 결국 그는 그 지역 내 모든 우체국 트럭을 세척하게 되었다. 주차장은 수백 대의 우편배달차로 가득찼고 니콜과 그녀의 형제들은 어린 시절 용돈벌이로 아버지의 일을 거들었다.

그녀의 부모님은 니콜에게 열심히 노력하라고 가르쳤다. "규칙을 준수하고 공부를 잘하면 기회가 찾아올 거야."

그녀는 그렇게 했다. 니콜은 괜찮은 학생이었고 심지어 완벽주의자였다. 철자법 대회에서 우승도 하고 학급 내에서 거의 최상위권의 성적으로 졸업하는 등 훌륭한 학교생활을 보냈다.

대학 진학을 생각해야 할 시기가 되자 니콜은 자신이 무엇을 원하는지 깨달았다. 한 번도 플로리다를 떠난 적이 없었지만 그녀는 영화 속 인물들처럼 대학에 다니고 싶었다. 스웨터를 입은 학생들이 낙엽이 떨어지는 캠퍼스에서 웃고 있는 뉴잉글랜드 어딘가에 위치한 수준 높은 소규모 인문대학에 다니고 싶었다.

니콜은 이들 대학에 대하여 잘은 몰랐지만 그저 가야 한다고 생각했다. 플로리다는 괜찮은—사실은 훌륭한—곳이지만 모두가 진학하는 주립대학에는 가고 싶지 않았다. 어딘가 특별한 곳에 가고 싶었다.

매사추세츠 윌리엄스타운에 위치한 윌리엄스대에서 입학허가서를 받았을 때, 니콜은 마냥 기뻤다. 정말로 바라던 곳이었다.

하지만 그녀의 부모님은 그리 확신하지 않았다. 그들은 "그저 그런 학교잖니"라고 반응했다. "플로리다에도 전액 장학금을 받으면서 다닐 수 있는 좋은 대학들이 있잖아. 왜 그렇게 학비가 비싼 데를 가려고 하니? 괜찮은 직장을 얻는 데 정말 거기가 더 괜찮니?" 정해진 비용에 대한 합리적인 질문이었다.

그래서 니콜은 동문회 사무실에 전화를 걸었다. 부모님께서 투자 가치가 있다고 여길 만한 실질적인 자료와 통계를 뭐든 구했다.

동문회 사무실에서는 고맙게도 많고도 많은 자료를 보내주었다. 결국 니콜의 설득에 부모님은 항복했다. 윌리엄스대는 투자 가치가 있을 것이었다.

1학년을 마치기 전까지만 해도 니콜에게 윌리엄스는 여러모로 완벽한 곳이었다. 줄곧 전국에서 가장 훌륭한 인문대학으로 꼽혔고, 유능한 교수진과 좋은 수업과정도 갖춰져 있었다. 농구에도 흥미가 있던 니콜은 학교 대표팀에서도 뛰게 됐다. 모든 것이 만족스러웠다.

하지만 동시에 무언가 빠진 것 같았다. 뭐라고 딱 꼬집을 수는 없었다. 학문적으로는 잘 갖춰져 있었지만, 다른 학생들과 어떤 부분에서는 잘 맞지 않는 것 같았다.

니콜은 어떤 면에서 자신이 특권을 누렸다는 사실을 알고 있었다. 어린 시절 그녀는 삼분의 일이 빈곤층에 속하는 가난한 지역인 리베라비치 근처 농구팀에서 뛰었다. 그녀는 팀 내에서 유일한 백인 선수였고, 상당수의 팀 동료가 위험하고 빈곤한 환경에서 자랐다. 니콜에겐 부족함 없이 안정적으로 그녀를 지지해주는 가족이 있었다. 그녀는 많은 것을 가진 자신에 반해, 팀 동료들은 너무나 가진 것이 없다는 사실에 당황했다.

하지만 윌리엄스에 진학해 이전에는 존재하는지도 몰랐던 기회를 가진 다른 학생들이 있다는 걸 깨닫게 됐다. 그들은 햄프턴에 집이 있었고 학비가 비싼 사립 초등학교를 나왔으며 가정교사를 뒀다. 그들의 부모는 정치인, 의사, 법조인 같은 전문직 종사자였다. 상당수가 세대를 아우르는 가족 간의 유대감을 지녔다. 니콜에게 그것은 다른 수준의 특권이었다.

이러한 사실로 인생을 이해하기까지 몇 년이 걸리기는 했지만, 니콜은 이 경험을 통해 문화적 배경이 인생에서 매우 중요한 역할을 한다는 사실을 깨달았다. 이러한 통찰력을 갖춘 니콜은 성별, 인종 그리고 사회 계층이 사람들의 경험과 성과를 어떻게 형성하는지 더 깊이 알아보고자 대학원에 진학했다.

미국문화에는 독특한 것이 좋은 것이라는 인식이 깔려 있다. 미국에서는 아이들의 자립심을 키우기 위해 어릴 때부터 따로 방을 만들어준다. 버거킹은 "원하는 방법대로 드세요Have it your way"라고 광고하고 담배 회사에서는 고객들에게 "특별한 것을 선택하세요"라고 권한다. 차별성이 가치를 말해주는 듯하다.

하지만 모두가 그런 식으로 생각할까?

니콜은 확신할 수 없었다. 그녀는 사회 계층이 한몫하는 건 아닐까 궁금했다. 그래서 남과 비슷하거나 다른 것에 대한 선호도에 중산층과 노동자 계층이라는 성장 배경이 어떤 영향을 미치는지 알아보기로 했다.

이를 위해 니콜은 자동차를 관찰했다. 그녀는 두 군데의 지역 쇼핑센터에 갔다. 한 곳은 중산층이 이용하는 쇼핑센터였다. 야외 쇼핑몰에는 루이뷔통과 니먼마커스 같은 고가 브랜드 매장이 가득했다. 이곳에서는 주차 장소를 찾기 귀찮으면 발렛 주차를 하면 됐다. 목이 마른 고객이 상쾌하게 마실 뭔가를 찾으면 마치 "매일매일의 성취감과 균형감을 위해, 간단하고 편리하며 딱 맞는 참신한 도구로 무장할 필요가 있는 현대인들을 위해 태어났습니다"라고 말하는 듯한 갓 짜낸 주스가 제공됐다.

다른 쇼핑센터는 그야말로 노동자 계층을 상대로 하는 곳이었다. 발렛 주차 서비스도, 고급 매장도 없었고 정신없는 세상에서 사람들을 안정시키기 위해서는 9달러짜리 생과일주스와 셀러리가 필요하다는 개념도 존재하지 않았다. 대부분의 블루칼라 노동자들이 좋은 조건으로 물건을 사기 위해 찾을 뿐인 월마트였다.

니콜은 각각의 쇼핑센터 주차장을 돌아보며 주차된 차량의 제조사와 모델을 조사했다. 고급 쇼핑센터에는 닛산 센트라, BMW 328i, 볼보 S60 등이 주차되어 있었다. 월마트 주차장에는 도요타 캠리, 아큐라 TL, 그리고 또다른 캠리가 줄줄이 주차되어 있었다.

그녀는 고급 쇼핑센터와 월마트의 주차장에 얼마나 다양한 종류의 제조사와 모델의 차량이 주차되어 있는지도 세어보았다.

독특하길 바라는 사람들이 모인 곳일수록 차종이 더 다양할 것이다. 같은 제조사의 같은 모델 차를 모는 이들도 일부 있지만 그런 운전자들이 한곳에 모였을 가능성은 낮으므로 더 다양한 종류의 차량이 존재해야 한다.

반대로 비슷하기를 더 원하는 사람들이 모인 곳에는 같은 차종을 모는 사람들이 더 많을 것이다. 더 많은 사람들이 특정 차종으로 몰린다. 제조사와 모델이 다른 서른 대의 차량이 있다면 여기에는 스무 종의 모델이 있을 것이다.

결과를 집계하면서 니콜은 소방관들의 경우와 비슷한 경향을 발견했다. 고급 쇼핑센터에 비할 때 월마트 주차장의 차들이 제조사와 모델의 종류가 더 적었다. 다른 차종을 운전하는 사람보다 같은 차종을 운전하는 사람이 더 많았다.● 즉, 노동자 계층의 사람들은 유사성을 더 선호했다.

● 이것이 차별화에 대한 선호 때문이 아니라 기호에 맞는 차를 살 만한 형편 때문이 아니냐고 의문을 제기할 수도 있다. 더 부유한 사람일수록 더 다양한 종류의 차를 고를 수 있으니. 노동자 계층의 사람들은 고급 차종을 고를 형편이 되지 않아 월마트 주차장에 더 적은 종류의 제조사와 모델이 있었을 수도 있다. 확실히 어느 정도는 합리적인 설명이나 그게 전부는 아니다. 차량 색상에서도 비슷한 현상이 나타났기 때문이다. 중산층을 대상으로 하는 자동차 브랜드는 노동자 계층을 대상으로 하는 브랜드보다 차량 색상을 더 다양하게 제공했다. 예를 들어. BMW는 혼다보다 평균 두 배 이상 다양한 색상을 선택할 수 있다. 그뿐 아니라 크기에 있어서도 확실한 차이를 보인다.

차별화 욕구에도 차이가 있었다. 사람들이 다른 사람과 비슷하길 선호하느냐 차별화되길 선호하느냐에 대한 정도 말이다. 중산층 사람들은 대중적인 물건을 선택하지 않았고, 자신이 이미 선택한 무언가를 다른 누군가가 고르면 그 때문에 그 물건을 덜 좋아했다. 하지만 노동자 계층의 사람들은 다른 사람들과 함께 즐기는 것에 큰 거부감이 없었다. 그들은 인기 없는 제품보다는 대중적인 제품을 더 선호했고, 자신이 이미 선택한 무언가를 남들이 고르면 그것을 더욱 좋아했다. 차이점이 더 적은 쪽을 선호했다. •

하지만 사회경제적 지위만 이와 관련되는 것은 아니다. 노동자 계층이나 중산층 안에서도 사람마다 독특성에 대한 취향이나 욕구는 다양하다. •• 누군가가 좋아하는 대중적인 상품이나 브랜드를 어떤 사람들은 꺼린다. 또한 어떤 이들은 어디에도 존재하지 않는 자신만의 모습을 만들기 위해 노력하지만 어떤 이들은 가능한 한 중도를 지키는 것에 만족한다.

• 사회 계층의 구별은 여러 가지 흥미로운 효과를 자아낸다. 직업을 예로 들어보자. 중산층 혹은 상류층 사람들은 누군가를 처음 만나면 "무슨 일을 하시나요?"라고 많이 묻는다. 중산층이나 상류층에게 직업은 그가 어떤 사람인지를 정의하는 요소다. 사람들은 무언가에 관심과 열정이 있기 때문에 그 직장을 선택하고, 이런 선택이 그들이 어떤 사람인지 보여준다고 여기기 때문이다. 즉, 직업은 그들에게 정체성의 표현이다. 하지만 노동자 계층의 경우, 누군가를 처음 만났을 때 "무슨 일을 하세요?"라고 질문할 가능성이 적다. 또는 그러한 질문으로 사람들을 기분 나쁘게 만들 수도 있다. 왜냐하면 노동자 계층에게 직업은 무언가를 얻기 위한 수단이지 정체성의 표현 수단이 아니기 때문이다. 그들은 가족을 부양하기 위해 일할 뿐이다.
•• 노동자 계층의 개인들은 직업만으로는 정의될 수 없다. 그들에게는 삶의 다른 많은 영역이 훨씬 중요하다. 생활을 유지하기 위해 해야만 하는 일로 그들이 누구인지를 정의하려 한다면 모욕감을 줄 수 있다.

문화적 차이 또한 영향을 미친다. 미국에서는 "삐걱거리는 바퀴가 기름칠당한다"라는 말이 있다. 눈에 띄거나 두드러지는 사람이 가장 주목받는다는 뜻이다. 하지만 일본에서는 "튀어나온 못이 망치질당한다"라는 속담이 유명하다. 일본에서는 무리에 속해 동화되는 것을 중시하고 튀는 행동은 좋지 않게 여긴다.

많은 미국인들이 독특성을 자유와 독립의 의미로 여기는 반면, 동아시아권 문화에서는 조화와 유대감을 더 높게 평가한다. 남들과 너무 다르다는 것은 일탈로 여겨지며 무리와 함께할 수 없다는 의미로 비친다.

이러한 규범 차는 미국인과 비교해볼 때 중국인이나 한국인이 다른 사람과 조금 더 비슷한 물건을 고른다는 연구 결과와 맞아떨어진다. 동아시아인들에게 더 일반적인 것과 덜 일반적인 것 중에 고르게 한다면, 그들은 더 일반적인 것을 선택할 것이다. 한국인들에게 가장 좋아하는 그림이 무엇이냐고 물어보면 생소한 그림보다는 조금 더 친숙한 그림을 들 것이다.

독특성이란 옳고 그름의 문제가 아니다. 좋고 나쁨의 문제도 아니다. 환경에서 파생된 선호도다.

어떤 환경은 차별화를 부추긴다. 미국의 중산층이나 상류층 가정에서 아이들은 아주 어릴 때부터 그들이 만개할 날을 기다리는 '특별한 꽃'이라고 배운다. 세상에 알려져야만 하는 별이라고도 한다. 이런 아이들은 많은 기회뿐 아니라 자율성과 선택권을 부여받고, 여러 가능성 중에서 개인적인 선호에 따라 자신에게 맞는 것을 선택할 수 있다. 어떻게 자기 자신을 하나의 개인으로 드러내는가에 근거해 선택하는 것이다.

이러한 환경에서 태어난 아이들이 특별함을 택하는 게 옳다고 여기는 모습은 자연스럽다. 그들은 자신을 남들과 다르게 만들어주는, 그것을 반영하는 방식을 선택하는 것이다.

하지만 모든 환경이 차별화를 독려하지는 않는다.

노동자 계층에서는 차별성보다는 상호의존성을 장려한다. 스타 선수보다는 팀플레이어가 되라고 한다. 노동자 계층의 아이들은 가족과 더 많은 시간을 함께 보내고, 부모가 양육에 직접 나서는 경우가 많다. "너만 생각해서는 안 되는 거야"라는 말을 들으며 자란 아이들은 좋은 구성원 되기의 중요성에 대해 배운다.

따라서 노동자 계층 가정에서 자란 아이들은 주변에 주의를 기울이며 더 적응을 잘한다. 자기 자신을 드러내기도 중요하지만, 다른 사람들의 요구 역시 중요시한다. 자기 자신에 대한 생각은 자제하고 집단에 더 집중한다.

결과적으로 노동자 계층의 사람들은 차별화를 덜 선호한다. 가족과 친구와 자신이 아끼는 사람들이 주변에 있는데 왜 그들과 달라지고 싶어하겠는가? 혼자인 것보다는 경험을 함께 나누는 편이 더 낫지 않은가?

차별화의 선호도는 거주하는 세계가 다르다는 점에서도 나타난다. 노동자 계층 고객을 대상으로 하는 광고에서는 동조는 아니더라도, 다른 사람들과 관계를 맺고 그들에게 주의를 기울이는 것이 중요하다고 암시한다. 『스포츠 일러스트레이티드』에 실린 도요타 혹은 닛산 SUV 광고를 생각해보자. 연구에 따르면, 그런 광고 카피에서는 친구나 가족을 더 많이 언급("가족과의 시간을 더 많이")하고, 유대나 결합을 북돋우는 내용("두 개의 위대함이 하나가 될 때")이 더 많이 나온다. 시각적으로 제시되는 이미지에 사람이 등장할 확률은 거의 열 배에 달했다.

하지만 중산층을 대상으로 하는 광고는 특별함을 강조했다. 『보그』 혹은 『본아페티』에 실린 광고들을 생각해보자. 이러한 광고에서는 차별화를 북돋는 경우가 더 많다. 그들은 제품의 차별점에 대하여 더 설명("차이점을 보라")하거나 독특성을 강조("세상에서 하나뿐인")한다. 중산층에서 상류층까지의 소비자를 대상으로 삼는 광고들은 이 제품을 구매함으로써 다른 사람들과 구분될 수 있다고 부추긴다.

이러한 차이는 소매점 환경에도 나타난다. 고급 쇼핑센터 혹은 미국 뉴욕의 5번가 같은 곳에 가보자. 물론 거기에도 일부 체인점이 있지만, 고가의 독특한 제품이나 수공예품을 딱 하나씩만 파는 개인 부티크숍이 많다. 남들이 갖지 않은 물건을 원하는 사람들을 주고객으로 삼는 상점들 말이다.

심지어 상품 진열도 특별함을 강조한다. 진열대에 하나의 상품만 올려놓는다. 다른 상품과 분리해서 진열한다. 혹은 상품 거치대가 몇 개 없어서 각 상품이 사이즈 하나씩만 걸려 있기도 한다. 중간 길이로 된 패턴이 들어간 올리브그린색 탱크톱은 이 세상에 하나뿐이라는 양 말이다. 이 제품을 만든 누군가가 "완벽해. 이렇게 생긴 다른 건 필요 없어"라고 말하는 것 같은 진열방식이다.

노동자 계층의 쇼핑 지역에서는 이러한 다양성을 찾기 힘들다. 더 많은 체인점이 있고 상점 건물들은 비슷하게 닮아 있다. 그리고 친숙한 인기 상품들을 조금 변형한 상점들이 있다.

상품도 마찬가지다. 거치대에는 똑같은 녹색 탱크톱이 다양한 사이즈로 걸려 있고, 그 옆 거치대에는 파란색 탱크톱이, 또 그 옆의 비슷한 거치대에는 노란색 탱크톱이 걸려 있다. 똑같은 접시와 머그잔이 줄지어 진열되어 있고, 그보다 많은 제품을 추가로 배치해둬 누구든 원하면 가져갈 수 있다. 차별점이 아닌 유사성을 판매하는 것이다.

재산이 이러한 차이를 어느 정도는 뒷받침하나, 문제는 그보다 조금 더 복잡하다. 어떤 이는 노동자 계층의 사람들도 중간 길이로 된 패턴이 들어간 올리브그린색 탱크톱을 원하지만 구매력이 없을 뿐이라고 주장한다. 그들도 충분한 자금을 지닌 칠백오십 명의 행운의 고객에게만 한정판매하는 그라핀 소재로 된 고급 아우디 자동차를 사고 싶어할 것이라고 말한다.

하지만 이는 지나치게 단순화한 설명으로, 거기에는 독특함이 왠지 '올바른' 것이라는 가정이 핵심으로 깔려 있다. 저마다 가진 자원과는 상관없이 모두 독특해지길 원한다고 말이다.

물론 자원이 있으면 다양한 선택을 할 수 있다. 돈이 많거나 많은 기회가 제공된다면, 차별화 방안을 고려한 선택으로 자신의 정체성을 표현할 수 있다. 하지만 그만한 자원이 없거나 모든 기회를 잡을 만한 환경이 아니라면, 자신을 그런 식으로 표현하는 데 융통성이 더 부족해진다.

그러나 노동자 계층은 남들과 더 차별화되기를 그리 원하지 않는 듯하다. 오히려 그 반대다. 그 환경에서는 더 비슷해지는 것이 일반적이고 이를 더 선호한다.

올바른 방식이란 존재하지 않는다. 우리가 자란 환경이 우리의 행동방식과 그 행동을 해석하는 방식을 형성했을 뿐이다. 어떤 사람들은 특별한 눈송이처럼 보이고 싶어하지만, 어떤 이들은 자동차 동호회를 만드는 게 더 행복할 수 있다.

사회적 영향력 활용하기

차별화는 십대나 반항기 있는 사람들만 느끼는 별난 감정이 아니다. 정도 차야 있지만 모두 어느 정도는 이런 감정을 느낀다. 만약 차별화 욕구가 모두 같다면, 결국에는 서로 별 차이가 없을 것이다.

차별화가 행동에 어떻게 영향을 미치는지 알면 더 만족스럽게 결정을 내릴 수 있게 된다. 여러 사람과 함께 음식을 주문할 때, 원하는 메뉴를 다른 사람이 먼저 주문했어도 개의치 않고 선호하는 바를 고수한다면 더욱 행복할 수 있다. 다른 음료수를 주문하거나 다른 부분에서 차별점을 찾으면 된다. 그렇게 하면 덜 좋아하는 다른 음식을 주문할 때보다 직접 고른 음식으로 식사를 즐길 수 있을 것이다.

자신이 좋아하는 음식을 다른 사람이 주문할까봐 정말 걱정된다면, 맨 먼저 주문하면 된다. 종업원에게 신호만 보내면 된다. 그들은 우리 주문부터 받을 것이고, 그러면 다른 사람의 선택에 영향을 받을까봐 걱정할 필요도 없다.

사람들이 스스로를 차별화할 수 있는 선택을, 그리고 선택 환경을 조성할 수도 있다. 애플은 다양한 색상의 아이팟을 생산한다. 회색보다는 파란색이나 빨간색을 선호하는 사람도 있겠지만 오렌지색이나 노란색 같은 색상들을 일단 접하고 나면 이것이 선호 이상의 공급이란 걸 알 수 있다. (가장 좋아하는 색으로 노란색을 꼽는 사람은 많지 않다.) 애플은 근본적으로는 모든 사람에게 똑같이 제공되는 엄청난 인기 상품이더라도 다양하게 변형함으로 고객이 차별된다고 믿게 한다. 친구는 녹색을 가졌고, 직장 동료는 보라색을 가졌고, 엄마는 파란색을 가졌더라도 당신은 빨간색을 가졌으니 여전히 독특하다고 느낄 수 있다. 당신의 것이고 당신만 가진 색상이기 때문이다.

차별화라는 특성으로 스타벅스 같은 장소가 왜 성공했는지도 설명 가능하다. 물론 조금 더 좋은 커피 원두를 쓰거나 분위기가 더 좋을 수는 있겠지만, 맥도널드나 사람들이 부담 없이 커피를 살 수 있는 장소들보다 서너 배 정도 비싸다. 그렇다면 어째서 사람들은 기꺼이 더 높은 가격을 지불하는 걸까?

스타벅스는 커피만 파는 게 아니라 개인화된 경험도 판매한다. 거기서 우리는 정확히 원하는 방식으로 맞춤 주문된 커피를 마실 수 있다. 당신이 마시는 스타벅스 커피는 앞서 주문한 사람의 커피와는 다르다. 우리의 독특한 입맛에 맞춘 커피로, 컵 옆면에는 (대부분) 우리 이름이 쓰여 있다. 스타벅스는 4달러라는 가격에 우리가 특별하며 남들과 다르다는 사실을 상기시킨다. 그리고 이는 특별함을 느끼기 위해서 지불하는 비용으로는 적은 편이다.

그러니까 사회적 영향력은 유사성과 차별성 양쪽 모두에 작용한다. 이는 우리로 하여금 타인을 모방하게도 타인과 구분짓게도 한다. 그렇다면 어떤 때 모방하고 어떤 때 구분지으려 할까?

그 구분은 많은 경우 대상이 **누구냐**에 달려 있다.

INVISIBLE
INFLUENCE

3장
행동하지 않는다면

"커피를 마시지 않는다면, 비순응주의자도 될 수 없어."

-〈사우스 파크〉

　2010년 초의 어느 날 아침, 우편함을 열어본 니콜 폴리치는 깜짝 선물을 발견했다. 고지서, 카탈로그, 광고 우편물 가운데 커다란 상자가 놓여 있었다. 상자 안에는 구찌의 신상 핸드백이 들어 있었다.

　알파벳 G가 서로 맞물린 구찌의 유명한 패턴이 들어간 밝은 금장 장식이 돋보이는 베이지 에보니 토트백이었다. 이 900달러짜리 핸드백은 그 시즌에 가장 인기 있는 상품이었기에 패셔니스타라면 황홀할 수밖에 없었다.

　그렇지만 니콜이 더 흥분한 까닭은, 그 핸드백을 주문한 적이 없었기 때문이었다. 공짜로 받은 것이었다.

　하지만 여기서 더 흥미로운 사실이 있다. 그 핸드백은 친구가 보낸 것도, 구찌 측에서 보내온 것도 아니었다. 니콜에게 구찌 가방을 보낸 것은 구찌의 경쟁사였다.

니콜이라는 그녀의 본명은 모를 수도 있지만, '스누키'라는 별명은 아마 들어봤을 것이다. 기이한 언행과 저급한 옷차림 그리고 (140센티미터 정도인) 자그마한 키로 악명 높은 스누키는 MTV의 리얼리티 쇼 〈저지 쇼어〉에 출연해 유명해졌다.

이 쇼는 귀도와 귀뎃의 정형화된 이미지를 최악으로 그려냈다.[•] 이 프로그램에는 실직한 이십대 젊은이들이 등장하는데, 그들은 종종 술에 취하고, 아주 불쾌한 행동을 일삼으며 술집에서 싸우기도 한다. 근육질 남성들은 구릿빛으로 태닝을 하고 머리를 세우며 좋아하는 노래가 흘러나왔다는 이유로 (혹은 다른 어떤 좋은 이유로) 주먹질을 즐긴다. 여성 출연자들은 체육관에 갈 때에도 풀메이크업을 하고 끊임없이 다투며 호피 무늬 타이츠를 입는 것이 품격을 더해준다고 생각한다.

스누키는 그중 최고의 악동이었다. 그녀는 바다가 고래의 정액으로 채워져 있기 때문에 바닷물이 짠 거라고 주장했고, 고등학교 체육 선생님과 주먹다짐을 했으며 성관계에 대한 발언("남자들은 둔한 덩치들이라 다 싫어. 걔들은 여자를 어떻게 다뤄야 하는지 몰라.

[•] '귀도'를 이탈리아계 사람들을 비하하는 용어라고 생각하는 사람들이 일부 있으나 실제 출연진들이 스스로를 이렇게 지칭하기에 이 책에서도 그대로 사용했다. 이 용어가 불쾌한 분들에게 정중하게 사과드린다.

그래서 이 나라에서 레즈비언 비율이 계속 증가하는 거라고 생각해")부터 정치적인 발언("오바마가 태닝비에 10퍼센트나 세금을 붙여서 이제 태닝하러 안 가. 그가 우리 때문에 일부러 그런 것 같아. 매케인이라면 자기도 얼굴이 창백해서 태닝하고 싶어할 테니 거기에 10퍼센트나 세금을 안 붙이지 않았을까. 오바마는 그런 문제가 없잖아, 확실히")까지 모든 일에 대해 놀라운 의견을 드러냈다.

스누키는 〈저지 쇼어〉로 일약 스타가 되었고, 기이한 성격 때문에 유명세뿐 아니라 악평도 만만찮게 얻었다. 그녀는 오전이나 심야에 진행되는 토크쇼에 종종 출연했고, 친구인 '제이 와우'와 스핀오프 쇼를 만들기도 했으며, 타블로이드판 신문과 연예지에 빈번하게 사진이 실렸다.

이런 유명세로 봤을 때, 패션 회사에서 공짜로 핸드백을 선물한대도 놀랍지 않다. PPL은 100년 이상 이어져온 보편적인 마케팅 전략이다. 유명한 TV 스타이자 셀러브리티인 스누키를 매주 수십만 명이 지켜본다. 회사 입장에서는 그녀에게 공짜로 핸드백을 보내 자신들의 브랜드를 알려 판매량을 늘리고 싶어할 것이다. 『피플』에 그녀의 사진이 한 장 실리면 수백만 명에게 노출되기 때문에, 자사 핸드백을 든 사진이 실린다면 강력한 인상을 주면서도 비교적 저렴하게 광고할 수도 있다.

하지만 경쟁사에서 공짜 핸드백을 보내다니? 왜 패션 회사들이 경쟁사 제품을 더 노출시키려 한 걸까?

〈저지 쇼어〉 출연진 가운데 스누키만 특정 브랜드와 이런 특이한 협력관계를 맺은 게 아니었다. 같은 해, 아베크롬비 앤드 피치 사는 '시추에이션'이라고 불리는 미카엘 소렌티노에게 상당한 돈을 지급했다.

다시 말하지만 유명인에게 특정 브랜드의 옷을 입어달라고 금전적으로 지원하는 것은 보편화된 마케팅 전략이다. 여배우들은 오스카상 시상식에서 특정 디자이너가 만든 드레스를 입는 대가로 엄청난 돈을 받는다. 보석 회사인 티파니 앤드 코는 아카데미 시상식에서 자사의 보석을 착용하는 대가로 앤 해서웨이에게 75만 달러를 지불했다. 이러한 간접광고로 판매가 증가하리라 예상하기 때문이다. 좋아하는 스타가 어떤 상품을 착용한 걸 보면 대중은 그걸 더 사고 싶어할 것이다.

하지만 아베크롬비 앤드 피치 사는 자사의 옷을 입어달라고 '시추에이션'에게 돈을 준 게 아니었다. 완전히 그 반대 이유에서였다. 그들은 자사의 옷을 입지 말라고 그에게 돈을 지불했다.

아마추어 셜록 홈스

당신이 파티에 참석해 대화 상대를 찾는다고 가정해보자. 동행한 친구는 직장 동료를 만나 잠깐 이야기를 나누러 갔기 때문에 혼자서 소스나 찍어 먹으면서 파티장을 서성거린다.

거기에 아는 사람이 전혀 없지만, 근처에 있는 두 사람은 잠재적인 대화 상대처럼 보인다. 한 사람은 예술가 유형의 힙스터다. 스키니진에 빈티지 셔츠를 입고, 해진 가죽 부츠를 신었다. 어반아웃피터스 광고에서 막 걸어나온 것 같은 차림새다. 다른 한 사람은 조금 더 전문직 종사자 같다. 폴로셔츠에 진한 카키색 바지를 입고 가죽구두를 신고 있다.

어떤 사람과 더 이야기를 나누고 싶은가? 힙스터인가 프레피인가? 아메리칸 어패럴 애호가 쪽인가, 브룩스 브러더스에서 근무 도중 막 나온 듯한 사람인가?

선택했는가? 이제 왜 그 사람을 선택했는지 다시 한번 생각해보자. 왜 다른 사람이 아닌 그 사람을 골랐는가?

당신은 아마도 그들의 옷차림으로 두 사람에 대해 추정했을 것이다. 예술가 같은 힙스터는 브루클린 출신으로 진보적인 경향일 것이며, 크리에이티브업계 사람들과 어울릴 것이다. 그는 틀림없이 수제맥주를 마시고 덥스텝이 가미된 블루그래스의 새 앨범을 좋아할 것이며, 괜찮은 예술 영화를 추천해줄 것이다.

프레피처럼 보이는 사람에 대해서는 아마 다르게 추정했을 것이다. 그 사람은 남부(혹은 뉴잉글랜드) 출신으로 보수적인 경향일 것이며 대학 미식축구 경기에 푹 빠져 지낼 것이다. 사립학교를 나와 금융계에서 일할 수도 있고, 한 번쯤 라크로스를 해봤을 수도 있다.

터무니없는 일반화일까? 그렇다.

지나치게 일반화된 고정관념으로 일부분만 본 게 아닐까? 분명 그렇다.

하지만 우리는 하루에도 수십 번씩 이와 유사한 추론을 한다. 아마추어 셜록 홈스처럼 주변 사람들이 내린 선택에 근거해 우리는 그들에 대해 추측하려고 애쓴다. 자동차나 옷차림은 그 자체가 가진 기능적인 목적 이상의 의미를 갖는다. 그것은 조용한 의사소통 수단이 되어 타인에게 정보를 암시한다.

대형 금융서비스 회사의 채용과정을 생각해보자. 비즈니스 분석가 자리를 공고할 때마다 많은 사람들의 이력서가 쏟아져들어온다. 수백 명의 지원자들이 같은 자리를 노린다. 누가 적임자인지 가려내기란 쉽지 않다. 재능과 창의성이 적절하게 조화됐을까? 어떤 지원자가 금융 회사에서 필수로 요구하는 능력인 계산력을 갖췄으며 고객들과 원만히 소통할 수 있을까?

회사 측에서 모든 지원자에게 한 번씩 기회를 주는 방법이 가장 이상적이기는 하다. 각 지원자에게 몇 주 동안 일을 시키고, 실적을 평가해 가장 성과가 좋은 사람을 뽑는 것이다. 하지만 이 방법은 비현실적이다.

그래서 회사들은 평가하기 힘든 자질을 대신해 지원자가 어느 학교 출신인지, 이전에 어디서 일했는지 혹은 손쉽게 이용 가능한 정보를 신호로 사용한다. 지원자가 브라운대를 졸업했는가? 그 사실로 그 또는 그녀가 맡을 일을 잘 해내리라고 보장되지는 않지만, 회사는 지원자의 과거 행적에 근거해 경험에서 우러난 추측을 할 수 있다. 브라운대 졸업생들의 업무 수행력이 좋은 편이었다면, 회사는 누구를 고용할 것인가 하는 신호로 이를 활용할 것이다.

이러한 과정은 어색한 파티 같은 사회적 상황에도 적용된다. 그런 상황에서는 누구와 대화할지를 정하기에 앞서, 잠재적인 대화 상대들과 일일이 시험 삼아 간단한 이야기를 나누며 돌아다닐 만한 시간이 없다. 지인들을 통해 그들에 대한 정보를 수집해볼 수도 있지만, 그 역시 번거롭고 시간이 많이 든다.

그래서 우리는 상대가 어떤 사람이며, 무엇을 좋아하는지에 대한 신호를 얻기 위해 상대의 선택을 살핀다. 노스페이스 재킷을 입은 사람은 야외 활동을 즐길 것이다. 맥북을 사용하는 사람은 창의적일 것이다. 사람들이 타인에 관해 추측할 때 심지어 쇼핑 목록까지 참고한다는 연구가 있었다. 예를 들어, 베이비시터를 선택할 때 지원자가 하겐다즈 아이스크림을 사는지 브랜드 없는 아이스크림을 사는지가 채용 의향에 영향을 미쳤다.

어떻게 보면 터무니없는 추측 같다. 누가 어떤 아이스크림을 사는지로 그가 좋은 베이비시터인지에 대해 많은 정보를 얻을 수 있을까? 사실 그렇지는 않다.

하지만 또다른 관점에서 보면, 이는 매우 타당한 추측이다. 이러한 많은 추론이 없다면, 삶은 훨씬 더 어려워질 것이다. 파티에서 만난 사람 중 누가 즐겁게 대화를 나눌 만한 사람인지 혹은 어떤 지원자가 직책에 더 잘 맞을지 어떻게 알아차릴 수 있겠는가?

신호는 쉬운 지름길을 제공한다. 의사결정을 단순화하는 방법 말이다. 우리는 어떻게 옷을 입는가, 어떻게 말하는가, 무슨 차를 모느냐 같은 관찰 가능한 특징을 관찰하기 힘든 특징의 단서로 이용하고, 그가 맥주 한 잔을 함께하거나 저녁을 같이 먹기에 즐거울 만한 사람인지를 살핀다. 이는 퍼즐을 풀기 위해 여러 가지 단서들을 종합하는 것과 같다.

그리고 신호는 고정불변하지 않는다. 새로운 정보로 변할 수 있다. 만약 힙스터 같은 옷차림의 사람을 만날 때마다 지루했다면—설상가상으로 그가 우리의 지갑을 훔쳐갔다면—그런 차림의 사람들과는 짧은 대화만 주고받는다.

한편 우리는 다른 사람에 대해서만 추론하는 게 아니다. 무언가를 선택할 때도 그와 연관된 사람들을 참고한다.

새로운 복지 정책에 투표한다고 가정해보자. 정책에 따르면, 한 자녀를 둔 가정에 매달 800달러가 지급되며 자녀가 늘 경우 한 명당 200달러씩 별도로 지급한다. 또한 의료보험금을 전액 지원하고 직업훈련 프로그램과 2000달러 상당의 식품구입권, 주택과 보육을 위한 추가 지원금에 더해 전문대 입학시 2년간 무상교육 혜택이 주어진다. 각종 혜택은 8년 동안 한시적으로 제공되지만 혜택 기간이 끝나도 이 프로그램은 취업을 보장해줄 것이며, 자녀가 더 생기면 지원 기간이 갱신된다.

당신은 이 정책을 찬성하는가, 아니면 반대하는가?

이러한 사회적 정책에 대한 입장은 대개 개인적 견해에 따른다고 생각한다. 그 이슈에 대해 어떤 신념이나 감정을 가졌는가가 중요하다고 믿는다. 어떤 사람들은 진보주의자에 가깝고, 어떤 사람들은 보수주의자에 더 가깝다. 따라서 진보주의자들이 보다 관대한 복지 정책을 선호할 때 보수주의자들이 더 엄격한 복지 정책을 선호한대도 그리 놀랍지 않다. 실제로 스탠퍼드대의 제프리 코언 교수가 비교적 관대한 이 복지 정책을 사람들이 어떻게 느끼는지 조사하자, 진보주의자들은 이를 아주 반겼지만 보수주의자들은 거부감을 드러냈다.

하지만 코언 교수는 여기서 멈추지 않았다. 그는 일부 보수주의자들에게 같은 정책을 제시하면서 한 가지 추가 정보, 그러니까 공화당이 이 정책에 호의적이라는 정보를 덧붙였다. 그는 공화당 하원의원들 중 95퍼센트가 이 정책을 지지하며, 상원의원들은 이 정책을 "기본 노동윤리와 개인적인 책임을 약화시키지 않으면서 충분한 보장을 제공한다"고 여긴다고 공지했다. 의료비 전액 지원, 수혜 기간이 끝난 후에도 제공되는 취업 보장 등 전반적으로 관대한 정책 내용 자체는 동일했다.

보수주의자들은 이 정책을 싫어할 수밖에 없다. 모든 면에서

이 정책은 그들의 신념과 대치됐다. 사실 당시 현존하는 어떤 국가에서도 이 정책보다 더 관대한 복지 정책은 찾을 수 없었다.

하지만 사람들의 반응은 달랐다. 그저 공화당 측에서 그 정책에 호의를 보인다고 말했을 뿐인데, 보수주의자들은 자신의 관점을 바꿨다. 보수주의자들은 이제 이 후한 복지 정책에 호의를 보였다. 그들은 이 정책을 지지하는 정도가 아니라 열렬히 반겼다. 순전히 자신들이 지지하는 정당 때문이었다.

당신이 진보주의자라면, 이는 오랫동안 당신이 느껴왔던 사실을 확인시켜줄 것이다. 당신은 공화당원들을 정당의 주장이라면 뭐든 지지하는 나약한 순응주의자로 여긴다. 공화당 지지자들은 문제를 진지하게 비판적으로 생각하지 않고, 정당의 입장만 따른다. 이런 공화당 지지자들이 나라를 망가뜨린대도 놀랍지 않다. 민주당 지지자들은 이들보다 더 사려 깊으며 실제 현안에 더 주의를 기울인다. 그렇지 않은가?

하지만 잠깐. 진보주의자들 역시 사회적 영향력에 동요했다. 정책 정보가 주어질 때, 진보주의자들은 엄격한 복지 정책보다는 관대한 정책을 더 선호한다. 하지만 정당의 지지 표명을 덧붙이자 그들의 관점은 완전히 바뀌었다. 공화당 지지자들이 이 관대한 복지 정책에 찬성한다고 하자 진보주의자들은 이에 반대 의견을 표했다. 그리고 진보주의자들에게 엄격하기는 하지만 다른 민주당 지지자가 찬성하는 다른 복지 정책을 제시하자 그들 역시 호의적으로 반응했다. 게다가 정당의 지지 정보가 주어지지 않았을 때 관대한 정책에 보인 반응보다 선호도가 더 높았다. 사람들의 입장은 전적으로 그 정책이 어느 정당과 관련되는지에 달려 있었다.

그럼에도 불구하고, 정책에 대해 왜 그런 입장을 갖게 됐느냐고 질문했을 때 정당을 언급하는 경우는 거의 없었다. 그들은 정책의 세부 내용과 자신만의 통치 체제 철학으로 그런 결정을 내렸다고 대답했다. 전형적인 민주당원과 전형적인 공화당원의 신념이 영향을 미친 건 아니었을까? 사람들은 거기에 별 영향을 받지 않았다고 말했다.

그들이 틀렸다. 사람들은 어떤 식으로든 정당의 지지와 별개로 자신의 입장을 정하지 않았다. 그렇기에 지지 정당이 그 정책을 찬성하느냐 반대하느냐에 따라 입장이 완전히 뒤바뀌었다. 복지 정책이 관대한지 혹은 엄격한지에 관계없이 보수주의자들은 공화당 측에서 그 정책을 지지하면 찬성했고, 민주당 측에서 호의적으로 나오면 반대했다. 진보주의자들 역시 마찬가지로 민주당 측에서 지지하는 정책을 찬성했으며 공화당 측에서 호의적으로 반응하면 반대했다.

정치적 견해에 관해서라면, 정당은 정책보다 강했다.

신호는 어디에서 나오는가?

혼다는 소형 크로스오버 자동차인 엘리먼트를 새롭게 출시하면서 이십대 고객들을 타깃층으로 삼았다. 이 SUV 자동차는 모험가들의 구미에 맞춰 카약이나 산악용 자전거를 싣게끔 좌석과 등받이를 접을 수 있게 디자인되었다. 광고도 비슷한 접근방식을 취했다. 시끄러운 힙합음악이 흐르고 멋진 이삼십대 젊은이들이 서핑, 스노우보드, 그리고 다른 익스트림 스포츠를 즐기는 모습으로 가득했다.

의류 회사인 아베크롬비 앤드 피치 역시 특정 이미지를 제시한다. 그들은 탄탄한 몸매의 청소년들이 해변에서 즐거워하는 모습이나 장난치는 모습을 담은, 성적 매력이 상당히 두드러지는 흑백사진을 광고로 이용한다. 아베크롬비 매장 역시 비슷한 분위기를 연출한다. 희미한 조명과 매력적인 점원이 자리하고 벽에서는 젊은이 특유의 향기를 뿜어낸다.

두 회사가 주는 메시지는 명확하다. 이들처럼 되고 싶은가? 그렇다면 우리 물건을 사라. 당신은 상품만이 아니라 특정 라이프 스타일로 가는 티켓 그리고 거기에 따른 모든 이미지를 구매하는 셈이다. 야외 활동을 좋아한다면 엘리먼트는 당신에게 딱 맞는 자동차다. 당신이 끝내주는 몸매가 되길 바라거나 그런 사람과 데이트한다면 아베크롬비를 입으면 된다.

하지만 자사 브랜드가 어떤 신호를 보내는지를 회사가 완벽하게 통제하는 걸까?

혼다는 초기에 엘리먼트를 자전거와 서핑보드를 실을 공간을 찾는 대학생과 이십대를 타깃층으로 삼고 자사의 차를 바퀴 달린 기숙사라고 선전했지만 효과를 거두지 못했고, 결국 다른 연령대에게도 어필해야만 했다. 엘리먼트는 자녀들을 태우고 식료품을 싣기에 완벽한 차라며 삼사십대 사이에서도 인기였다. 승차가 쉽고, 내부가 널찍하며 가격대가 비교적 낮다며 노인들도 이 차를 마음에 들어했다.

곧 엘리먼트는 힙하다는 신호를 멈추고 뭔가 다른 신호를 전했다.

아베크롬비 역시 마찬가지였다. 하지만 아베크롬비의 사례를 되짚기 전에 작은 청개구리부터 살펴봐야 한다.

작은 수컷 청개구리로 살기란 힘들다. 수천 마리의 형제들과 함께 물에 떠 있는 엄청나게 많은 개구리알의 일원으로 삶이 시작된다. 부화까지는 일주일 조금 덜 걸린다. 잠자리 유충과 물고기들에 잡아먹히지 않고 살아남았다면, 곧 올챙이가 되어 조류藻類를 비롯해 그 작은 입으로 잡아먹을 수 있는 다른 먹잇감을 놓고 서로 경쟁한다. 하지만 점점 몸집이 커지면서 왜가리, 청둥오리, 그리고 다른 오리들의 먹잇감이 된다. 이백오십 마리 가운데 한 마리 정도만 겨우 살아남아 개구리가 된다.

성체 개구리로 살아가기도 쉽지 않다. 그때부터는 짝짓기 상대를 찾아야 한다. 이는 경쟁이 치열하다. 암컷들은 사랑하는 이성이 아니라 알을 낳기에 안락하고 안전한 장소를 갖춘 상대를 찾는다. 그래서 최적의 장소를 가진 수컷들은 한철 동안 짝짓기를 수차례 할 수도 있다. 따라서 수컷들은 늦봄부터 초여름까지, 태어나 처음으로 정착했던 안락한 늪지를 떠나 최적의 번식지를 찾아 떠난다.

많은 시행착오 끝에 마침내 알맞은 장소를 발견한다. 오후의 저물어가는 햇살 속에서 수컷 개구리는 완벽한 장소를 찾았다. 초목이 적당하게 그늘을 드리우고 너무 깊숙하지 않은 곳이다. 이제 성대를 뽐내며 암컷들에게 자신이 싱글이며 짝짓기할 준비가 되었다고 알리면 된다.

하지만 꼭 맞는 짝을 찾기도 전에 시끄러운 소리가 들려온다. 자신이 낸 소리와 비슷한, 줄이 헐거워진 밴조를 뜯는 듯한 쉰소리이지만 조금 더 낮고 깊은 소리였다.

느낌이 좋지 않다.

누군가가 당신의 영역을 침범한 것이다.

청개구리의 울음소리는 몸집의 크기와 연관된다. 몸집이 더 큰 개구리가 더 깊은 소리를 낸다. 그리고 싸울 때면 늘 대개 더 큰 개구리가 작은 개구리를 이긴다.

그럼 작은 개구리는 이제 어떻게 해야 할까? 어떻게 하면 자기 영역을 지킬 수 있을까?

작은 청개구리는 영리하게 한 가지 방안을 떠올린다. 속임수를 쓰는 것이다. 아주 약간만.

작은 청개구리는 커다란 수컷이 부르는 소리에 평상시처럼 응답하지 않고 다른 소리로 바꾼다. 여느 때보다 좀더 풍부하고 깊게 소리내는 것이다. 자신의 영역을 뺏길지도 모르는 라이벌을 만났을 때, 작은 청개구리는 자신을 실제보다 더 크고 강하게 인식시켜줄 저주파로 소리를 낸다.

이는 고교 동문회 참석을 위해 메르세데스 벤츠를 빌리거나 데이트 사이트 프로필에 10년 전 사진을 걸어두는 행동과 마찬가지다. 작은 개구리들은 원하는 것을 얻기 위해 상대방에게 허세를 부린다.

허세 자체는 나쁘지 않다. 모두가 한 번쯤은 그렇게 행동한다. 실제보다 약간 더 힙해 보이거나 똑똑해 보이고, 부유하게 보인다는데 누가 마다하겠는가? 그렇기에 사람들은 자신이 원하는 신호를 보내줄 물건들을 구매한다.

하지만 너무 많은 사람들이 허세를 부리거나 충분한 승산이 없음에도 실용적인 이유(노인들이 엘리먼트를 타는 이유 같은) 이상을 노리고 무언가를 한다면, 흥미로운 현상이 벌어진다. 신호의 의미가 바뀌는 것이다.

야외 활동을 좋아하지 않는 수많은 사람들이 노스페이스를 입으면, 모험적으로 보이고 싶어서였든 그렇게 생긴 옷을 좋아해서였던 그 브랜드는 거친 야외 활동 정신이라는 신호를 잃을 것이다. 설상가상으로 이 브랜드는 무작정 따라하는 사람들을 연상시킬지도 모른다. 어떤 신호를 보내던 무언가는 다른 신호를 보내기 시작할 것이다.

그랬기에 아베크롬비 앤드 피치는 '시추에이션'이 〈저지 쇼어〉에서 자사의 옷을 입은 걸 보고 우려했다. 그들은 이렇게 언론 보도 기사를 냈다.

우리는 자사 브랜드와 소렌티노 씨가 연관되어 이미지에 상당한 악영향을 입을까봐 매우 염려하고 있습니다. 오락 목적의 쇼라는 사실은 이해하지만, 이런 연관성은 우리 브랜드의 역동성과 어긋나며 많은 고객들에게 피해를 줄지도 모릅니다. 이에 우리는 다른 브랜드의 옷을 입는 조건으로 일명 '시추에이션' 미카엘 소렌티노 씨와 MTV의 〈저지 쇼어〉 제작진에게 상당한 금액을 제시했습니다. 다른 출연진들에게도 이 조건을 제안했으며 조속한 답변을 기다리고 있습니다.

셀러브리티가 자사의 옷을 입으면 대체로 회사 측에서는 매우 기뻐한다. 하지만 아베크롬비는 부적절한 셀러브리티가 자사 브랜드의 옷을 입음으로 발생 가능한 문제 상황을 우려했다.

만약 〈저지 쇼어〉의 많은 광팬들이 아베크롬비를 입는다면 아베크롬비는 사립학교 출신의 와스프(WASP, 미국의 주류 계층—옮긴이)라는 신호 대신 다른 신호를 보낼 것이다. 이렇게 되면 사립학교 출신의 와스프처럼 보이고 싶어하는 사람들은 그 브랜드를 외면할 수도 있다.

우리는 다른 사람들이 어떤 행동을 하는가, 또는 얼마나 많은 사람들이 그렇게 행동하는가를 신경쓸 뿐만 아니라, 그 사람들이 누구인지도 신경쓴다.

손목밴드를 착용하는 괴짜들

문을 두드리는 소리가 반갑게 들려왔다. 두 시간째 컴퓨터공학 과제와 씨름하던 캐런은 뭐든 쉴 핑곗거리를 찾는 중이었다. 캐서린이 야식을 들고 찾아왔기를 기대하며 스탠퍼드대 기숙사의 방문을 열자 거기엔 노란 셔츠를 입은 두 학생이 서 있었다.

여학생은 캐런에게 "스탠퍼드 암 인식 모임에서 나왔어요"라면서 노란 팸플릿을 건넸다. "지역 사회에 암을 알리기 위해서 11월을 스탠퍼드에서 노란색을 입는 달로 정했어요. 방마다 돌아다니면서 사람들에게 이 중대한 병에 대해 상기시키고 모금운동차 손목밴드를 팔고 있어요." 그러면서 여학생은 캐런에게 비닐봉지에 담긴 작은 노란 손목밴드를 건넸다. "손목밴드 하나에 1달러 정도 기부해주시면, 수익금 전액을 암 연구에 쓸 예정이예요. 1달러짜리가 없으시면, 25센트도 괜찮아요. 적은 금액도 도움이 될 거예요. 암 인식 개선에 기여할 뿐 아니라 기숙사의 자긍심도 보여줄 기회예요."

"좋아요. 기부할게요. 1달러를 가져올 테니 잠깐 기다리세요"라고 캐런이 대답했다. 그녀는 책상 서랍 맨 위칸을 샅샅이 뒤져 구깃구깃해진 1달러를 찾았다. 그러다가 "잠깐만요. 룸메이트 것도 하나 살게요"라고 덧붙였다. 그녀는 2달러를 가지고 나와 노란 손목밴드 두 개와 교환했다.

"감사합니다! 저희는 이 세상을 암에서 구하기 위해 가능한 한 많이 팔고 싶어요. 앞으로 몇 주 동안 이 밴드를 착용해주시고 같은 기숙사 내의 다른 학생들에게도 알려주세요. 그러면 정말 도움이 될 거예요"라고 남학생이 말했다.

캐런은 "그럴게요"라고 대답하고는 문을 닫고 과제로 돌아가기 전 이렇게 외쳤다. "많이 파세요!"

그다음주, 사회학 수업을 듣고 나오던 중 캐런은 라운지에서 맛있는 냄새가 풍겨오는 걸 알아챘다. 고개를 돌리자 기숙사 학생들 중 절반은 피자 상자를 든 채 오갔고, 나머지 절반은 종이에 쓰인 숫자에 재빠르게 동그라미를 치고 있었다.

"무슨 일이야?" 캐런은 기숙사 이웃인 리사에게 물었다.

그녀는 "쉿, 각자 개별적으로 답을 써야 한대. 몇몇 경영학과 애들이 설문조사를 하는데 너도 하면 피자 한 조각을 공짜로 받을 거야"라고 말해주었다. 괜찮은 거래 같았기에 캐런은 담당 학생에게 설문지를 받아서 항목들을 채워나갔다.

얼마나 늦게 잠자리에 드느냐 같은 일반적인 질문들에 더해서, 5K 티셔츠나 노란색 리브스트롱 손목밴드 같은 다양한 공익 관련 물품을 소유 혹은 착용하느냐를 물었다. 캐런은 5K 티셔츠는 입지 않았지만 그주 초반에 얻은 노란 손목밴드는 하고 다녔기에, '그렇다'에 동그라미를 쳤다. 그리고 나머지 문항에 몇 개 더 답한 후 설문지를 제출하고 피자 한 조각을 받았다.

사람들에게 평범한 스탠퍼드대 학생의 모습을 그려보라고 요청했을 때, '쿨하다'라는 단어를 맨 먼저 떠올리는 경우는 드물다. '테키'(Techie, 컴퓨터에 열광하는 사람—옮긴이)라고 하는 건 확실히 납득할 수 있다. '스마트하다'는 단어도 그럴듯하다. 하지만 '쿨하다'를 첫 수식어로 쓰지는 않을 것이다. 그러나 생화학자나 컴퓨터 전문가가 되고자 공부하는 수많은 학생들 간에도 계층은 존재한다. 쿨함을 기준으로 삼을 때, 밑바닥에 가까운 최하위 부류로는 SLE가 꼽힐 것이다.

SLE는 체계적 교양 교육Structured Liberal Education의 약자로 스탠퍼드대의 집중 학습 기숙사다. 스탠퍼드대의 정규과정만으로는 부족한 것 같은가? 배움에 목마른 신입생이라면 이 특별한 기숙사에 지원해 추가 교육을 받을 수 있다. SLE 학생들은 더 많은 책을 읽게 되며, 인도 신화와 중세 기독교 같은 주제에 대한 추가 강의를 들을 수 있다. 매년 가을이면 이 기숙사에서는 그리스 극작가 아리스토파네스의 『리시스트라타』를 무대에 올린다.

캠퍼스 내에서 SLE 기숙사 학생들을 괴짜 취급하는 것도 무리는 아니다. 사람들은 SLE 학생들을 싫어하지는 않지만 특별히 쿨하다고도 생각지 않는다.

이런 '괴짜'들이 자신과 똑같이 행동한다면 사람들은 어떻게 반응할까? 예를 들어, 괴짜들이 노란 손목밴드를 착용한다면 캐런과 같은 학생들은 계속해서 손목밴드를 착용할까, 아니면 괴짜처럼 보이기 싫어서 더이상 그것을 착용하지 않을까?

사실을 알아보기 위해 스탠퍼드대의 칩 히스 교수와 함께 손목밴드 사업을 벌였다.

우선 캐런이 속한 기숙사를 방마다 돌면서 손목밴드를 팔았다. 그러고 나서, 다른 보조 조사 연구원들이 와서는 겉으로는 연관 없어 보이는 설문조사를 실시해 손목밴드를 착용한 학생이 얼마나 되는지 조사했다. (학생들이라면 피자를 위해서는 뭐든 하는 법이니까.)

그다음에는 괴짜 학생들 차례였다. 우리는 괴짜들이 모여 사는 SLE에 같은 손목밴드를 팔았다.

마지막으로, 괴짜들에게 손목밴드를 판매한 후에도 캐런과 그녀의 기숙사 친구들이 여전히 손목밴드를 착용하는지 알아보고자 보조 조사 연구원들이 캐런의 기숙사를 다시 찾았다.

학생들이 손목밴드를 계속 하고 다닐 이유는 많았다. 손목밴드를 착용함으로 비교적 기발하게 자신이 친사회적인 사람이라는 신호를 보낼 수 있었다. 그리고 이 사실을 캐런과 그녀의 기숙사 친구들이 모르는 것 같지는 않았다. 이미 손목밴드를 착용중이었으니 말이다. 따라서 괴짜들이 손목밴드를 착용한다는 사실을 알게 되어도 캐런이나 기숙사 내 다른 학생들이 그것을 좋아하느냐 아니냐에는 영향을 미치지 않을 터였다. 게다가 타인을 따라하지 않으려는 것과 이미 좋아하는 일을 포기하는 것은 별개가 아닌가? 그렇게 되려면 강한 동기가 필요했다.

괴짜들은 그런 강한 동기가 되었다. 사람들은 친사회적 신호를 보낸다는 이유로 손목밴드를 좋아하고 그것을 착용했지만, 괴짜들도 그걸 착용하자 손목밴드를 외면했다. 괴짜들이 손목밴드를 하고 다니자 캐런의 기숙사 학생 중 거의 삼분의 일이 이를 착용하지 않았다.

학생들이 그저 싫증나서 손목밴드를 차지 않는다고 볼 수도 있겠지만, 그런 상황은 아니었다. 우리는 캠퍼스 반대편에 위치한 기숙사에도 손목밴드를 판매했다. 그 기숙사 학생들은 비슷한 시기에 손목밴드를 구매했으나 주변에 괴짜들이 살지 않았기에 손목밴드를 차도 괴짜들 중 하나라고 오인될 염려가 없었다. 그렇기에 이 학생들은 당연히 계속해서 손목밴드를 착용했다.

학생들은 낡았다는 이유로, 또는 더이상 의미 없다는 이유로 손목밴드를 빼버린 게 아니라 괴짜처럼 보이고 싶지 않아서 손목밴드 착용을 중단했다.

사람들은 정체성이 오인되거나 원치 않는 방향으로 전달되는 일을 피하기 위해 남과 다르게 행동한다. 비만인 사람이 사탕을 많이 먹는 모습을 보면 학생들은 사탕을 조금 덜 먹고, 노동자 계층 사이에서 자녀를 유행처럼 주니어라고 부르면 전문직 종사자들은 자신의 아이를 주니어라고 부르지 않는다. 사커맘과 결부되자 미니밴 판매량이 줄었으며, 기술 관련 기업의 CEO들은 일반 기업의 중역처럼 보이지 않기 위해 정장보다는 후드티를 입는다.

오인에는 값비싼 대가가 뒤따른다. 아시안 스파이더 몽키 같은 인디밴드의 이름이 앞면에 새겨진 티셔츠를 입는 것은 엄청난 신호다. 같은 음악을 좋아하는 사람을 만나게 해줄지도 모르며, 완벽한 배우자까지 찾게 될지도 모른다. ("당신도 이 밴드 좋아하나봐요?")

하지만 그 밴드의 인기가 높아져 패셔니스타들이 그 티셔츠를 입기 시작하고, 뒤이어 많은 이들이 따라 입으면, 그 티셔츠는 신호로서의 가치를 잃는다. 당신은 더이상 특별하지 않을 뿐 아니라, 보는 사람 입장에서는 그 티셔츠를 입은 사람이 인디록 팬인지 패셔니스타인지 짐작할 수 없다. 기타 리프를 좋아하는 건지

프라다의 새로운 봄 컬렉션을 좋아하는 건지 가늠이 되지 않는다. 그 결과, 그 티셔츠를 입은 인디록 팬들은 잠재적인 배우자와 친구들에게 외면받을 수 있다. 설상가상으로 새로운 유행에 대해 이야기 나누려는 사람들을 감당해야 할지도 모른다.

오인은 바라던 상호작용을 놓치게 하고 바라지 않던 상호작용을 떠안게 할 수 있다. 더 심한 경우, 허세 부리는 사람으로 비칠 수도 있다. 하위문화의 스타일을 모방하지만 거기에 대한 이해는 없는 단순한 팬으로 인식된다.

하지만 모든 오인이 동일하지는 않다. 동일한 스펙트럼에 놓이는 정당이나 다른 집단을 생각해보자. 왼쪽부터 오른쪽으로 급진파(가장 왼쪽), 진보주의자, 온건파, 보수주의자, 반동분자(가장 오른쪽)로 나뉜다. 각 그룹의 소속원은 정확하게 정체성을 드러내고 다른 그룹과 혼동되지 않는 편을 선호할 것이다. 하지만 더 멀리 떨어진 그룹과 더 혼동될수록 불이익이 커진다. 물론 자기정체성이 분명한 대부분의 진보주의자들은 온건파로 오인되는 상황을 꺼리지만, 보수주의자로 보이는 걸 훨씬 부정적으로 받아들인다. 그리고 보수주의자들 역시 진보주의자에 대해 마찬가지로 생각한다.

상이성이 클수록 오인의 대가는 커진다. 당신이 아닌 누군가로 여겨지는 상황은 절대 이상적이지 않지만, 오인된 정체성이 실제와 다를수록 상황은 더 나빠진다. 스물일곱 살에는 대부분 서른

살로 보일까 꺼리지만, 서른다섯 살(혹은 열일곱 살)처럼 보이는 게 훨씬 싫을 것이다.

오인된 정체성과 거리가 더 멀수록 더 큰 대가를 치러야 한다. 실제보다 훨씬 어려 보여서 승진 인사에서 누락될 수도 있고 진지한 사람으로 여겨지지 않을 수도 있다. 반대로 너무 나이들어 보여서 파티에 초대받지 못하거나 새로운 발야구 리그에 가입 메일을 못 보낼 수도 있다. 실제와 차이가 클수록 오인은 더 해로운 결과를 낳는다.

하지만 상이성은 집단 정체성이라기보다 특정 신호가 전달하는 미묘한 사회적 특징이다. 십대와 사십대 사업가를 혼동할 리가 없으며, 탈모가 시작된 중년의 회계사를 반백의 폭주족과 헷갈려할 리도 없다. 하지만 회계사들이 터프해 보이는 할리데이비슨을 타고 다니면, 그 오토바이를 탄 누군가를 보고 사람들은 회계사들과 비슷하다고 추론하게 된다.

당신이 호프브라우 스테이크하우스에서 저녁식사중이라고 가정해보자. 가족경영 체제인 이 스테이크 전문점은 애머릴로부터 댈러스까지 텍사스 주 전역에 지점을 두고 있다. 그리고 사람들이 텍사스 스테이크하우스에 기대하는 것처럼, 호프브라우에서도 고기 중심의 메뉴를 제공한다. 베이컨으로 덮인 필레부터 (구운 양파 위에 서로인 스테이크 두 조각이 제공되는) 2인용 텍사스 투스텝 디너까지, 호프브라우는 굶주린 카우보이도 만족할 만한 모든 것을 제공한다. 모든 메뉴는 방목 사육한 소를 직접 잡아 양념해 굽는 걸로 마무리한다.

당신은 스모크 서로인을 고른다. 히커리나무로 훈제했고 후추가 뿌려져 있어 먹음직스럽게 보인다. 이제 하나만 더 정하면 된다.

그리 배가 고프지 않은 상황이고, 메뉴판을 보니 두 가지 선택지가 있다. 하나는 고기가 340그램 정도 나오는 메뉴고 다른 하나는 숙녀용 메뉴로 220그램 정도 나온다. 무엇을 선택하겠는가? 340그램짜리 메뉴인가 숙녀용 메뉴인가?

여성에게는 쉬운 선택일 것이다. 여성이라면 아마도 숙녀용 메뉴를 고를 것이다. 실제로 조사원들이 여성에게 비슷한 선택지를 제시하자 80퍼센트 정도가 숙녀용 스테이크를 선택했다.

하지만 당신이 남성이라면?

그렇게 배고프지는 않으니 양이 적은 스테이크를 선택하고 싶을 것이다. 340그램짜리 스테이크는 양이 꽤 많아서 220그램짜리보다 몇 입 더 먹어야 하는 정도가 아니다. 50퍼센트는 더 큰 스테이크다. 그렇다면 선택은 단순하지 않은가?

어쨌거나 스테이크는 스테이크일 뿐이다. 숙녀용 메뉴를 주문한대도 그를 여자로 보는 사람은 없을 것이다. 그러니 남자들은 전혀 걱정할 필요가 없다.

하지만 소비심리학자들이 남성에게 이런 선택지를 주자, 95퍼센트의 남성이 더 큰 스테이크를 선택했다. 생각보다 더 배고프다는 사실을 알아채서가 아니다. 조사원들이 더 작은 스테이크에 '셰프의 커팅'이라고 이름 붙이자 남성들은 망설임 없이 더 작은 사이즈를 선택했다. 남성들은 덜 사내다워 보일까봐 숙녀용 메뉴를 피했던 것이다.

백인 행세

1980년대 중반 워싱턴 D.C.에서 성장한 시드니는 늘 학업 성적이 우수했다. 전교에서 가장 빼어난 학생은 아니었지만, 대체로 또래들보다는 우수했다. 성적표에는 A학점과 B학점이 고르게 섞여 있었고, 표준화시험 성적도 그와 비슷하게 높았다. 9학년이 되어 치른 기초학력시험에서는 평균보다 고득점을 했는데, 과학, 사회, 그리고 언어에서는 대학 수준의 점수를, 읽기와 수학에서는 대학 수준에 가깝다는 평가를 받았다.

하지만 11학년이 되자 선생님의 눈에 띌 정도로 시드니는 공부에 무관심해졌다. 여전히 총명했지만 성적은 그렇지 않았다. 표준화시험 점수는 여전히 높지만 성적은 평균 C학점으로 곤두박질쳤다.

선생님은 시드니가 더 잘할 수 있는 학생이라고 믿었다. 시드니는 노력하지 않을 뿐이었다. 왜 그는 자신의 잠재력을 키우지 않는 걸까?

인종 간의 성취도 차이를 보여주는 관련 자료는 많았다. 표준화 시험 점수, 중퇴자 비율, 평균 학점, 그리고 대학 입학자 및 수료 자 수 등 어디서든 아프리카계(그리고 히스패닉계) 학생들은 백인 학생들만큼 높은 점수를 내지 못한다. 미국 내 모든 학생들을 대 상으로 시행되는 가장 큰 평가인 국가교육향상평가에서 아프리카 계 미국인 학생들은 읽기와 수학 모두에서 평균보다 10퍼센트 정 도 점수가 낮았다. (논의된 다른 많은 결과들처럼 이 역시 평균일 뿐 완벽한 수치는 아니다. 하지만 이런 결과가 지속된다는 사실로 미뤄볼 때, 이런 현상을 해결하려면 왜 이런 현상이 발생하고 지속되는지를 이 해해야 한다.)

이 격차에는 많은 이유가 있다. 그중 하나가 자원이다. 소수 인 종 학생들이 다니는 학교는 자금이 부족한 경우가 많다. 차별대 우나 인종차별도 한몫한다. 명시적이든 암시적이든, 일부 교사와 교직원들은 소수 인종 학생들에 대해 더 낮은 기준점을 설정해 수 업 시간에 그들을 덜 호명했고 보충수업을 듣게 하는 경우도 많 았는데 이 모든 게 학생들의 학업 성취에 악영향을 미쳤다.

하지만 이런 전통적인 해석에 좀더 복잡한 한 가지 원인이 더해 진다.

시니시아 포덤 교수와 존 오그부 교수는 워싱턴 D.C. 소재의 고 등학교들을 대상으로 인종과 학업 성취 간의 연관성을 연구했다.

캐피톨 고등학교라는 가칭의 이 학교는 도시의 저소득층 거주지에 위치하며, 시드니는 거길 다닌다. 여느 학교처럼 캐피톨 고등학교에도 다양한 학생들이 모여 있다. 우수한 학생이 있는가 하면 성적이 부진한 학생들도 있다.

하지만 포덤과 오그부는 학업 성취에 대해 철저히 조사해 정체성 표현이 중추적인 역할을 한다는 걸 알아냈다. 성적이 좋거나 상급 강의를 수강하게 된 아프리카계 미국인 학생들은 또래 학생들에게 '백인 행세'를 한다거나 (바깥쪽은 검고, 안쪽은 하얀) '오레오'라고 종종 조롱받았다. 도서관에서 시간을 보내거나, 공부를 열심히 하는 것, 또는 좋은 점수를 받으려고 노력하는 건 '백인'이 하는 행동이라고 낙인찍혀 있었기에 용납되지 않았다.

학업 성적이 뛰어난 학생과 아프리카계 미국인이라는 정체성이 왠지 맞지 않는다는 인식은 상당히 파괴적인 힘을 갖는다. 시드니처럼 학교에서 더 두각을 나타낼 만한 능력을 지닌 많은 흑인 학생들이 또래에게 따돌림당할까봐 열심히 노력하지 않는다.

성적이 우수한 학생들은 자신들의 성취를 감추려 애쓴다. 그들은 바보인 척하거나 학급의 익살꾼처럼 행동함으로써 아무도 자신의 노력에 주목하지 못하게 한다. 성적이 우수한 어느 여학생은 고득점을 해도 수업에 참여하지 않아도 된다는 조건하에 마지못해 학교에서 운영하는 '전문 학술'반 시험을 치렀다. 그녀는 최상위권 성적을 거뒀지만 끝내 수업을 듣지 않았다.

포덤과 오그부는 다음과 같이 기록했다.

아프리카계 미국인들은…… 학업적 성공을 백인들의 특권으로
정의해 주변 친구가 공부하면 그에게 무의식적으로 '백인 행세'를
한다고 말해 그를 좌절시킨다.

당연히 이런 발상은 논란을 불러일으켰다. 포덤과 오그부의 결
론을 비난하는 사람도 있었다.

하지만 최근 이런 분석에 대한 추가 근거가 제시됐다. 두 경제
학자가 전국을 대표하는 십만 명에 달하는 학생들의 표본을 분석
해서 학업 성취와 인기도 사이의 연관성이 인종에 따라 다르다는
사실을 발견했다. 백인 아이들의 경우 성적이 더 높으면 사회적
위상이 더 높았다. 전 과목 A학점을 받은 백인 학생들은 A학점과
B학점이 섞인 백인 학생들보다 더 인기 있었다.

하지만 소수 인종 학생들의 경우에는 성적과 인기도 간의 관계
가 달랐다. 전 과목 A학점을 받은 아프리카계와 히스패닉계 미국
인 학생들은 친구들 사이에서 별로 인기가 없었다. 백인처럼 행동
한다는 개념과 마찬가지로 학교에서 두각을 나타내는 소수 인종
학생들은 공부에 투자한 대가로 사회적 처벌을 감수해야 하는 듯
했다.

피부톤 역시 한몫했다. 열심히 노력하는 것이 '백인 행세'처럼

보인다면, 백인과 더 비슷해 보이는 소수 인종 학생들은 괴롭힘당할 가능성이 더 높을 것이고 원치 않는 신호를 보내지 않기 위해 애쓸 것이다. 피부톤이 더 어두운 친구들과 비교했을 때, 피부톤이 더 밝은 학생들은 '백인 행세'를 한다고 인식될까봐 더 걱정할 테며, 그 결과 열심히 공부하지 않을 것이다.

실제로 밝은 피부톤을 가진 아프리카계 미국인들은 피부톤이 더 어두운 친구들보다 사회적으로 덜 받아들여진다고 느꼈고, GPA 점수에서 하위권을 차지하는 등 학교생활이 원만하지 못했다. 라틴계처럼 덜 보이는 라틴계 아이들 역시 학급을 더 분열시켰고 과제를 완성하지 못했으며 성적도 평균보다 낮았다.

이는 인종 문제만으로 국한되지 않는다. 엄청난 진보를 이루었음에도 여성들은 여전히 과학, 기술, 공학 그리고 수학STEM 분야에서 여전히 두각을 나타내지 못한다. 대졸자 중 거의 60퍼센트가 여성이지만, 이런 분야에서 일하는 여성은 24퍼센트에 불과하다.

하지만 자원 부족, 차별 그리고 다른 요소들에 더해 정체성 신호 또한 중요한 역할을 한다. 연구자들은 수학, 과학, 컴퓨터공학 같은 분야에 대해 여성들의 관심도가 낮은 것은 여성 스스로가 이런 분야에 어떤 정체성을 부여하기 때문이라고 봤다. 여성들은 컴퓨터공학을 〈스타 트렉〉과 비디오게임에 빠져 지내는 괴짜 남성들의 영역이라고 생각한다. 그리고 대부분의 여성은 그런 정체성을 이상적으로 보지 않기에, 그러한 직업을 피해 다른 분야에 진출한다. 정체성에 대한 이런 걱정 때문에 뛰어난 컴퓨터 과학자나 엔지니어가 될지도 모를, 재능 있고 적격인 많은 여성들이 다른 분야를 선택한다.

심지어 정체성 신호 때문에 부모가 자녀들에 대한 HIV 검사를 피하기도 한다.

남아프리카에서는 HIV와 에이즈 근절을 위해 수십억 달러를 쏟아붓지만 매년 수천 명의 아이들이 그 바이러스를 가지고 태어난다. 문제 해결을 위해서는 나라 전역의 외딴 병원까지 적합한 약품이 전달되어야 하지만 심리적 장벽이 무엇보다 높다. 예비 엄마들은 자신들이 HIV 양성 환자라는 사실을 받아들이고 싶어하지 않기에 아이를 구할 수도 있는 약물을 거부한다. 몇몇 지역에서는 엄마가 젖병 수유를 하면 이를 HIV보균자라는 신호로 받아들이기 때문에 젖병 수유만 해야 한다는 방침을 거부해 아이들을 감염시키기도 한다. 따라서 공중위생 개선을 위해서는 좋은 약 이상의 것, 그러니까 증상과 의미의 복잡한 관계에 대한 이해가 필요하다.

사람들이 차별화하는 경우

인상적인 결론이지만 왜 삶의 몇몇 영역에서만 차별화 현상이 나타나는가라는 의문이 남는다. 아프리카계 미국인 학생들이 백인 학생들과 똑같은 연필을 쓴다 한들 '백인 행세'를 한다고 괴롭힘당하지 않는다. 남성들은 여성들과 같은 브랜드의 키친타월이나 냉장고를 쓴대도 개의치 않는다. 범죄자들이 빵을 먹는다고 해서 평범한 우리가 빵을 안 먹는 것은 아니다. 그렇다면 차별화는 언제 더 자주 발생하며 왜 발생하는 것일까?

차별화 자체의 본질과 마찬가지로 해답은 정체성을 전달하느냐에 달려 있다. 어떤 선택은 다른 것보다 더 많은 정체성을 표현해준다.

자동차를 예로 들어보자. 생전 처음 보는 누군가를 만날 예정이다. 그의 말에 따르면 그는 볼보 스테이션 왜건을 몬다고 한다. 그가 어떻게 추측되는가? 그가 어떤 사람인지 감이 잡히는가?

어떤 자동차를 타느냐가 누군가에 대해 모든 것을 말해주지는 않지만, 확실히 어떠한 암시(이를테면 그는 자유주의자일지도 모른다)를 준다.

이 사례를 키친타월과 비교해보자. 누군가가 바운티 사의 키친타월을 쓴다면 그 사실로 그에 대해 얼마나 많이 알 수 있는가? 어떤 키친타월 브랜드를 사용하는지로 그 사람이 진보주의자인지 보수주의자인지에 관해 어떤 통찰력을 얻을 수 있는가? 그 사람이 바닷가에 사는지 미국 중부에 사는지 가늠할 수 있는가? 아마 아닐 것이다.

이로써 다른 선택에 비해 정체성과 더 밀접한 특정 선택이 존재한다는 사실을 알 수 있다.

정체성은 관찰 가능성과 관련된다. 누군가의 집을 엿보지 않는

한, 그들이 어떤 키친타월이나 주방세제를 사용하는지 알기 어렵다. 따라서 이런 선택들은 정체성의 신호로 이용하기 어렵다.

하지만 누군가가 무엇을 입는가 또는 어떤 차를 모는가는 보다 쉽게 확인 가능하므로 정체성 추측에 훨씬 많이 사용된다.

또한 기능과의 연관성이 적을수록 정체성과는 더 많이 연관되는 듯하다. 어떤 키친타월이나 주방세제를 쓰느냐는 기능적인 면을 상당히 중시한다. 키친타월을 구매할 때는 얼마나 깨끗하게 닦이는가, 사용할 때 찢어지지는 않는가가 중요하다. 이와 비슷한 일상의 많은 선택에서 실용성이 우선시된다. 그 결과 사람들은 이런 선택에서는 정체성을 거의 드러내지 않는다.

하지만 기능보다는 취향에 따른 선택은 다르다. 키친타월과 비교해보면 헤어 스타일은 기능과 상관이 없다. 자동차 역시 마찬가지로 많은 부분에서 취향이 작용한다. 물론 새로 출시된 차가 낡은 고물차보다 더 튼튼하다. 그리고 어떤 자동차는 다른 차보다 연비가 뛰어나거나 더 많은 승객을 태울 수 있다. 하지만 대부분의 차는 A지점에서 B지점까지 무사히 데려다준다는 점에서 차이가 없다. 개인적 취향이 선택을 좌우할 때, 이런 선택에서 정체성이 좀더 드러난다.

그리고 선택이 이렇게 정체성의 신호로 비칠 때만 사람들은 차별화를 한다. 당신이 어떤 키친타월을 구매했느냐로 당신에 대해 어떠한 정체성 추론도 하지 않는다면, 다른 누가 똑같은 걸 구매한대도 상관없다. 괴짜든 힙스터든, 여성이든 남성이든, 당신은 개의치 않을 것이다. 범죄자들이 바운티 사 제품을 좋아한대도 당신의 행동은 바뀌지 않을 것이다. 어떤 부류의 사람들과 연관된다는 사실 때문에 그 물품을 외면할 필요는 없다.

시간을 알려주지 않는 30만 달러짜리 시계

매년 봄, 시계산업계의 유력 인사들이 국제시계박람회인 바젤월드에 참석하고자 스위스 바젤로 모여든다. 스위스, 프랑스, 그리고 독일의 국경이 맞닿은 곳에 위치한 바젤은 시계산업의 스타일과 정밀함의 조화를 이루기에 완벽한 장소다. 십만 명 이상의 참석자들이 최신 롤렉스 시계부터 다기능조작부의 기술 혁신까지 시계산업의 최신 경향과 빼어난 기술 혁신을 파악하고자 이곳을 찾는다.

2008년, 바젤월드 방문객들은 특별한 발표를 들었다. 스위스의 유명 시계제조사인 로맹 제롬에서 독특한 제품을 출시한다는 소식이었다. 로맹 제롬은 '유명한 전설의 DNA 컬렉션'의 일환으로 이전에 아폴로 11호와 소유스 호의 잔해로 만든 문더스트 DNA 시계를 선보인 바 있었다. 각 시계의 숫자판은 작은 분화구 모양을 본떴고, 실제 월석 가루를 넣었으며 국제 우주정거장에서 입는 우주복의 섬유로 시곗줄을 만들었다. 문더스트 시계는 1만 5000달러 이상으로 결코 저렴하지 않았다.

하지만 로맹 제롬이 새로 발표한 시계는 그보다 훨씬 비쌌다.

이번에는 30만 달러라는 가격표가 자랑스럽게 달려 있었다.

새로 출시된 '낮과 밤Day&Night'이라는 시계는 최고급 제품이었다. 타이태닉 호의 잔해에서 나온 금속으로 만든 이 시계는, 시계의 정확성이 중력에 방해받지 않도록 고안된 무브먼트 기술인 투르비옹이 하나가 아닌 두 개나 들어가 있었다.

여기에 딱 하나 걸림돌이 있었다. 정확히 말하자면 걸림돌이 아니라 주목할 만한 디테일에 가까웠다.

이 시계는 시간을 알려주지 않았다.

로맹 제롬은 웹사이트를 통해 "시, 분, 초가 드러나지 않는 '낮과 밤'은 시간 측정의 새로운 방식을 선사한다. 시간의 우주를 본질적으로 대립하는 두 영역, 그러니까 낮과 밤으로 나눈다"라며 이 제품을 홍보했다. 어쨌거나 이 시계는 때를 알려주지만, 밝은지 어두운지만 알려준다.

대부분의 사람들에게는 쓸모없는 시계였지만 집에 창문 말고는 모두 갖춘 억만장자에게는 완벽한 시계였다. 이 시계는 채 48시간이 지나지 않아 모두 팔렸다.

어리석은 슈퍼리치들이라며 웃어넘길 수도 있지만, 이게 끝이 아니었다. 독일 시계제조사 에리히 라허에서 아바쿠스라는 시계를 출시하면서 비슷한 접근법을 취했다. 위와 비교했을 때 거저나 다름없는 150달러짜리 시계로, 어린 시절 가지고 놀았던 구슬

미로 놀이를 떠올리게 하는, 자유롭게 볼 베어링을 움직여 시간을 기록하는 방식이었다. 구슬이 지면과 수평을 유지하며 완전히 멈췄을 때, 자력이 베어링을 잡아당겨 적당한 자리로 시곗바늘이 이동해 시간이 표시된다. 그러지 않는 경우에는 아무도 시간을 알 수 없다.

시간을 알려주지 않는 시계는 비실용적인 상품, 혹은 직접적으로 원래의 목적인 기능성을 거스르는 상품의 예시일 뿐이다. 싱글 스피드 자전거나 고정기어 자전거도 마찬가지다.

샌프란시스코는 자전거를 타기에 괜찮은 도시다. 언덕이 많기는 하지만 날씨가 좋고 자전거 도로도 흔하다. 그래서 여기저기에서 자전거 타는 사람을 볼 수 있다. 사람들은 자전거로 출근하며, 운동을 하거나 원하는 곳에 가기도 한다.

이때 몇몇 자전거를 자세히 살펴보면, 놀라운 사실을 발견할 수 있다. 많은 자전거가 싱글기어다. 물론 그중에는 기어가 10단인 산악용 자전거도 있고 마니아들이 타는 가파른 언덕을 빠르게 오를 수 있는 21단이나 27단짜리 로드바이크도 있다. 하지만 힙스터들이 타는 자전거를 살펴보면, 기어가 하나뿐이란 걸 알 수 있다. 심지어 몇몇 사람들은 페달이 뒷바퀴의 움직임에 고정되는 픽시나 고정기어 자전거를 탄다. 이 자전거는 뒷바퀴와 페달이 함께 도는 방식이라 자전거를 타는 사람이 앞으로 나아가고 싶다면 내내 페달을 밟아야 한다. 게다가 이 자전거에는 브레이크도 없다.

다리를 천천히 움직여 자전거를 감속시키면서 페달의 회전을 막아 멈추는 수밖에 없다.

세계에서 두번째로 언덕이 많은 도시에 사는 사람들이 왜 브레이크 없는 자전거를 사는 걸까?

기능상의 이점을 축소하거나 아예 없애버린 고정기어 자전거와 시간을 알려주지 않는 시계는 정체성을 강렬하게 표현해준다. 대부분의 사람들은 기능적인 이점 때문에 이런 상품들을 구매하므로 대놓고 이런 기능성을 없앴다는 사실로 정체성이 명쾌하게 표현된다. 10단 자전거는 어린아이라도 탈 수 있지만 1단 자전거를 타려면 기술이 필요하다. 누구나 시간을 알려주는 시계를 살 수 있지만 자아가 강한(그리고 다른 방법으로 시간을 알 수 있는) 사람만이 시간을 알려주지 않는 시계를 찬다.

따라서 비기능성 제품에는 대가나 진입 장벽이 수반된다. 어떤 대가는 금전적이다. 요트를 사려면 돈이 많아야 한다.

하지만 금전적 비용 외의 비용도 치러야 한다. 시간도 일종의 비용이다. 와인에 대해 배우거나 프랑스 철학에 능통하기 위해서는 많은 시간과 노력이 필요하다.

기회비용도 든다. 머리 모양을 콘로 스타일로 하거나 눈썹 피어싱을 한다면 임금이 높은 사무직 자리를 얻기 힘들어진다.

고통과 헌신 차원의 노력도 든다. 빨래판 복근을 가지려면 윗몸 일으키기를 수백 번씩 하고 디저트를 생략해야 한다.

이런 비용이 폭넓은 채택 가능성을 줄인다. 대부분의 사람들은 요트를 구매할 만한 돈도, 미셸 푸코를 공부할 시간도, 멋진 몸매를 위해 탄수화물을 포기할 의지도 없다.

하지만 이런 비용이 유용하기도 하다. 이로써 내부자와 모방자가 구분되기 때문이다. 특정 영역에 대해 알거나 관심을 가진 사람과 그렇지 않은 사람을 구분한다. 어느 날 갑자기 픽시 자전거에 올라 안정적으로 타길 바라서는 안 된다. 고정기어 자전거를 잘 타려면 시간과 노력을 기울여야만 한다.

발음도 마찬가지다. 크리제브스키Krzyzewski라는 이름을 떠올려보고 크게 한번 발음해보자.

대학농구에 관심이 많은 사람에게는 이 이름이 낯설지 않을 것이다. 듀크대 농구팀의 마이크 크리제브스키 코치가 떠오를 테니 말이다. 이 팀을 좋아하든 아니든 여러 아나운서와 친구들이 이 이름을 언급한 걸 수백 번은 들었을 터였다.

하지만 대학 농구를 보지 않는 사람들에게 이 이름은 발음하기 어렵다. 한 글자 한 글자 발음해보다가 크리즈-제-유-스키라고 형편없게 말할 것이다. (올바른 발음은 슈셉스키에 가깝다.) 크리제브스키를 어떻게 발음하는지 알기 위해서는 대학 농구 경기를 충분히 보아왔거나, 농구를 좋아하는 (혹은 폴란드어가 유창한) 친구들과 자주 어울렸어야 한다. 그리고 이런 시간은 일종의 비용이다.

당연히 어떤 사람들은 하루 종일 대학 농구 경기를 보며 행복해

할 것이다. 스포츠 팬들에게 전미 대학 농구 관람료가 "비싸다"고 말한다면, 당신이 없는 자리에서 그들은 당신을 비웃을 것이다. 팬들에게는 돈을 쓰고서도 즐길 가치가 있기 때문이다.

하지만 모두가 그렇게 생각하는 것은 아니다. 그리고 당신이 대학 농구를 좋아하든 아니든, 해당 분야의 지식을 획득하는 데 걸리는 시간을 다른 분야에도 쏟을 수 있다. 따라서 그렇게 사용되는 시간은 그 방면의 사람들을 다른 사람들과 구분해준다.

비용으로 왜 몇몇 신호가 지속되는지 설명되기도 한다. 왜 어떤 것들은 유행을 타지 않고 한결같을까.

무언가에 더 많은 비용이 들수록 확실하고 정확한 신호로서의 가치가 더 지속되는 듯하다. 누군가가 요트를 소유한 걸 보면 그가 부자라고 확신할 수 있으며, 누군가가 픽시 자전거를 타는 걸 보면 자전거에 대해 잘 아는 사람이라고 확신할 수 있다. 비용이 많이 들수록 문외한들이 그 분야에 끼어들기 어려워지기 때문이다. 동시에 비용은 채택될 가능성을 줄임으로써 신호적 가치를 올려 어떤 특징을 가진 사람과 그렇지 않은 사람을 구분짓는다.

모히칸 헤어 스타일을 떠올려보자. 대부분의 사람들은 조금은 돋보이고 싶어하지만, 그렇다고 해서 정수리 쪽 머리카락만 남긴 채 옆머리를 다 밀고 싶어하지는 않는다. 거슬리는 외모 때문에 사무직 일자리를 얻거나 데이트 상대를 만나기가 더 힘들어진다.

물론 데이비드 베컴이나 크리스티아누 호날두 같은 유명인사들이 덜 뾰족하고 옆머리를 깎지 않은 좀 완화된 모히칸 헤어 스타일을 하자, 유행에 민감한 남성들이 이를 따라하기도 했다. 하지만 계속해서 이 스타일을 유지하지는 않았다.

이런 이유에서 모히칸 헤어 스타일은 아웃사이더 문화의 신호로서의 가치를 획득했다. 주류문화에 속한 사람들은 선택하지 않을 것이므로 그럴 만한 가치가 있다. 이렇게 많은 비용이 드는 신호는 그 의미를 더 오래 유지하면서 지속되곤 한다.

시간을 알려주지 않는 30만 달러짜리 시계를 만든 회사의 CEO 이반 아르파는 이렇게 말했다. "시간을 알려주는 시계는 누구나 살 수 있습니다. 진정으로 안목 있는 고객만이 그렇지 않은 걸 살 수 있죠."

값싼 것과 비싼 것이 똑같아 보이는 순간

맷에게 간단한 설문조사 하나를 요청한다면, 그는 기꺼이 응할 것이다. 텍사스대 오스틴 캠퍼스에서 커뮤니케이션을 전공하는 대학원생 맷은 음악산업계에 진출하고 싶어했다. 하지만 비싼 등록금 때문에, 현재는 용돈벌이로 인근 식당에서 바쁘게 테이블을 치우며 일하고 있다. 몇 가지 질문에 답해주면 5달러를 주겠다고 제안하자 그는 바로 수락했다. 그는 가방에서 펜을 꺼내, 근처 테이블 앞에 앉아 지시사항을 읽어내려갔다.

우리는 제품 인식에 대해 알아보고자 합니다. 우선, 패션 지식에 관한 다음의 진술에 얼마나 동의하는지에 대해 기술해주세요. 나는 패션에 대해 아주 많이 안다, 패션에 관해 종종 생각한다 등등.

맷은 패션에 관심이 없었다. 옷에 대해서도 잘 몰랐고 최신 유행을 파악하려 애쓴 적도 없었으며, 전반적으로 패션에 무관심했다. 얼마 전 쇼핑몰에 갔을 때 여자친구가 골라준 기괴하고 반짝이는 패턴으로 된 셔츠가 마지막으로 산 '유행하는' 옷이었다. 그는 대부분의 질문에 대해 '매우 동의하지 않음'이라고 체크하며 다음 장으로 넘어갔다.

이제부터 다양한 핸드백 사진들을 보여드릴 겁니다. 각 핸드백 사진을 보고, 예상 가격대를 적으세요. 각 사진 옆에 추측한 액수를 적으면 됩니다.

핸드백이라고? 맷은 '얼마인지 전혀 모르겠네'라고 생각했다. 그렇긴 해도 어림짐작하며 답변을 이어갔다.

프라다 로고가 박힌 첫번째 핸드백은 이탈리아 명품 브랜드라고 들어본 적이 있었다. 그는 700달러라고 적었다. 다른 핸드백에는 구찌 패턴이 들어가 있어서 650달러라고 적었다.

　이제 세번째 가방 차례였다. 금색으로 된, 직물 소재처럼 보이는 핸드백이었다. 하지만 어디에도 로고가 보이지 않았다. 휴가지에서 잡동사니를 담기 위해 해변가 상점에서 구매할 법한 싸구려 가방 같았다.

　맷은 이 사진 옆에 20달러라고 적었다. 이마저도 몇 분간 생각해보자 너무 비싸게 느껴졌다. 그는 20달러라고 썼던 것을 지우고 15달러라고 고쳤다. 그런 뒤 다음 가방 사진으로 넘어갔다.

　산업혁명 이전에는 대부분의 물건이 수공업으로 만들어졌다. 각 가정에서 직접 목화실과 아마실을 자아서 섬유를 직조했다. 금속을 집에서 만들기는 어려웠기에 당시에는 어떠한 기계류든 대개 목재 부품을 사용했다. 작업은 인력을 요했고 고되고 힘들었다.

공구, 증기엔진 그리고 다른 여러 기술의 발전 덕분에 느리지만 꾸준하게 변화가 일어났다. 방직기와 방적기, 그리고 여러 도구 덕분에 집에서 이뤄지던 직조 작업이 더 크고 전문적인 공장으로 넘어갔다. 1년이 걸리던 작업이 조면기 사용으로 일주일로 줄었다. 사업가들은 새롭고 더 강력한 기계를 만들기 위해 발명가들을 양성했다.

이런 기술 변화로 인해 새로운 사회 계층이 생겨났다. 생활 수준이 향상되었을 뿐 아니라 사회적 유동성 역시 증가했다. 이전까지만 해도 신분은 비교적 고정적이었다. 부는 세습되었다. 작위는 대대로 이어졌으며 그와 함께 계층도 이어졌다. 누군가가 귀족이라면 그것은 그의 아버지가 귀족이었고, 그 이전 조상들도 귀족이라서였다. 땅을 소유한 사람들이 있고, 그곳을 경작하는 사람이 있었으며, 집단 간의 선은 넘기 어려웠다.

산업혁명은 이런 관습을 바꿨다. 소유하거나 그렇지 않은 것이라는 개념이었던 돈이 벌 수 있는 것으로 변했다. 그리고 돈을 벌기 위해서 땅을 소유하지 않아도 됐다. 재치와 용기 그리고 운이 적절히 맞아떨어진 사람은 단기간에 막대한 부를 쌓을 수 있었다. 부는 사회 계급과 분리되었고 벼락부자가 생겨났다.

벼락부자나 신흥재벌은 혼란을 틈타 등장한 새로운 계층이다. 이들은 상류층이었던 조상에게 부를 세습받은 게 아니라 자신만의 길을 개척한 사람들이다. 하류 사회 출신의 이들은 새롭게 부를 일궈냄으로써 한때는 높은 신분의 사람들만 이용 가능했던 상품과 서비스를 소비하게 되었다.

하지만 단순히 값비싼 제품의 구매만으로는 충분치 않았다. 벼락부자들은 부를 쌓는 것만이 아니라 그에 합당한 지위도 원했다. 보통 부는 은밀한 영역이다. 당신(그리고 아마 당신의 배우자 정도) 외에는 당신의 계좌에 얼마나 많은 돈이 있는지 아는 사람이 없다. 하지만 지위는 사회적이다. 지위는 다른 사람들의 눈에 보인다. 주변 사람들의 존경을 받는 일이다.

그러므로 벼락부자들은 과시적 소비를 시작했다. 단순히 값비싼 식재료나 고급 음식, 혹은 다른 개인 전용 물품보다는 자신들의 부를 모든 사람에게 보여주는 소비재를 구매했다. 상품과 서비스의 구매를 개인적인 필요성 때문만이 아니라 지위와 명성의 획득 수단으로 이용한 것이다.

가시적인 신호는 정체성을 쉽게 드러낸다. 1만 달러짜리 치약을 산다면 당신은 틀림없이 아주 부자일 테지만, 그런데도 거의 대부분의 사람들은 당신이 어떤 치약을 샀는지 모를 것이다. 하지만 자동차나 의류는 보다 공개적으로 소비되므로, 의사소통에 있어서 좀더 일반적인 수단이 된다.

브랜드는 명확한 로고와 분명한 무늬로 이런 과정을 보다 용이

하게 만든다. 옆면에 커다란 나이키 로고가 들어간 화려한 스니커즈를 신거나 버버리의 격자무늬가 들어간 값비싼 재킷을 입으면 이를 본 사람들은 이 상품들을 정체성의 신호로 쉽게 사용할 수 있다.

따라서 값싼 제품에 대해서는 메이커가 덜 드러나기를 바랄 것이라고 예측할 수 있다. 물론 자신이 버버리 제품을 샀다는 사실을 다른 사람들이 알아주기 바라면서도 월마트에서 산 제품을 알리기는 꺼릴 수 있다. 이런 견해는 가격과 브랜드 노출 간의 관계를 암시한다. 이 견해에 따르면, 저렴한 제품들은 로고를 작게(아니면 아예 없게) 표시해야 하고 더 비싼 제품들은 로고를 더 크고 더 눈에 띄게 만들어야 한다.

하지만 모건 워드 교수와 함께 상품을 수백 개 분석한 결과, 예상과는 다른 경향을 발견했다. 우리는 패션 분야의 중요한 두 상품축인 핸드백과 선글라스를 택한 후, 수백 개의 표본을 정리해 가격 그리고 브랜드의 이름이나 로고가 상품에 드러나 있는지 관찰했다.

저렴한 상품의 경우 브랜드명이 거의 드러나지 않았다. 50달러 미만의 값싼 선글라스 열 개 중 두 개에만 브랜드명이나 로고가 들어갔다. 가격이 올라갈수록 브랜드명이 더 두드러졌다. 100달러에서 300달러 사이의 선글라스 열 개 중 아홉 개에 브랜드명이 새겨져 있었다. 하지만 여기서 가격이 더 올라가자, 브랜드명이 덜 드러났다. 500달러 이상인 선글라스 열 개 중 세 개만이 브랜드명이나 로고를 나타냈다.

가격과 브랜드 노출 간의 관계는 정비례한다기보다 오히려 역 U자형에 가까웠다.

로고가 드러나지 않는다면 당연히 그 상품(이나 가격)을 다른 사람들이 알아보기 어려울 것이다. 맷 같은 사람들에게 다양한 핸드백의 가격을 추측해달라고 요청했을 때, 로고 혹은 다른 방식으로 브랜드를 확실하게 표시하느냐 아니냐에 따라 차이가 생겼다. 상품에 커다란 로고가 들어가면, 관찰자들은 가격이 얼마 정도일지 어림짐작할 수 있었다. 정확히는 몰라도 더 비싼 상품과 더 저렴한 상품을 구별할 수는 있었다. 그들은 구찌 가방이 갭 가방보다는 비싸다고 말할 수 있었다.

하지만 로고가 보이지 않으면 속수무책이었다. 관찰자들은 2000달러짜리 가방과 20달러밖에 안 하는 가방을 구분하지 못했다.●

만약 사람들이 과시적 소비를 신경쓴다면, 왜 대부분의 관찰자들이 저렴하다고 생각할 무언가에 수천 달러나 지불하는 것일까?

누군가는 좋은 품질 때문에 사람들이 값비싼 브랜드를 산다고도 하지만 값비싼 명품 브랜드들이 브랜드를 덜 드러내는 경향은

● 이러한 현상은 다른 상품 분야에서도 나타났다. 티셔츠 앞면에 아르마니 익스체인지나 아베크롬비 앤드 피치가 새겨져 있으면 사람들이 식별하기가 쉽다. 상표가 작게 들어간(예를 들어, 아르마니 익스체인지의 약자만 새겨진) 티셔츠들도 75퍼센트 정도가 잘 알아맞혔다. 하지만 눈에 띄는 상표가 없으면 구분이 훨씬 어려웠다. 관찰자 중 6퍼센트만이 정확히 브랜드를 알아맞혔다.

이런 이유만으로는 설명되지 않는다. 예를 들어, 더 비싼 벤츠 자동차일수록 후드에 벤츠 엠블럼이 더 작게 붙어 있는데, 가격이 5000달러씩 올라갈 때마다 로고는 1센티미터씩 작아진다. 구찌 핸드백과 루이뷔통 신발도 마찬가지다. 로고를 덜 드러내는 명품이 더 비싸다. 소리 없는 신호가 더 비싼 셈이다.

그렇다면 부자들은 로고를 싫어하는 걸까?

어떤 상품들은 모두가 보게끔 브랜드를 외치지만 어떤 상품들은 덜 노골적으로 신호를 보낸다. 크리스티앙 루부탱은 자사의 모든 신발에 빨간 밑창을 사용하며, 코통두 셔츠에는 대개 옷깃 주변과 소맷단 아래로 독특한 패턴이 들어간다. 어떤 가죽 브랜드는 자사의 많은 핸드백과 토트백 그리고 지갑에 특정한 십자가형 가죽 패턴을 넣는다.

브랜드명과 로고가 더 눈에 잘 띌수록 (더 쉽게 보고 확인할 수 있기 때문에) 더 효과적으로 더 많은 사람들에게 알릴 수 있지만 감지하기 어려운 신호라면 그런 기회를 놓칠 가능성이 높다. 대부분의 사람들은 다른 사람의 신발 밑창을 의식하지 않기 때문에 그런 세부사항은 알아채지 못할 수도 있다. 대부분은 일명 '도그 휘슬'(특정 집단이나 사람을 노린 메시지—옮긴이) 패션을 해독하지 못하기 때문이다.

폭넓은 신호를 보내지 못한다는 건 단점으로도 보이나 비장의 무기가 되기도 한다. 요란한 신호는 확인하기 더 쉽지만, 그 결과 외부인들이 가로채거나 따라할 가능성도 더 크다.

한눈에 봐도 루이뷔통 제품인 핸드백을 들고 다니면 사람들은 당신을 부유하다고 생각할 것이다. 하지만 그런 제품들은 알아보기 쉬우므로 부유하지는 않지만 그렇게 보이고 싶어하는 사람들이 이런 노골적인 신호를 따라하기도 쉽다.

어떤 유형의 상품이 위조되는지를 생각해보자. 뉴욕의 커널스트리트를 지나거나, 위조품을 전문으로 다루는 웹사이트를 살펴보면, 모든 핸드백이 위조되는 건 아니다. 디자인이 유난스러운 가방이 더 많이 위조된다. 위조품 구매자들은 그 신호를 원하기 때문에 로고가 크게 들어가 있거나 더 명확하게 브랜드를 드러낸 가방이 불법 복제될 가능성이 더 높았다. 그들은 품질은 별로 신경쓰지 않으며, 가방의 의미를 더 중요시한다.

따라서 내부자들 혹은 해당 분야에 대해 많이 아는 사람들은 교묘한 신호를 선호한다. 사람들이 그런 신호를 널리 알아채지는 못하나, 흉내쟁이와 내부자를 구별해줄 수 있다. 만약 부유해 보이고 싶은 사람들이 루이뷔통 로고로 가득한 핸드백을 구매한다면, 이 가방은 더이상 부를 보여주는 좋은 신호가 되지 않는다. 따라서 진짜 부자들은 노선을 달리해서 다른 내부자들만 알아볼 수 있는 더 신중한 표시를 찾는다.

비록 많은 사람들이 알아보지 못한대도 교묘한 신호는 그걸 아는 다른 사람들과 은밀하게 의사소통하게 작용한다. 많은 사람들이 보테가 베네타의 패턴을 놓치겠지만, 안목 있는 패셔니스타들은 그 무늬를 알아본다.

실제로 핸드백 가격을 추정해보라고 요청했을 때, 패션 전공자들은 맷처럼 어려워하지 않았다. 그들은 로고가 새겨진 가방의 가격을 정확하게 추산했을 뿐 아니라 교묘하게 드러낸 가방도 구별해냈다. 심지어 커다란 로고가 없어도 학생들은 저렴한 가방과 비싼 가방을 분별할 수 있었다.

롤렉스는 사회적 지위의 상징으로 널리 알려져 있다. 하지만 그 때문에 진정한 시계 애호가들은 좀더 눈에 띄지 않는 시계를 선호한다. 대다수의 사람들은 바셰론 콘스탄틴을 못 알아볼 테지만, 다른 시계 애호가들은 그 신호를 감지하고 선택에 감탄할 것이다.

앞서 맷이 15달러 정도로 추정했던 평범하게 생긴 가방을 기억하는가? 사실 그 가방은 6000달러짜리 보테가 베네타 제품이다. 대부분의 학생들은 미묘한 신호를 놓쳤지만, 진정한 패셔니스타들은 해당 브랜드를 바로 알아보았다.

그래서 우리가 위조품을 사는 것이다.

루이뷔통은 왜 위조품을 조장하는가?

루이뷔통 쓰레기봉투를 한 번도 본 적이 없다면, 여기 당신을 위한 선물이 있다.

　이는 방수 핸드백인 루이뷔통의 1960달러짜리 레인드롭 베사체 백이 아니다. 진짜 쓰레기봉투다. 쓰레기를 담아 버리게 만든 봉투 말이다.

　루이뷔통의 유명한 금빛 네잎 클로버 무늬와 꽃무늬로 장식된 이 갈색 봉투는 좋은 것을 누리며 살고 싶어하는 친구에게는 완벽한 선물일 것이다. 자신의 쓰레기는 남들 것보다 낫다고 여기는 그런 사람들 말이다.

　하지만 세상이 어떻게 돌아가는 거냐며 한탄하기 전에 자세히 들여다보자. 이 봉투에는 루이뷔통 제품에 일반적으로 들어가는 독특한 합일문자인 'LV'가 빠져 있다. 더 자세히 보면, 실은 봉투에 새겨진 이니셜이 'VO'라는 것을 알 수 있다.

　이 봉투는 루이뷔통과 전혀 상관없는 제품이다. 가짜 상품이다.

루이뷔통부터 레고, 그리고 롤렉스부터 레이밴에 이르기까지, 위조품은 전 세계 무역량 중 10퍼센트를 차지한다. 일류 회사와 브랜드에게 돌아가야 할 500조 달러에 달하는 돈을 매년 범죄자들이 대신 챙긴다. 이는 노르웨이, 폴란드 또는 벨기에의 연간 생산량을 뛰어넘는 수치다. 위조품 제작 때문에 미국에서만 해도 기업들은 연간 2000억 달러 이상의 손해를 보고 있다. 1990년대 후반, 라이터 회사인 지포는 위조품 제조자들 때문에 수익의 삼분의 일을 잃었다.

금전적 손해만 본 게 아니다. 고객들이 위조품의 품질을 접하면서 브랜드 명성도 약화된다. 위조품이 확산됨에 따라 고급스러움도 서서히 무너진다. 저렴한 대체품을 구입할 수 있게 되면 소비자들은 제값을 치르고 브랜드 제품을 합법적으로 구매할 생각이 줄어든다.

전 세계의 주요 항구에 가보면, 문제의 심각성을 알 수 있다. '가정용품 및 원예용품'이라고 표시된 선적용 컨테이너는 수천 개의 가짜 가방으로 채워져 있다. 건축자재여야 할 물건들이 상자에 든 채 겹겹이 쌓인 위조품 운동화로 판명나는 경우가 많다.

인터넷은 위조품의 유통을 더 원활하게 만들었다. 이제 위조업자들은 소비자와 직접 거래한다. 세관에서는 이런 거래가 진행되는 웹사이트를 폐쇄하려고 하지만 새로운 사이트가 빠르게 생겨난다. 그리고 이런 사이트는 소규모로 치고 빠지는 회사도 아니다. 2008년 시행된 연구에 따르면, 이베이에서 팔린 루이뷔통 가방과 디오르 향수는 거의 대부분 가짜였다. 티파니 앤드 코 제품인 듯한 상품 열 개 중 여덟 개도 실제로는 위조품이다. 불법 상품의 바다다.

당연히 패션 회사들은 위조자들을 저지하기 위해 최선을 다했다. 루이뷔통과 같은 몇몇 브랜드들은 반복되는 'LV' 패턴 같은 자신들의 트레이드마크 디자인을 시도한다. 어떤 회사들은 모방하기 더 어려운 상품을 개발한다. 예를 들어, 돌체 앤드 가바나는 정품인증서를 포함해, 홀로그램, 그리고 자외선에 반응하는 안전실로 하는 밀봉 등 복잡한 위조품 근절 시스템을 채택하고 있다.

이 모든 노력들이 실패했을 때, 회사들은 법적 조치를 취해 위조업자들과 소매점, 그리고 가짜 상품을 유통시키는 웹사이트를 추적한다. 명품기업인 LVMH는 2004년에만 전 세계적으로 육천 건 이상의 현장단속과 팔천 건 이상의 소송을 진행하며 암시장과의 전쟁을 선포해 2000만 달러를 지출했다.

요컨대, 패션 브랜드들은 불법복제를 막기 위해 여러 조치를 취하고 있다. 자신들의 사업에 피해를 준다고 여기기 때문이다.

하지만 위조품이 실제로 좋을 수도 있지 않을까? 브랜드는 사실 가짜가 존재하기에 혜택을 보는 게 아닐까?

두 법학 교수들이 이 문제를 연구했을 때, 반직관적이게도 긍정적인 대답이 돌아왔다. 그 이유는 모두 정체성 신호와 관련됐다.

패션에 민감한 사람들은 특히 더 그렇지만, 대부분은 의상이 자신을 어떻게 표현하느냐를 신경쓴다. 그들은 유행을 따르고 싶어 하며, 적어도 철 지난 의상은 입지 않는다.

하지만 만약 스타일이 전하는 신호의 가치가 불변한다면, 사람들은 무언가 새로운 것을 구매할 필요가 없다. 같은 어그부츠를 신거나 매년 계속해서 스키니진을 입을 수 있다. 만약 어그부츠와 스키니진이 항상 멋지게 보인다면, 다른 상품을 구매할 이유가 없다. 닳을 때까지 주구장창 같은 옷만 입을 수도 있다.

이렇게 합의하면 대부분의 고객들은 행복할 테지만, 소매업자와 제조업자들의 생각은 아마 다를 것이다. 수익은 떨어지고 일자리도 없어질 것이다.

궁지에서 벗어나기 위해 위조품이 등장한다.

위조품을 제작해 유통하면 해적판 때문에 정품은 빠르게 진부해진다. 저급한 복제품들은 정품의 명성을 더럽힐 수 있지만, 많은 사람이 이용 가능해진다는 사실로 그 스타일이나 브랜드를 입는다는 의미가 바뀐다. 누구나 이번 시즌의 루이뷔통 신상 가방처럼 보이는 가방을 구매할 수 있다면 그 가방을 듦으로써 보내지는 신호는 퇴색된다. 가격이 떨어져 그 가방은 널리 퍼지는데, 그러면 고급스럽다거나 트렌드세터라는 신호를 더는 보낼 수 없게 된다. 그 대신 대중시장이나 유행추종자라는 신호가 보내진다. 그 결과 진정한 패셔니스타들은 노선을 달리해 새로운 무언가를 구매한다.

언어도 같은 방식으로 작용한다. 십대들이 먼저 '욜로yolo'나 '딥 dip' 같은 단어들을 사용한다. 결국엔 그들의 부모도 그런 표현이 멋지고 참신하다고 받아들인다. 하지만 외부자들이 이를 채택하면서 의미가 바뀐다. 한때 멋져 보였던 단어는 이제 무리하게 멋져 보이고 싶어한다는 신호가 된다. 결국 십대들은 그 표현을 외면한다. 그리고 할머니들까지 추수감사절 저녁식사 때 '딥'이라는 단어를 사용할 때쯤이면, 다른 새로운 표현을 쓰고 있을 것이다.

상대적으로 앞서간다고 보이고 싶어하기에 회사들은 식스시그마나 종합품질관리 같은 경영방식에 빠진다. 대기업이나 성공한 기업을 모방하는 회사가 있기 마련이며, 중소기업은 자신들이 보기에는 '혁신적인' 기업에서 하는 것이라면 뭐든 따라한다. 하지만 일단 모방자가 너무 많이 생기면, 그런 경영방식을 채택했다는 사실이 그 회사가 개척자라는 신호로서의 가치를 잃게 한다. 그렇기에 앞서가고자 하는 회사들은 다른 방법을 찾는다.

결과적으로 정체성 신호는 무언가를 살릴 수도 없앨 수도 있다. 초반에는 적은 수의 사용자들이 특정한 표현을 쓰거나 특정한 기업의 경영방식을 채택한다. 초기 사용자가 멋지고, 혁신적이거나 이상적으로 보이면, 다른 사람들도 그들을 모방해 그러한 이상적인 정체성 신호를 표현하려고 애쓴다. 그리고 점점 더 많은 사람들이 흐름에 동참하면서 해당 표현이나 기업경영방식 또는 여러

문화 상품들이 유행해 인기를 끈다.

하지만 일단 이런 후발주자들이 뛰어들면, 신호는 달라진다. 한때는 멋지고 혁신적이었던 신호가 무언가 다른 의미로 바뀐다. 그러므로 선발주자들은 원치 않는 정체성 신호를 보내지 않기 위해 그 상품을 외면한다. 이로 인해 신호의 변화는 더 가속화된다. 결국 본래의 이상적인 의미가 사라짐에 따라 후발주자들조차도 그 상품을 저버린다. 한때 인기 있었으나 이제 상황이 역전된다.

유행 주기는 본래 이런 식이지만, 위조품 제작은 이 과정을 가속화시킨다. 위조품의 유통 때문에 그 패션은 사그라든다. 하지만 그렇게 함으로써, 해적판은 소비자들로 하여금 새로운 상품을 계속해서 원하게 만든다. 셰익스피어의 재담처럼 말이다. "유행은 입어서 닳아 없어지는 것보다 더 많은 옷을 닳아 없어지게 한다."

사회적 영향력 활용하기

정체성 신호 문제 때문에 학업적 성취를 거부하는 소수 인종 학생들 또는 의료 처치를 받지 않는 사람이 있다는 사실은 안타깝다. 하지만 희망적이게도 이러한 개념을 적절하게만 적용하면 바람직한 결정으로 이끌 수 있다.

공익사업 발표는 종종 정보에 집중하는데, 특히 건강 분야에서 그렇다. 금연 광고에서는 흡연이 건강에 미치는 악영향에 관해 이야기하고 마약 근절 캠페인에서는 부모에게 '마약의 위험성에 대해 자녀와 대화'하라고 권한다. 이는 정보가 사람들의 마음을 바꾼다는 개념에 기초한다. 사람들이 흡연과 마약, 또는 무분별한 식이습관의 부정적인 결과에 대해 안다면, 그들이 상황을 이해하고 올바른 행동을 하리라고 보는 것이다.

불행하게도 정보가 더 많다고 해서 반드시 더 나은 결정으로 이어지는 건 아니다. 십대 흡연자들은 그 위험에 대해 알면서도 어쨌거나 담배를 피운다. 어린이들은 사탕이나 과자가 몸에 안 좋다는 것을 알지만, 계속해서 행동을 바꾸지 않는다.

이런 경우, 동경하는 그룹 혹은 이상적인 정체성과 바람직한 행동을 연관짓는 것이 대개 더 효과적이다. 뽀빠이는 강해지기 위해 항상 시금치를 먹었는데, 이러한 연관성 때문에 미국 내 시금치 소비량이 삼분의 일가량 증가됐다고 분석된다. 이 사실을 오래전에 깨달은 광고주들은 마이클 조던과 같은 스타들을 신발을 비롯해 음식, 탄산음료 등의 모든 것과 연결지었다. 마이클 조던처럼 되고 싶은가? 그렇다면 이 상품이 도와줄 것이다. 우상인 누군가가 어떤 행동을 한다면, 사람들 역시 똑같이 행동하고 싶어 할 것이다. *

이상적이지 않은 정체성 역시 마찬가지로 효과적일 수 있다. 대학교 내에서의 폭음은 중대한 문제다. 학생들은 종종 술을 주량 이상 마시고, 그 결과 갖가지 사고나 건강 문제가 발생한다.

이 문제를 해결하기 위해 행동과학자 린지 랜드와 손잡고 학생들이 음주와 어떤 정체성을 관련짓는지 연구했다. 우리는 대학 기숙사에 가서 엽기적으로 보이는 남성(힙합 스타일을 어설프게 따라한 남학생 사교클럽 회원의 모습과 〈길리건의 섬〉에 나오는 허세 넘치는 선장을 섞어놓은 듯한 모습)이 술병을 든 모습이 담긴 포스터를 붙였다. 그 포스터는 학생들에게 '술을 마실 때, 이런 남자로 오인되고 싶어하는 사람은 아무도 없다'라는 걸 일깨워줬다. 학생들이 꺼리는 정체성과 폭음을 관련지어 학생들의 행동을 변화시키고자 했다.

그리고 이 방법은 효과가 있었다. (음주 관련 사고로 매년 약 천칠백 명의 대학생들이 죽으니 '술을 마실 때, 건강이 중요하다는 것을 생각하라'는 식의) 정보에 근거한 고전적인 포스터를 접한 학생들과 비교해볼 때, 이상적이지 않은 정체성과 폭음을 관련지은 포스터를 본 학생들이 50퍼센트가량 술을 덜 마셨다.

사람들에게 건강한 식습관을 갖게 하는 데도 같은 방법을 사용해봤다. 우리는 어느 동네 식당의 손님들에게 접근해 그들이 닮고 싶어하지 않는 부류의 사람들이 정크푸드를 많이 섭취한다고 상

● 원더우먼이 콜리플라워에서 힘을 얻는다는 사실이나 자신들이 따라하는 스포츠 스타가 비트를 좋아한다는 사실을 아이들이 깨닫지 못할 수도 있으나, 이를 알려주면 아이들은 건강에 좋은 음식이나 채소를 더 많이 먹을 것이다. 어떤 부모는 자신의 두 아들에게 브로콜리가 공룡나무처럼 생겼다면서 브로콜리를 먹는다면 목이 긴 공룡인 척할 수 있다고 꼬드겼다. 공룡을 사랑했던 두 아이는 이를 꽤 멋진 일로 받아들여 친구들에게도 퍼트렸다. 그리고 얼마 지나지 않아 같은 어린이집에 다니는 모든 아이들이 브로콜리를 좋아하게 되었다. 브라이언 완싱크의 훌륭한 책인 『나는 왜 과식하는가*Mindless Eating—Why We Eat More Than We Think*』를 읽어보기 바란다.

기시켰다. 정크푸드가 원치 않는 정체성 표현과 연관되자, 사람들은 기름진 버거 대신 건강에 좋은 샐러드를 선택했다. 신호를 바꾸는 것은 건강에 도움이 되었다.

이러한 정체성 기반의 조정은 다양한 분야에서 유용하게 쓰일 수 있다. '백인 행세'의 부정적인 영향에 대해 오바마 대통령은, "책을 든 흑인 젊은이를 두고 그가 백인 행세를 한다며 비방해서 안 된다"고 말했다.

하지만 고정관념을 바꾸려면 사람들이 뭐라 말하는지를 바꾸는 것 이상이 필요하다. 학업 성취와 관련된 정체성을 더 명확하게 소수 인종 학생들의 특징적인 정체성으로 바꿔야 한다.

대부분의 재학생이 아프리카계 미국인인 학교에서는 학업 성취와 사회적 지위가 당연히 덜 부정적으로 연관된다. 이 학교의 최우수 학생들은 대부분 아프리카계 미국인이므로 성적이 좋은 것이 백인 행세라는 개념이 약화된다. 흑인 학생들끼리 있을 때 성적이 좋다고 해서 그걸 백인 행세라고 여기긴 힘들다.

잘 설계된 프로그램도 이런 신호를 바꿀 수 있다. 과학, 기술, 공학 그리고 수학 분야와 여성과의 관계를 생각해보면 단순히 환경만 살짝 바꿔도 효과적일 수 있다. (〈스타워즈〉 포스터나 공상과학소설처럼 일반적으로 남성의 물건으로 여겨지는 게 아니라) 일반적인 관심사를 다룬 잡지나 식물 등 중립적 실내 장식으로 교실이

꾸며졌을 때, 혹은 ('나는 코딩한다. 고로 존재한다'가 쓰인 셔츠가 아닌) 평범한 옷을 입은 컴퓨터과학 전공자와 교류할 때 여성들은 컴퓨터 수업 등록에 훨씬 관심을 보였다. 중립적인 환경이나 전형적이지 않은 모습의 사람과 만나면 해당 분야와 자신이 잘 맞는다고 느끼며 여성의 소속감이 커졌다. 또한 학업적으로 우수한 데다가 특별히 인기 있는 소수 인종 학생을 앞세우는 것은 인종 문제에도 비슷하게 효과적이다. 특정 행동 혹은 활동과 연관된 정체성은 종종 그것이 제공하는 '기능적인' 가치만큼이나 중요하다.

오명과 관련된 신호들은 건강 위험에 대한 인식을 이해하는 데 특히나 중요하다. 자신이 질병에 걸리기 쉽다고 더 믿을수록 검사를 받고 행동을 개선할 가능성이 더 커진다. 하지만 질병에 걸릴 수 있는 행동에 오명을 쓸 이유들(예를 들어, 무분별한 성관계)이 추가되면, 역설적이게도 자신이 질병에 걸릴 수 있다고 덜 생각하게 되기 때문에 검사를 잘 받지 않았다. 특정 질병에 대해 일반적인 원인(예를 들어 군중 노출) 세 가지로 감염되었다고 들은 사람들과 자신이 오명을 쓸 만한 원인이 더해진 목록을 들은 사람들을 비교했을 때, 후자의 경우 자신이 질병에 걸릴 위험이 있다고 여기는 비율이 60퍼센트 정도 낮았다. 질병에 걸릴 추가적인 이유를 더하는 건 노출의 위험(이제 질병에 걸릴 더 많은 상황이 있다)만을 증가시켜야 하지만, 사람들은 오명을 얻을 이유가 더해졌기에 취약성이 있다는 사실을 인정하기를 불편해했다.

더 일반적으로 보자면 정체성 신호 관리는 어떤 대상을 인기 있게 만들 뿐 아니라 그 인기를 유지하는 데에도 핵심 요소다. 사람들이 자신을 어떻게 표현하느냐 때문에 의견을 지지하거나 특정 상품을 구매한다면, 사람들이 앞다퉈 시류에 편승하게 이끌면 지지율과 판매가 기하급수적으로 증가할 수 있다.

하지만 이런 인기는 마찬가지로 급격히 무너져내릴 수도 있다. 사람들이 후속되는 뜨거운 쟁점이나 상품으로 옮겨가면, 오늘의 인기는 내일이면 과거가 될 수 있다.

영국의 명품 브랜드 버버리는 바로 이 문제에 직면했다. 버버리는 2000년대 초반까지만 해도 골프 애호가인 중년의 회사 임원들 사이에서 인기가 확고했으나, 그 의미가 변질됐다. 버버리의 독특한 카멜색 격자무늬는 '차브족(번쩍이는 금 장신구나 야구모자, 트레이닝복 등을 특징으로 하는 영국 젊은이들을 일컫는 말—옮긴이)'의 상징 혹은 축구 훌리건인 술 취한 백인 노동자층을 연상시켰다. 택시운전사들은 버버리 야구모자를 쓴 남성들을 승차 거부했으며, 그 무렵 마약 사건에 연루된 한 여배우가 버버리 무늬로 장식된 유모차에 자신의 딸을 태우고 등장하면서 버버리의 기존 고객들은 다른 브랜드를 찾아 달아났다.

버버리의 영광을 회복하기 위해, 새로운 CEO 안젤라 아렌츠는 위조품을 엄중하게 단속했을 뿐 아니라 격자무늬 색상을 은은하게 바꿨다. 아렌츠는 전 상품군의 90퍼센트에서 브랜드를 상징하는 격자무늬를 지웠다. 격자무늬가 들어가야 할 때면, 코트의 겉감이 아닌 안감에만 넣었다.

그리고 이 전략은 효과가 있었다. 이윤은 치솟았고, 회사는 정체성을 되찾았다. 브랜드의 상징을 덜 두드러지게 만듦으로 버버리는 고품격을 유지하면서도 버버리의 이미지만을 원하는 어중이떠중이들을 쫓아낼 수 있었다.

또다른 해결책으로 다양한 제품군 생산을 들 수 있다. 많은 가정에서 안정성과 합리적인 가격 때문에 도요타 캠리를 구매한다. 하지만 이런 이유에서 캠리를 모는 가정 때문에 다른 고객들이 관심을 꺼버릴지도 모른다. 만약 당신이 직장에서 파격 승진을 해서 당신의 성공을 사람들에게 보여주고 싶다면, 평범한 아빠라는 신호를 보내는 자동차는 구매하지 않을 것이다.

그래서 도요타는 렉서스를 출시했다. 렉서스 브랜드는 더 고급스러운 느낌이며, 고급 사양의 자동차를 비싸게 판매한다. 렉서스는 어느 정도는 캠리보다 더 뭔가 마니아층인 소비자를 모으기 위해 출시되었다. 하지만 정체성도 그 이유의 일부다. 렉서스는 이전에 캠리 같은 자동차를 몰았을 사람들에게 캠리를 소유한 다른 가족들과 그를 구분짓는 방법을 제공했다. 한 단계 올라가되, 도요타 브랜드를 벗어나지 않게 하면서 말이다.

도요타의 또다른 브랜드인 사이언도 자동차를 취향대로 꾸미고 싶어하는 젊은 고객층에게 비슷한 방식으로 접근한다. 각각의 차는 모양도 제각각일 뿐 아니라 주어지는 상징 역시 다르다. 사이언을 탄다는 것은 도요타를 탄다는 것과는 사뭇 다른 무언가를 의미하고, 이렇게 다양한 하위 브랜드를 둠으로써 도요타는 비록 다르긴 하지만 어쨌든 이상적인 신호를 보내는 다양한 요소들을 보유하게 되었다.

의미는 광범위한 정체성을 불러일으키는 것으로도 관리될 수 있다. 공화당 지지자들은 진보적인 주장을 지지하는 것을 경계하고, 민주당 지지자들은 보수적인 주장에 대해 그와 유사하게 반응한다. 하지만 어떤 문제를 인권 문제로 구성하면 당의 노선을 뛰어넘는다. 이런 고차원적이고 포괄적인 정체성은 사람들이 믿는 대상 그 이상이다. 그리고 이는 폭넓은 정체성을 일깨우므로, 사람들이 이를 피할 가능성은 더 낮아진다.

지금까지 사회적 영향력이 행동에 작용하는 두 가지 방식, 즉 모방과 차별화에 대해 알아보았다. 사람들은 타인과 똑같이 행동할 수도 다르게 행동할 수도 있다. 하지만 세번째 방식도 존재한다. 바로 동시에 둘 다 하는 것이다.

INVISIBLE
INFLUENCE

4장
비슷하게, 하지만 다르게

1년에 두 번, 유럽 어딘가에서 비밀스러운 회의가 진행된다. 각국 대표들이 비밀로 부쳐진 곳에 위치한 널찍한 방에 모여 결정이 이루어질 때까지 며칠씩 토론한다. 프레젠테이션이 진행되고 논쟁이 벌어지며 편이 갈린다.

　핵안보 정상회의나 G8 정상회담은 아니지만 누군가는 우리 일상에 그보다 더 큰 영향을 미치는 일이라고 주장할 만한 회의다. 바로 올해의 색을 정하는 회의다.

　1999년 이래, 색의 예언자들은 앞으로 열두 달 동안 패션쇼 무대를 장식할 색을 공식적으로 선정하기 위해 모여왔다.

　2014년의 색은 번호가 18-3224번인, 래디언트 오키드 색이었다. 분홍빛이 감도는 이 선명한 보라색은 "풍부한 창의성과 독창성"을 불러일으킨다고 칭송받았다.

선명한 녹색이 행복과 균형 그리고 조화를 상징한다며 2013년에는 에메랄드 색이 올해의 색으로 정해졌다. 이런 인기 색상 전에는 터쿼이즈, 허니석클 그리고 탄제린탱고 등이 그해의 색으로 꼽혔다.

표준화된 형식으로 수천 가지 색의 편람을 제공하는 색채 전문 기업인 팬톤이 이 회의를 주최한다. 회의에 앞서 팬톤은 전 세계의 제조업자, 소매업자 그리고 디자이너들을 대상으로 내년에는 어떤 색을 쓸 계획인지, 그들이 생각하는 인기 색상은 무엇인지를 파악하기 위한 설문조사를 실시한다. 이렇게 얻어진 통찰력은 체계적으로 분류되고 걸러져 회의 참석자들의 논의를 거쳐 그 결과가 『팬톤 뷰*Pantone View*』에 요약되어 실린다. 이 책자는 갭과 에스티 로더 등 대기업부터 포장디자이너와 화훼산업 관계자들에 이르기까지 누구나 750달러에 구매할 수 있다. •

• 생산을 위해 알맞은 색상을 선택하는 과정에 게임이론이 다소 관련된다. 대부분의 회사들은 유행에 뒤처지기보다 그 경향을 따르는 편을 선호하나, 어떤 상품을 생산할지에 대한 각 회사들의 결정은 유행에 대한 응답일 뿐 아니라 유행을 만들기도 한다. 그들이 무엇을 생산하느냐는 소비자들이 무엇을 구매하느냐에 영향을 미치고, 결국 유행에 영향을 미친다. 다수가 함께하면 안전하다고도 한다. 즉, 만약 모든 산업 분야에서 많은 회사들이 같은 해에 같은 색상에만 몰려든다면, 이 색상은 더 인기 있어질 것이고 더 많이 팔릴 것이다. 그러므로 팬톤의 색상 예측은 가치 있는 조정기제를 제공한다. 회사들은 같은 자료를 참고해서 잘못된 색상을 고르지 않으려고, 그러니까 모두가 오렌지색을 선택할 때 홀로 연녹색을 선택하지 않으려 노력한다. 팬톤의 예측이 이미 유행중인 것을 단순히 반영하는 것인지 무엇이 유행할지에 영향을 미치는 것인지는 명확하지 않다. 팬톤은 앞으로 유행할 추세를 읽는 조기탐지 시스템일 수도, 제일 먼저 유행이 시작되는 지점의 자극제일 수도 있다.

이런 회사들은 다음해에 어떤 색상이 인기 있을지 해독하고 싶어한다. 부츠컷진이 유행할지 스키니진이 유행할지, 혹은 꽃 구매자들이 튤립에 끌릴지 장미에 끌릴지를 예측하는 것만으로도 충분히 어렵다. 여기에 색상 문제까지 더해지면 훨씬 복잡해진다. 고객들은 보라색 튤립을 원할까, 붉은색 튤립을 원할까? 그레이진이 잘 팔릴까, 아니면 블랙진이 더 잘 팔릴까?

상품 생산에는 오랜 시간이 걸리므로 몇 달 앞서 미리 색상을 선택해야만 한다. 화훼농장에서는 그에 적합한 구근을 심어야 하고, 공장에서는 그에 맞는 실을 주문해야만 한다. 시즌이 끝날 때 팔리지 않은 재고를 헐값에 팔고 싶어하는 사람은 아무도 없다.

적합한 색상을 잘 선택하는 것도 중요하지만, 어떤 회사나 디자이너도 혼자서는 어떤 색상이 유행할지 예측하기 어렵다. 전체 판에서 볼 때 각 산업군은 극히 적은 정보만 추측할 수 있다. 그들은 한 국가라는 작은 판에서, 그리고 거기서 다시 좁혀진 작은 상품군 안에서 사람들이 무엇을 살지 예측한다.

그래서 회사들은 합리적인 추측에 팬톤이 도움을 주리라고 기대한다. 팬톤은 전 세계에서 광범위하게 데이터를 수집하기에, 집중적이며 (바라건대) 편파적이지 않은 시각을 제공한다. 팬톤은 현재의 추세와 앞으로의 흐름에 대한 폭넓은 시야를 회사에 제공한다. 미래에 어떤 색상이 인기 있을지 예측하는 것이다.

하지만 올해의 색 목록을 쭉 보다보면, 흥미로운 패턴이 드러난다. 2012년의 색이었던 탄제린탱고는 이전에 올해의 색으로 꼽혔던 타이거릴리와 매우 유사하다. 그리고 아주 자세히 들여다보지 않는 한, 2010년의 색인 터쿼이즈는 몇 해 전 올해의 색으로 선정되었던 블루터쿼이즈와 빼닮았다.

문화적인 진전에는 어떤 구조가 존재하는 것일까? 현재 인기 있는 상품이 훗날 인기 있을 만한 상품에 영향을 미칠 수 있을까?

차세대 주자 예측하기

모든 산업에는 히트 상품이 있다. 블록버스터 영화, 유니콘 스타트업(기업 가치가 1조 이상인 신생 벤처기업—옮긴이), 그리고 플래티넘 앨범이 있다. 삼부작 소설 『그레이의 50가지 그림자』는 1억 2500만 부 이상 팔렸다. 갑자기 나타난 그릭요거트는 미국 내에서 가장 인기 있는 음식이 되었다.

당연히 문화 트렌드 예측은 회사, 고객 그리고 문화비평가들 모두에게 지대한 관심사다. 새로운 책이 히트할까 실패할까? 독특한 공공 정책 계획은 호응을 얻을까, 빠르게 흐지부지될까? 성공 여부를 미리 알 수 있다면, 엄청난 보상이 따른다.

경쟁에서 우위를 점하기 위해, 기업들은 상품이나 음악이 대중을 충분히 사로잡을 수 있을지 예측하는 복잡한 알고리즘을 개발한다. 소위 트렌드 예측가들은 찻잎을 빙빙 띄우고 앞으로 무슨 일이 일어날지 점치려 한다.

하지만 미래를 예측하기란 극도로 어렵다. J. K. 롤링의 일화에서 알 수 있듯이, 소위 '전문가'들조차도 인기를 끌기 전에는 히트작을 감별하기가 어렵다. 유기농 식품의 유행을 예언했던 '미래학자' 가운데 열다섯 명이 장래에는 '포옹 기계가 있는 부스'가 유행하리라고 예측하기도 했었다.

앞서 음악 관련 연구로 설명했듯이, 타인을 따라하는 사람들의 경향이 성공할지 말지를 변덕스럽게 만든다. 어떤 노래나 식품, 또는 색상이 얼마나 인기가 있을지 예측하기란 거의 불가능해 보인다. 왜 어떤 것은 성공하고 어떤 것은 실패하는지도 무작위로 결정되는 듯할까?

어쩌면 그것은 겉보기보다 덜 무작위일 수도 있지 않을까?

이를 밝히기 위해 와튼 스쿨의 에릭 브래드로 교수, 그리고 통계학자인 앨릭스 브론스타인과 야오 장과 함께 최소한 모두가 알고는 있는 선택에 대해서 실험해보기로 했다. 바로 이름이었다.

세사르는 남자아이를 바랐다. 실제로 하루에 두 번씩 기도까지 할 정도였다. 세사르와 그의 아내 리베카 사이에는 이미 네 살 난 쌍둥이 딸들이 있어서, 집안엔 감당할 수 없을 정도로 분홍색이 가득했다. 딸들은 발레 수업에다가 축구와 피아노도 배웠지만, 집에 다른 남자가 있다면 좋을 것 같았다. X염색체로 가득한 집에 Y염색체로 균형을 맞추고 싶었다.

그래서 그는 남자아이를 낳을 수 있다는 모든 방법을 시도했다. 우선 쉬운 것부터 시작했다. 아기방을 파란색으로 꾸몄고 삼각팬티보다는 사각팬티를 입었다.

얼마 지나지 않아 그는 사이비과학에서 알려주는 모든 방법들을 따라했다. 그는 커피를 더 많이 마셨고, 리베카에게는 붉은 고기나 생선, 파스타 같은 '남자아이'를 낳는다는 음식을 많이 먹였다. 그는 아내와 언제 관계를 가질지 정하기 위해 중국황실달력을 참고하기도 했다. 또한 리베카에게 점액을 완화시키기 위해서 거담제 성분이 들어간 기침약을 마시라고 요청(사실 강제에 가까웠지만)했다. 심지어 심령술사들에게 상담까지 받았다.

임신 후, 괴로운 넉 달 반이 지났다.

마침내 초음파 검사날이 되었다. 그들 부부는 성별을 가늠할 만한 단서를 뭐든 찾으려 초음파 사진을 뚫어지게 봤다.

이윽고 세사르가 그토록 바랐던 단어를 의사가 꺼냈다. 남자아이였다.

세사르와 가족들은 열광했다. 이제 집안에 다른 남자가 생긴다. 하지만 더 어려운 결정이 이어졌다. 그를 뭐라고 부를까.

리베카는 괜찮을 만한 이름으로 긴 목록을 만들었다. 엘리, 줄리언, 마이클, 제이슨, 대니얼, 리엄, 가반, 제임스, 홀던, 터커 등등.

그녀는 딸들을 갖기 전에는 교사였기에, 이름마다 떠오르는 아이들이 있었다. 개브리엘은 꽤 괜찮은 이름 같지만, 그녀가 가르쳤던 최악의 악동과 같은 이름이라 이를 제외했다. 홀던도 괜찮았지만, 지난 몇 해 동안 같은 이름인 아이들이 학교에 너무 많았다.

아이의 이름은 누나들의 이름인, 파커와 앨리와도 잘 어울려야 했다. 뭔가 비슷한 느낌을 주는 이름. 음절 수가 비슷하면서 전통적인 이름보다 조금 새로운 발음의 이름.

이름을 정했다 싶을 때마다, 지인 중 누군가가 딴지를 놓았다. 리베카의 어머니는 "마이클은 너무 구식 같아"라고 불평했다. "리엄은 너무 난해하게 들려"라고 한 친척이 투덜댔다. 그때부터 그들 부부는 새롭게 정한 아이 이름을 아무에게도 말하지 않았다.

마침내 2006년 초, 키건이 태어났다.

다른 단어와 마찬가지로 이름은 음소라고 불리는 소리의 최소 단위로 쪼갤 수 있다. 각 음소는 특정한 언어 내에서 지각적으로 뚜렷하게 구별되는 소리 단위다. 제이크라는 이름을 예로 들어보자. 이 이름은 '조이'나 '잼'을 발음할 때와 같은 제이/j/로 시작한다. 뒤이어 '레이'나 '메이크'의 에/ē/ 발음이 이어지고 마지막으로 '테이크'나 '베이크'를 발음할 때의 케이/k/가 온다.

음소는 문자처럼 보이지만 몇 가지 중요한 차이점이 있다. 영어에서 문자는 스물여섯 개뿐이지만, 같은 문자라도 단어마다 다른 소리를 낼 수 있기 때문에 음소는 마흔 개가 넘는다.

'캣cat'이나 '래프laugh' 같은 단어를 몇 차례 소리내 발음해보자.

두 단어 모두 문자 에이ₐ를 '아ₐₕₕ'로 발음한다.

이제 '제이크Jake'와 '메이드maid'라고 말해보자. 같은 에이가 이번에는 '아ahh'보다는 '에ay'에 가깝게 들린다.

문자 '이e'에서도 유사한 현상이 발생한다. '엔드end'나 '프렌드friend' 같은 단어에서는 이e는 '에eh'로 소리나지만, '비be'나 '키key' 같은 단어에서는 '이ee'로 소리난다. 제이크Jake라는 단어에서는 묵음이다.

다른 문자가 같은 소리로 날 때도 있다. '키트kit'나 '레크rack'라는 단어에서 문자 '케이k'는 키읔 소리가 나는데, '캣cat'과 '카car'라는 단어에서 문자 '시c'도 같은 소리를 낸다. '캣cat'에서 '시'를 '케이k'로 바꿔도(예를 들어 킷캣kit kat의 캣kat 같은 단어를 만들어도) 똑같은 소리로 계속 발음될 것이다.

키건은 여섯 글자로 되어 있지만, 음소는 다섯 개뿐이었다. '킥kick'이나 '칼레이도스코프kaleidoscope'를 발음할 때 같은 거센 케이/k/ 발음으로 시작해 '피트feet'나 '리치leech'의 '이ee' 발음과 같은 이/e/ 소리가 따라온다. 뒤이어 '가스gas'와 '길gill'의 기/g/ 발음과 '팻fat'과 '햇hat' 할 때의 '애ah' 발음이 나오고, 마지막으로 낸시라는 이름이나 '나이스nice' 할 때 같은 니은/n/ 소리로 끝난다.

세사르와 리베카에게 키건이라는 이름은 완벽했다. 모든 조건을 충족시키는 이름이었다. 발음이 강하지만 너무 길지는 않았다.

충분히 현대적이면서도 지나치게 진취적이지는 않았다. 결혼 전 리베카의 성과도 비슷해서 혈통을 표현하기에도 적당했다.

하지만 키건이 유치원에 다니게 되자, 그의 선생님은 뭔가 특이점을 발견했다. 같은 반에 키건과 같은 이름인 아이는 없었지만, 비슷하게 들리는 이름을 가진 아이들이 이상할 정도로 많았다. 출석부에는 키건, 케빈, 킴벌리, 킬리, 카슨 그리고 카르멘 같은 이름이 실려 있었다. 스무 명 중 여섯 명의 이름이 케이나 거센 케이 소리로 시작했다. 왜 이토록 많은 아이들의 이름이 비슷한 발음인 걸까?

바로 허리케인 카트리나 때문이었다.

이름이 왜 중요한 걸까? 에밀리와 에릭 같은 이름부터 애플이나 블루아이비 같은 이름까지 모두에겐 이름이 있다. 이름은 평생 우리를 따라다닐 뿐 아니라 우리 삶에 영향을 미친다. 그 사람이 얼마나 매력적으로 비치는지부터 지원한 회사에서 연락받을 가능성에 이르기까지 이름은 모든 것에 영향을 미친다.

그러니 아이에게 딱 맞는 이름을 지어주고자 부모들이 고심하는 것도 무리는 아니다. 예비 부모들은 작명사전을 뒤지거나 인터넷 블로그를 샅샅이 뒤져 아이에게 어울리는 이름을 찾는 데 많은 시간을 보낸다.

하지만 무엇이 특정 이름을 듣기 좋게 만드는 걸까?

그것은 확실히 무엇을 연상시키느냐와 관계된다. 리베카가 말썽꾸러기 학생 때문에 개브리엘이라는 이름을 피했던 것처럼, 이름에서 어떤 특정 인물이 떠오르면 선택에 지대한 영향을 미친다. 촌스럽게 들리는 에바라는 이름도 당신의 선호에 따라 좋을 수도 나쁠 수도 있다. 그렇기에 부모들은 명백히 히틀러를 연상시키는 아돌프 같은 이름은 피한다.

하지만 시간이 지남에 따라 이름의 인기가 어떻게 변하는지를 분석하자, 흥미로운 사실이 발견됐다.

사회보장번호를 부여하면서 미국 사회보장국에서는 부모가 아이 이름을 뭐라고 짓는지를 파악한다. 125년 이상, 이들은 다른 이름을 가진 사람들이 매년 얼마나 많이 태어나는지를 기록하고 있다. 1900년, 1901년, 1902년 그리고 그후 제이컵과 수전, 카일 그리고 제시가 얼마나 많이 태어났는가. 이억 팔천만 명 이상 태어났지만 이름은 칠천여 개 정도였다.

어떤 이름들(루크나 미아 같은)은 시간이 흐를수록 인기 있었지만, 어떤 이름들(찰스나 엘리자베스 같은)은 시들해졌다. 어떤 이름들(폴라나 테스)도 일정 기간 인기가 올랐다가 다시 하락했다. 어떤 이름들(잭이나 로라)은 두 번이나 인기가 치솟았다가 하락했다.

모든 데이터를 꼼꼼하게 조사한 끝에, 허리케인이 자녀의 이름을 짓는 데 영향을 미친다는 사실을 발견했다. 예를 들어, 허리케인 카트리나가 휩쓸고 간 2005년에 태어난 아이들의 이름은 케이로 시작되는 경우가 (그전해와 비교해서) 거의 10퍼센트 더 많았다. 허리케인 앤드루를 겪은 1992년에는 부드러운 '아' 소리로 시작하는 이름이 7퍼센트 증가했다. 수천 명의 아기들이 단지 대형 허리케인 때문에 특정한 이름을 갖게 되었다.

얼핏 보기에는 잘 이해가 되지 않는 일이다. 누가 자녀 이름을 허리케인 이름을 따서 짓겠는가?

허리케인 카트리나는 미국 역사상 다섯 손가락 안에 꼽힐 정도로 파괴적인 허리케인이었다. 재산 피해액은 1000억 달러 이상이었고, 사망자가 천팔백 명 이상이었다. 누가 이런 치명적인 자연재해와 자신의 아이를 연결짓고 싶어하겠는가? 이는 아들의 이름을 스탈린이라고 지어놓고, 구소련의 독재자를 떠올리는 사람이 아무도 없었으면 하는 것과 같다.

이런 직관은 부분적으로는 맞다. 카트리나라는 이름 자체의 인기는 폭풍이 강타한 후 40퍼센트 가까이 감소했다. 허리케인이 발생한 직후에는 카트리나 하면 폭풍의 파괴력을 떠올렸기 때문에, 많은 사람들이 자녀에게 그런 이름을 지어주는 것을 피했다. •

하지만 허리케인 카트리나가 작명에 이런 영향만 미친 것은 아니다. 허리케인 때문에 카트리나라는 이름 **자체**의 인기는 떨어졌

• 하지만 허리케인이 강타한 후 실제로 허리케인의 이름이 인기를 끄는 경우도 있다. 만약 사람들이 이름에 대해 거의 의식하지 않는다면, 해당 이름에 쏠린 부정적인 관심 때문에 그 이름이 마음속에서 가장 먼저 떠올라 인기가 올라갈 수도 있다. 부정적인 여론에 관련해, 동료와 공동 조사한 결과는 정확히 그런 경향을 보여준다. 그전에는 잘 알려지지 않았지만 부정적인 평가를 받은 도서는 실제로 판매가 증가하였다.

지만, 같은 음소나 거센 케이 소리로 시작하는 다른 이름들은 인기 있어졌다. 킬리라는 이름은 25퍼센트 정도 증가했고, 케일린이라고 이름 붙이는 아이들은 55퍼센트 증가했다. 그리고 킨제이, 케이트, 카르민 그리고 코라 같은 이름도 모두 더 인기 있어졌다.

그리고 이런 결과는 모두 적당한 유사성의 가치와 관련 있다.

이름을 지을 때, 부모는 그 이름이 얼마나 인기 있는지 고심한다. 독특한 이름을 좋아하는 부모도 있지만(막시 크라임파이터 같은 이름을 짓는 사람도 있지 않은가?), 대부분은 좀더 일반적인 이름을 선호한다. 너무 대중적인 이름이라면, 사람들은 그 이름을 피할 것이다.

하지만 그 이름 자체가 아니라 다른 이름의 인기도는 어떤 영향을 미칠까?

물론 주변에 키건이라는 아기가 많다면 그 이름을 선택할 부모들에게 영향을 미칠 테지만 케빈과 칼렙이라는 이름의 아기들이 있다면 어떨까? 이런 이름들이 똑같은 거센 케이 발음으로 시작된다는 사실이 자녀에게 키건이라는 이름을 붙이는 데 영향을 미치지는 않았을까?

이런 질문은 사실로 판명됐다. 그 당시 인기 있는 이름과 발음이 비슷한 이름들은 더 인기를 끌었다.

마이클과 매디슨이라는 이름의 아기들이 많을 때, 사람들은 자녀의 이름을 모건이나 매기라고 짓는 경향을 보였다. 이와 마찬가지로, 최근 렉시와 랜스라는 이름이 인기라면 자녀의 이름을 리사나 라일이라고 짓는 경향이 더 높았다.

특정 이름과 발음을 자주 듣게 되므로 허리케인도 작명 양식에 유사한 영향을 미친다.

카트리나처럼 특히나 치명적인 영향력을 지닌 폭풍일 경우, 사람들은 카트리나라는 이름을 여기저기에서 계속 듣게 된다. 저녁 뉴스에서는 카트리나가 언제 상륙할지 보도하고, 슈퍼마켓에서 사람들은 카트리나가 전 국토를 얼마나 파괴했는지에 대해 이야기를 나눈다. 이렇게 사람들은 거듭거듭 카트리나라는 이름을 듣고, 그 이름을 구성하는 발음을 듣는다. 그리고 이렇게 메아리처럼 울린 소리는 부모에게 카트리나라는 이름을 피하게 하면서도 발음이 유사한 이름으로 자녀의 이름을 짓게끔 이끈다.

이와 비슷한 패턴을 다양한 분야에서 발견할 수 있다.

어떤 자동차들은 더 전형적으로 생겼거나, 시장에 출시된 다른 자동차와 비슷해 보인다. 예를 들어, 폭스바겐 제타의 경우 기존에 출시된 여러 자동차와 매우 닮았다. 평범한 모양의 그릴과 부드럽게 휘어진 전조등은 도요타나 닛산 또는 그 외 비슷한 자동차들과 혼동하기 쉽다.

어떤 자동차들은 색다른 외관을 지녔다. 폭스바겐 비틀은 시장에 나온 그 어떤 자동차와도 다르다. 전조등은 곤충의 동그란 눈처럼 생겼고, 지붕은 돔 형태이며, 그릴은 정면에서 보면 우리에게 웃음짓는 것 같다. 사실 비틀은 평범하게 생긴 폭스바겐 골프와 차대가 같고, 같은 기술을 적용했으나 외관은 상당히 차이난다.

이런 외관의 차이는 판매를 염두에 둔 것이다. 경제적인 모델이든 프리미엄 모델이든, 가격과 광고 등의 영향을 제외하면 더 전형적으로 생겼거나 기존에 출시된 다른 차와 비슷할수록 더 잘 팔린다.

유사성은 단순 노출 효과와 마찬가지의 이유로 평가(그리고 판매)를 높인다. 무언가를 더 많이 볼수록 그것을 더 좋아하게 되는 것처럼 무언가를 더 자주 볼수록 비슷한 특징이 있는 다른 것들도 더 좋아하게 된다.

사람들이 새롭거나 참신한 모양에 대한 판단을 얼마나 빨리 내리는지 알아보려는 실험에 참여했다고 가정해보자.

당신은 빠르게 제시되는 일련의 그림들을 볼 것이다. 그리고 하나의 그림이 재빨리 지나가고 배경에 검은색과 흰색 그리고 회색 점이 깔릴 것이다. 다음 그림이 나타나기 전 배경에 눈을 두면 된다. 그림들은 너무 빠르게 지나가서 보기 힘들지만, 당신은 최선을 다해야 한다.

당신은 첫번째로 다음과 같은 그림을 볼 것이다.

影響

이 한자가 무슨 뜻인지 알아맞히라는 것이 아니라 얼마나 좋은 지만 답하면 된다. (우연히도 당신이 중국어를 할 수 있대도 글자의 외적 매력에만 집중하도록 하자.)

1점에서 100점까지의 수치로 표현해서, 전혀 좋아하지 않는다 면 1점을 아주 좋아한다면 100점을 매긴다면 이 그림에 몇 점을 주겠는가?

당신은 이 그림을 5000분의 1초 정도, 그러니까 대략 꿀벌이 날 갯짓하는 시간 정도만 본다. 그후에는 당신의 시각적 감식력을 정 화하는 다음과 같은 배경 그림이 제시된다.

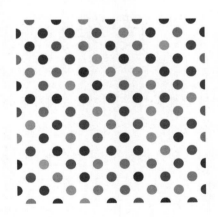

2초 후, 당신은 다른 그림을 보게 된다. 이번 그림은 얼마나 마음에 드는가?

$$社会$$

그림이 너무 빠르게 지나가기에 깊이 있게 감상할 시간이 없다. 휙 지나가는 그림들은 추상적인 모양새로 보일 뿐이다.

이런 식으로 다수의 그림을 본 후, 다음 실험 단계로 넘어간다. 여기서 당신은 다시 한번 그림을 보는데, 이번에는 약 1초 정도 더 길게 볼 수가 있다.

이 그림은 어느 정도 마음에 드는가?

$$传染$$

실험의 두번째 단계에서는 당신이 눈치채지 못하게 세 가지 유형의 그림이 섞여 있다. 일부 그림은 첫 단계에서 보았던 한자다. 그 그림들은 봤다고 인지하기도 전에 빠르게 지나갔지만, 같은 것이 반복된다.

두번째 그림들은 새로운 한자다. 실험의 첫 단계와 구조는 같지만, 제시된 적은 없는 문자다.

세번째 그림들은 무작위의 다각형으로 구성되었다. 마름모나 오각형 같은 다변형 그림들이다.

따라서 몇몇 그림은 이전에 본 것(이미 본 한자), 몇몇 그림은 비슷하지만 새로운 것(본 적 없는 한자), 그리고 몇몇은 완전히 새로운 것(오각형)이다.

과학자들은 유사성 실험을 실시하면서 두 가지 사실을 발견했다. 하나는 노출이 호감도에 영향을 미친다는 것이다. 사람들은 그걸 본 적이 있다고 의식하지 못하면서도 이전에 본 적 있는 모양들을 좋아했다. 그리고 이전에 본 적 없는 무작위로 제시된 다각형 그림보다는 이전에 본 적 있는 모양을 더 좋아했다. 앞서 살펴보았던, 한 학기 동안 심리학 수업에서 진행된 여학생 호감도 연구처럼 사람은 더 자주 볼수록 그것을 더 좋아했다.

더 놀랍게도, 새롭지만 익숙한 모양을 제시했을 때에도 호감도 평가는 증가했다. 전 단계에서 봤던 것과 똑같은 한자가 아니어도 앞서 한자를 보았던 사람들은 처음 본 한자라도 더 좋아했다.

한자에서만 한정적으로 나타나는 특이한 결과가 아니었다. 참가자들에게 처음에 무작위로 다각형 그림을 보여주자 같은 결과가 나왔기 때문이다. 일군의 다각형 그림을 본 참가자들은 그 다각형 그림을 더 좋아했을 뿐 아니라, 이전에 본 적 없는 다른 다각형도 좋아했다.

무언가를 더 많이 볼수록 그것과 비슷한 무언가도 더 좋아하게 된다.

비슷한 것들이 더 좋아 보이고 더 좋게 들리는 것은 어느 정도는 친숙함 때문이다. 무언가를 전에 본 적이 있다면, 당신의 뇌는 그것을 더 쉽게 처리한다. 무엇을 본 건지에 대해 많은 작업을 거칠 필요가 없고 이렇게 절감된 노력은 친숙함으로 해석되는 긍정적인 감정으로 이어진다.

친숙함의 매력은 진화적인 이점과 관계된다. 이는 양육자와 아이들 간의 결속력을 형성하고 동물들에게는 안전하게 먹을 수 있는 식물을 알려주며 부부가 감정 기복 때문에 혹은 바닥에 흩어진 더러운 옷 때문에 다투거나 다른 걸림돌을 마주치더라도 함께하게 해준다.

무언가를 마주칠 때마다 그것이 안전한지 파악해야만 한다고 가정해보자. 좋은 것인지 나쁜 것인지, 긍정적인 것인지 부정적인 것인지를 파악해야 한다고 말이다. 집에 있는 이 사람은 배우자인가, 아니면 빈집털이범인가? 냉장고에 있는 음식은 안전할까, 아니면 상했을까?

우리가 결정으로 여기지 않고 했던 단순한 행동들이 고돼질 것이다. 아침으로 콘플레이크 먹기가 단순한 습관이 아니라 사활이 걸린 결정이 될 것이다. 당신은 콘플레이크를 한 입 먹어보고 더 먹기 전에 무슨 일이 벌어지는지 확인하기 위해 기다려야만 한다.

인류와 일부 동물들은 이런 노력을 줄일 메커니즘을 발전시켰다. 만약 우리가 이전에, 그것도 특히 최근에 어떤 대상을 접했다면 처리가 훨씬 쉬워진다. 사람이든 음식이든 또는 조리기구든 그것이 무엇인지를 알아내는 수고를 덜 수 있기 때문이다.

이렇게 과정이 쉬워지면 긍정적인 인식이 생긴다. 친숙함이 따스함을 전달한다.

이 친숙함은 단순히 우리가 실제로 노출된 적 있는 것에만 영향을 미치지 않는다는 게 중요하다. 이는 우리가 이전에 보고 들은 것과 비슷한 특징을 가진 것에도 영향력을 미친다.

당신이 아는 사람과 비슷하게 생긴 사람은 당신에게 익숙한 헤어 스타일이나 얼굴형을 가졌기 때문에 더 친숙하게 보인다. 카트리나라는 이름을 최근에 많이 들었다면 키건이라는 이름은 더 괜찮게 들리는데, 같은 거센 케이 발음이기 때문이다. 이런 것들은 우리가 전에 본 적 있거나 들어본 적 있는 것과 공통점을 지니므로 친숙하게 보이거나 들린다.

유사한 것에 대한 이러한 호감은 일상에 스며든 변화를 다룰 수 있게 한다. 사람들은 볼 때마다 항상 똑같은 모습이 아니며, 식품 역시 마찬가지다. 다른 셔츠를 입을 수 있고, 다른 방식으로 헤어 스타일을 정돈할 수 있다.

그러므로 '본 적 있음'이란 해독기가 유용하려면, 변형할 줄 알아야 한다. 이번주에 본 사람이 지난달에 본 절친한 친구의 모습과 완전히 똑같지 않더라도, 친숙하다고 해석할 수 있어야 한다. 그렇지 않으면 누군가를 볼 때마다, 늘 처음 본 것 같을 것이다.

유사한 것에 대한 호감은 추론할 때도 유용하다. 만약 어떤 열매를 백 번 정도 먹는 동안 아픈 적이 없었다면, 비슷하게 생긴 열매 역시 마찬가지로 안전할 것이다. 만약 누군가와 백 번 정도 교류하는 동안 그가 늘 친절했다면, 그렇게 생긴(따라서 동류일지도 모를) 사람 역시 상냥할 가능성이 높다. 그러므로 유사한 것에 대한 호감은 삶을 더 쉽게 만드는 판단의 지름길이 될 수 있다.

그러나 친숙함이란 이야기의 일부일 뿐이다.

오래된 것, 새로운 것

여론조사 기관에서는 종종 역대 미국 대통령들의 순위를 매긴다. 회사 또는 언론 매체에서는 사학자, 정치학자, 그리고 여론에서 수집한 자료를 집계해서 누가 나라에 가장 긍정적인 영향을 미쳤는지 꼽는다. 『컨슈머리포트』가 카시트 등급을 매기듯이, 이 조사에서는 업적과 리더십뿐 아니라 실패와 과실을 따져 최고의 대통령과 최악의 대통령 순위를 발표한다(또는 좋은 대통령과 부족한 대통령 정도로 순화하기도 한다).

대중의 관심이 높은 이 순위를 50년 넘게 시행해왔지만 보통 특정 인물들이 상위권을 차지했다. 조지 워싱턴, 토머스 제퍼슨, 에

이브러햄 링컨과 같은 유명한 대통령들은 꾸준히 상위권에 올랐다. 그 외에 프랭클린 D. 루스벨트와 시어도어 루스벨트처럼 많은 업적을 쌓은 지도자들이 역사에 중대한 영향을 미쳤다고 거론되었다.

존 F. 케네디와 로널드 레이건, 그리고 빌 클린턴 역시 보통 상위권에 언급된다. 이들은 정치학자들 사이에서는 순위가 높지 않지만 여론조사에서 인기가 좋았다.

하위권에는 워런 G. 하딩과 제임스 뷰캐넌 같은 이름들이 실린다. 하딩은 선거자금 기부자들을 요직에 임명했고, 개인적 이득을 채우고자 특정 정치집단과 결탁했다. 뷰캐넌은 노예제 확산을 지연시키려는 노력을 조금도 기울이지 않았으며, 사회적 불안을 묵인해 결국 남부연합이 형성되게 했다.

중간 순위에 위치한 대통령들은 시간이 지나면 지워진다. 대중에게 완벽하게 잊히지는 않았지만 링컨처럼 긍정적인 영향을 미치지도 않고, 닉슨처럼 부정적인 스캔들에 연루되지도 않은 대통령들이다.

캘빈 쿨리지도 그런 대통령 중 하나다.

1872년 7월 4일, 버몬트 주 폴리머스 노치에서 출생한 쿨리지는 독립기념일에 태어난 유일한 대통령이다. 변호사 출신인 그는 매사추세츠 주에서 정치 활동을 시작해 주의회 의원을 거쳐 마침내 주지사에 당선되었다. 1920년에 부통령에 당선됐다가 워런 G.

하딩 대통령이 갑작스럽게 사망한 1923년 대통령직에 올랐다.

작은 정부를 지지하는 보수주의자로 알려진 쿨리지는 하딩 대통령의 뇌물 스캔들 이후 임기를 시작해 국민들의 신뢰를 회복했다. 하지만 그는 이전의 대통령들과 이후의 대통령들이 가졌던 영향력을 갖지는 못했다. '조용한 칼'이라고 불릴 정도로 말수가 적었던 그의 업적은, 정부의 개입을 줄이는 노력을 높게 평가하는 사람들과 정부가 더 활발하게 경제를 규제하고 관리해야 했다는 반대자들에게 상반된 평가를 받는다.

재임 기간에는 그렇게 인상적이지 않았을지 몰라도 쿨리지의 이름은 인간 행동의 근본을 일컫는 말과 항상 연결된다. 쿨리지와 영부인인 그레이스가 정부 소유의 농장에 방문했을 때의 일화가 전설로 남아서다. 숫기 없는 쿨리지와는 달리 외향적인 그레이스는 백악관의 인기 있는 안주인이었다.

농장에 도착한 두 사람은 제각각 시설을 둘러보았다. 그레이스는 양계장 축사를 지나다가 수탉이 하루에 몇 번 교미하는지 담당자에게 물었다. "하루에 열두 번도 더 하지요"라는 답이 돌아왔다.

그레이스는 "대통령에게 그 얘기를 전해주세요"라고 부탁했다.

얼마 후, 쿨리지 대통령도 그곳을 지나갔다. 그는 수탉의 행동에 대해 아내가 뭐라고 했는지 전해 들었다.

"매번 같은 암탉과 하나요?" 쿨리지가 농장 주인에게 물었다.

"아니요, 그렇지 않아요. 매번 다른 암탉과 교미합니다."

그는 잠시 생각하더니 고개를 끄덕였다. "그 사실을 아내에게 전해주시오."

변화는 인생의 양념과 같다는 격언이 있다. 우리가 친숙한 것만 좋아한다면, 같은 것을 거듭 선택하지 않을 리가 없다. 전에 해보았던 것보다 더 친숙한 것은 아무것도 없다. 점심으로 똑같은 메뉴를 먹고 일할 때마다 똑같은 옷을 입으며, 매번 같은 곳으로 휴가를 가면 된다.

사실상 아무것도 결정하지 않아도 되니 선택이 쉬워질 것이다. 우리는 그저 이전에 했던 일만 하면 된다.

같은 것을 거듭 선택하면 삶이 쉬워짐에도 대부분의 사람들은 이렇게 선택하기를 꺼린다.

사람들은 친숙함을 좋아하면서도 참신함을 바라는 상충되는 욕구를 가진다. 인간은 본능적으로 자극을 선호한다. 새로운 것, 독창적인 것 그리고 경험해보지 않은 것을 선호한다.

물론 매일 같은 햄치즈 샌드위치를 먹는 것은 안전하고 익숙한 선택이지만, 대부분의 사람들은 이따금 새로운 음식을 맛보곤 한다. 뭔가 다른 새로운 경험을 하고 싶어한다. 햄과 치즈도 좋지만 머스터드 소스를 살짝 추가해보면 어떨까? 빵 종류를 바꿔보면 어떨까? 실제로 매일 같은 음식점에 가긴 하지만 길 아래 새로 오픈한 가게가 궁금한데 직접 확인해볼까? 중동음식인 후무스나 방울양배추가 먹을 만할까?

새로운 것에 대한 시도는 우리에게 유용한 정보를 안겨준다. 아이스크림 가운데 딸기맛을 가장 좋아한다고 생각할지도 모르지만, 다른 맛을 먹어본 적이 없다면 확신하기 힘들다.

그렇기에 우리는 주저하며 거북이 등딱지에 숨어 있다가도 이따금 머리를 내밀고 새로운 무언가를 시도한다. 초콜릿맛이나 피스타치오맛 아이스크림을 먹어보고, 때로는 좀더 과감하게 과일요거트맛이나 베이컨맛 아이스크림을 고른다.

딸기맛보다 베이컨맛을 더 좋아하게 될까? 아마 아닐 것이다. 하지만 새로운 맛을 먹어보면서 자신의 취향을 알게 된다. 베이컨맛은 입맛에 안 맞을 수도 있지만, 딸기맛보다 피스타치오맛을 더 좋아할지도 모르는데, 새로운 것을 시도하지 않았다면 절대 몰랐을 사실이다.

참신함에는 다양한 이점이 있다. 가끔씩 새로운 활동(이를테면 도예 강습을 받거나 박물관에 가는 것)을 하는 것은 삶의 만족도를 높이고, 연인과 참신한 활동을 함께하면 관계에도 더 만족하게 된다. 참신한 신문기사는 더 주목받을 수 있고, 직장 내에서의 변화는 생산성을 더 높이기도 한다.

하지만 참신성에 대해서는 쿨리지 대통령과 영부인의 농장 일화에서 유래한 말인 소위 쿨리지 효과가 가장 많이 연구되었다.

햄스터를 키워본 적이 있는 사람이라면 누구나 햄스터 수컷이 짝짓기를 매우 좋아한다고 증언할 것이다. 일부 햄스터들은 생후 4, 5주차부터 교미해서 1년에 여러 마리의 새끼를 낳는다.

햄스터들은 한자리에서 수차례 교미하기도 한다. 어떤 수컷은 한 번에 같은 암컷과 다섯 번에서 열 번까지도 짝짓기를 한다. 지쳐서 더이상 교미에 관심이 없어질 때까지 수컷은 계속 짝짓기를 시도한다. 암컷이 수컷을 찔러볼 수도 있겠지만, 수컷은 그때쯤이면 기력이 없을 것이다.

하지만 연구자들은 참신함에 대한 동물들의 욕구가 이러한 탈진 상태를 극복하는 데 도움이 되지 않을까 궁금해했다. 수컷 햄스터는 넌더리난 것 같았고, 더는 짝짓기에 관심 없어 보였다. 하지만 만약 새로운 암컷이 등장한다면 어떤 일이 벌어질까?

아니나다를까, 새로운 교미 상대의 등장은 지쳐 있는 수컷을 다시 기운나게 하기에 충분했다. 새로운 암컷이 등장하자, 수컷의 성욕이 다시 불붙었다.

이러한 현상은 다른 많은 포유류에게서도 관찰된다. 쥐, 소, 들쥐들도 비슷한 성적 행동을 보인다. 비슷하게 행동한 다른 암컷도 있었지만 반응의 정도가 훨씬 약했다. 새로운 암탉을 만날 때마다 하루에 몇 번씩 교미했던 수탉들과 마찬가지로 햄스터에게도 참신함은 사랑의 양념과도 같았다.

그렇다면 사람은 어떨까? 익숙한 것을 좋아할까, 아니면 참신한 것을 좋아할까?

골디락스 효과

무언가를 새로 접했던 순간을 떠올려보자. 출장을 마치고 집에 돌아와 거실에 들어갔을 때, 당신의 배우자가 새 가구를 들여놨다고 상상해보자. "여보, 변화를 줄 때가 됐어. 마침 이 의자를 세일하길래 사왔어."

혹은 화장실에 갔다가 낡은 수건들을 새 수건으로 싹 교체한 걸 봤다고 생각해보자. "회색 수건들이 너무 더러워져서 청록색 수건으로 바꿔봤어. 멋지지 않아?"

새 수건을 보고 어떤 기분이 들 것 같은가? 그 수건들이 눈에 들어온 그 순간에 말이다.

아마 일단 다소 거부감이 들면서 놀랄 것이다. 당신은 그 낡은 수건을 좋아했다. 약간 닳은 가장자리가 익숙했는데, 새 수건들은…… 너무 새것이다. 클라리넷 연주를 하다가 음을 잘못 짚은 것처럼 거슬린다. 새 수건 때문에 화장실은 이상하고 낯선 공간으로 느껴지고, 사용해왔던 장소가 아닌 것 같다. 당신의 집이 아닌 이웃집 화장실을 쓰는 기분이다.

적어도 보통 처음에는 참신함이 다소 거부감을 일으킨다. 그것들은 새롭기에 더 주의를 기울여야 하고 이해해야 한다. 우리는 참신한 것이 괜찮은지, 안전한지 판단해야만 한다. 호기심을 자극할 테지만, 약간 짜증날 것이다. 새로운 것은 두려울 수 있다. 비록 청록색 수건에 불과할지라도 말이다.

전에 쓰던 수건만큼 질이 좋을까? 그 수건만큼 포근할까? 새 수건을 몇 번 써보기 전에는 이를 확신할 수 없다.

하지만 반복적으로 노출되면서 한때 새로웠던 것이 익숙해진다. 새 수건 역시 몇 번 쓰다보면 천천히 좋아질 것이다. 새 수건들은 오래된 수건만큼이나 편안하며, 따분한 일상의 화장실에 멋지게 활기를 불어넣어주기도 한다.

수건은 더이상 낯설지 않고 일상의 일부가 된다. 그렇게 몇 주가 흐르면, 더이상 새 수건을 의식하지 않게 된다.

그렇지만 같은 것에 너무 많이 노출되면 다시 싫증난다. 수건들은 단조롭게 보이고, 같은 요리법은 지겨워지며, 영화는 세 번 관람하면 더이상 흥미롭지 않다. 한때 긍정적으로 작용했던 친숙함은 따분하고 단조로워진다.

자극제가 더 복잡할수록 덜 습관화된다. 그래서 같은 노래를 듣거나 같은 시리얼을 먹는 일에는 비교적 빨리 지루해지지만 배우자나 식당에는 싫증을 덜 느낀다. 후자의 경우, 경험이 바뀔 때마다 다양하게 상대를 경험한다. 노래는 똑같이 반복되지만, 배우자는 볼 때마다 다르게 말하고 다르게 보이기 때문에 매번 같은 경험을 한다고 느껴지지 않는다. 그 결과, 단순한 것이 관심을 빨리 끌 수는 있지만 빠르게 지루해지는 반면, 비교적 복잡한 것은 흥미를 끌기까지는 오래 걸려도 더 오래 지속되는 매력이 있다.

교류가 얼마나 집중적으로 진행됐는지도 중요하다. 같은 노래를 연달아 열 번 들으면 꽤 질리지만 일주일에 한 번씩 10주간 듣는다면 그만큼 질리지는 않는다. 교류 사이의 시간이 길수록 경험은 더 참신해 보이고 우리는 그것을 더 좋아한다.

개인적 통제 역시 중요하다. 대부분의 사람들은 호감이 감소하는 수준까지는 노출되지 않는데, 그전에 소비를 멈추기 때문이다. 만약 어떤 요리법이 지루해진다면, 얼마간 그 요리법을 쓰지 않는다. 어떤 식당이 지겨워졌다면, 다시 가고 싶어질 때까지 몇 달간 다른 식당에 간다. 따라서 호감이 비호감으로 바뀌는 단계까지는 절대 이르지 않는다.

어떤 면에서 감정적 반응은 『골디락스와 곰 세 마리』에 나오는 골디락스와 약간 비슷하다. 동화 속에서 잠자리와 음식에 관한 곰들의 선호는 제각각이었다. 어떤 곰은 딱딱한 침대를, 어떤 곰은 푹신한 침대를, 어떤 곰은 그 중간쯤인 침대를 가지고 있다. 어떤 곰은 뜨거운 음식을, 어떤 곰은 차가운 음식을, 어떤 곰은 미지근한 음식을 좋아한다.

골디락스는 각자의 취향을 맞춰주려 했지만, 항상 극단적인 상태가 됐다. 딱딱한 침대는 너무 딱딱했고 푹신한 침대는 너무 푹신했다. 뜨거운 음식은 너무 뜨거웠으며 차가운 음식은 또 너무 차가웠다. 하지만 중간 정도 딱딱한 침대나 미지근한 음식은 어땠을까? 그것은 항상 딱 적당했다.

감정적 반응은 보통 골디락스 효과 또는 역 U자형 궤도와 유사하다. 무언가 새로운 것을 접했을 때, 우리는 일단 약간 부정적으로 (또는 중립적으로) 받아들인다. 그러다가 반복적으로 노출되면, 새로운 것들은 더 익숙해지고 더 긍정적으로 느껴진다. 하지만 새로운 것에 너무 노출되면 결국에는 지루함이 비집고 들어와 호감이 줄어든다.

너무 새로운 것은 익숙하지 않다. 너무 익숙한 것은 지루하다. 하지만 그 중간은 아주 알맞다.

예를 들어, 사람들이 다른 이름을 얼마나 좋아하는지에 대한 영국 심리학자들의 조사에서 일련의 패턴이 발견됐다. 전화번호부에서 무작위로 고른 예순 개의 다양한 성을 학생들에게 살펴보라고 요청했다. 절반은 다른 이름들이 얼마나 좋은지 순위를 매겼으며, 나머지 절반은 얼마나 익숙한 이름인지를 순위 매겼다.

배스킨, 넬, 보들 같은 아주 생소한 이름들은 그리 호감을 얻지 못했다. 이 스펙트럼에서 반대편에 놓이는 스미스나 브라운 같은 상당히 친숙한 이름 역시 호감을 얻지 못했다. 그렇다면 사람들은 어떤 이름을 좋아했을까?

사람들이 가장 좋아했던 것은 중간 정도의 이름이었다. 셸리나 캐셀 같은 이름들은 적당히 친숙하다(적어도 브리타라는 이름보다는 친숙하다). 지나치게 생소한 것과 지나치게 친숙한 것의 중간이 딱 적당했다.

친숙함과 참신함은 한곳에서 어우러질 수 있다. 노래의 몇몇 요소들(화음이나 가수의 목소리)은 친숙할 수 있으나 다른 요소들(가사)은 새롭다. 새로 만든 칠면조 수프는 여러 번 만들어봤던 수프에 칠면조라는 새로운 요소가 가미된 것이다. 발음이 비슷한 이름들처럼, 주제를 변형하는 것은 호감을 증가시킨다.

적당히 차이나는 것 또한 더 많은 관심으로 이어진다. 이제 막 강아지의 생김새에 대해 배운 아이가 있다고 해보자. 강아지의 다리는 몇 개인지, 강아지라면 털이 있어야 한다든지, 크기는 어느 정도인지를 배웠다고 해보자.

이전에 강아지를 사진으로 본 적이 있다면 완전히 익숙한 대상일 테니 그리 흥미롭지 않을 것이다. 반면 강아지와 전혀 다른 생명체(이를테면 고래 같은)를 봤다면 강아지가 너무 생소하며 혼란스럽고 이해하기 어려울 것이다. 하지만 기존의 지식 또는 기대치와 적당히 차이나는 대상(털 없는 강아지처럼)은 강아지의 생김새에 대한 기존의 개념과 들어맞지 않기에 특히 흥미롭다. 이해할 수 있을 정도로는 익숙하지만, 흥미와 모험심을 불러일으킬 정도로는 다른 대상이기 때문이다.

익숙함과 참신함을 적당히 조화시켜 인기를 끌 수도 있다. 클래식 음악의 경우, 음 사이의 변형이 일반적인 클래식 음악과 유사하면서도 당대에 작곡된 음악과 충분히 차이가 나면 더 인기를 끌 가능성이 높다. 파급력 있는 과학적 연구는 기존의 발상에 독특한 개념을 약간 더한다. 그리고 스키니진처럼 유행하는 패션 스타일은 보통 모두가 아는 스타일(청바지)에 참신함(새로운 컷)을 더한 것이다.

그러니까 음악이든 패션이든, 혹은 그 어떤 분야든 인기를 끄는 것들은 대개 골디락스 범위에 들어맞는다. 친숙함을 불러일으킬 만큼 이미 존재하는 것들과 아주 비슷하면서도, 이전에 나왔던 것의 파생물이 아니라 새로운 것으로 보이기에 충분할 정도로 참신하다. 유사성은 참신함을 친숙하게 만들기에 인기를 끈다. •

허리케인과 아기 이름으로 되돌아보자면, 유사한 이름은 새로운 것과 익숙한 것이 주는 이점을 동시에 갖는다. 만약 캐런이란 이름이 올해 유행한다면, 사람들은 그 이름을 외면할 것이다. 너무 익숙한 이름들은 더이상 독특하지 않기에, 다음해가 되면 부모들은 뭔가 다른 이름으로 관심을 돌릴 것이다.

하지만 다른 이름 중 하나를 고를 때, 캐런이라는 이름이 인기 있다는 사실은 그들의 선택을 좌우할 것이다. 그 부모들은 인식하지 못할지라도 케이티나 대런 같은 그와 비슷한 이름들이 더 괜찮게 들리므로 그런 이름들을 고를 것이다.

• 친숙함이 주는 긍정적인 느낌은 예상치 못했을 때 가장 효과적이다. 만약 무언가를 왜 친숙해하는지 안다면("거기서 지난주에 먹어봤어"), 그 친숙함은 예상치 못했을 때만큼의 호감은 일으키지는 못한다. 이 때문에 비슷한 것들이 인기를 얻는다. 친숙하지만 즉각적으로 왜인지 말할 수 없어야 한다.

최적 독특성

프린스턴대 3학년생인 샘은 정치학 과제를 마치고 저녁을 먹으러 가다가 어느 식사모임 건물 앞에 차려진 테이블을 지나쳤다. 간단한 설문조사에 참여하면 스타벅스 기프트카드를 준다고 했다. 설문 내용이 짧아 보였고, 마침 친구와의 저녁 약속까지 약간 시간이 남았기에 그녀는 설문조사에 응했다.

처음 몇 개의 문항은 학년과 나이, 성별 등에 대한 단순한 인구통계학적 질문이었다. 그리고 '다음 중 당신의 패션 스타일을 가장 잘 묘사하는 단어는 무엇인가? 프레피, 트렌디, 운동복, 클래식, 도시적, 보헤미안적, 인디/힙합 스타일, 펑크 스타일, 그리고 기타'라는 질문이 이어졌다.

항목들이 마음에 들지 않았던 샘은 잠시 생각해봤지만 어떤 문항과도 맞지 않는 것 같았다. 그녀는 '기타' 항목에 표시한 뒤, '다양함'이라고 썼다.

몇 년 전 어느 서늘한 가을 저녁, 강아지와 함께 산책을 하던 중 조금 떨어져 걷는 두 남자가 눈에 들어왔다. 금요일 밤이라 외식하러 가는 사람들과 친구들 그리고 가볍게 한잔하려는 사람들로 거리가 붐볐지만 그 둘의 모습은 유독 두드러졌다.

한 남자가 다른 남자보다 몇 센티미터 정도 커보였지만 둘 다 보통 체격이었는데 그들이 눈길을 끈 건 옷차림 때문이었다. 청바지에 평범해 보이는 운동화 차림인 두 사람 모두 갈색 가로줄무늬 셔츠를 입었던 것이다. 셔츠는 (색은 갈색이지만) 구식 죄수복을 떠올리게도 했고, 『월리를 찾아라』를 보는 것 같기도 했다.

친구끼리 비슷하게 차려입은 경우는 흔하다. 금요일 밤이면 한 무리의 남자아이들은 링클프리 바지에 폴로셔츠를 입고 있고, 다른 무리의 남자아이들은 브이넥 티셔츠에 청바지를 입고 있다. 한 무리의 여자아이들이 블라우스를 입고 힐을 신을 때, 다른 소녀들은 어그부츠를 신고 헐렁한 후드티를 입을 것이다.

하지만 말끔한 셔츠 차림이나 어그부츠를 신은 모습은 흔해도 갈색 가로줄무늬 티셔츠는 흔치 않다. 게다가 두 사람이 완전히 똑같은 차림도 아니었다. 한 사내는 폴로셔츠를, 다른 사내는 스웨터를 입고 있었다. 하지만 둘 다 갈색 가로줄무늬였고, 줄무늬 사이로 흰색 혹은 회색이 들어가 있었다. 이상했다.

내가 초대받은 적 없는, 줄무늬 옷이 드레스코드인 어떤 파티에 가는 길인 걸까? 아니면 그들의 희한한 옷차림이 사회적 영향력이 행동을 형성하는 현상에 관해 무언가를 진지하게 말해주는 게 아닐까?

신디 챙 교수와 리프 반 보벤 교수와 함께 프린스턴대의 교내를 탐방하면서 이를 알아내기로 했다.

1853년, 프린스턴대의 이사회와 교수회에서는 남학생 사교모임과 비밀단체를 금했다. 대학 측에서는 이런 모임들이 학교를 분열시킬 가능성(남북전쟁 발생 직전인 이 시기에는 모임들이 보통 학교 측의 반대파로 집결되기 때문이다)을 경계했으며, 아울러 여기서 발전되는 파벌주의를 우려했다.

모임 금지 자체는 큰 문제가 아니었지만 이로 인해 캠퍼스 내에서 식사가 줄어들었고, 학생들은 도시 인근에 위치한 하숙집에서 식사를 해결했다. 그러자 선택지가 늘어났다. 1876년이 되자 학생들에게 식사를 제공하는 이러한 장소가 스무 개 이상이었다. 이 장소들은 '식사모임'으로 알려졌다.

지금까지도 식사모임은 프린스턴대에서 사교생활의 중심으로 꼽힌다. 1980년 남학생 사교모임 금지는 풀렸지만, 몇 안 되는 모임만 명맥을 유지하며 그마저도 극소수의 학생들만 참여하고 있다.

이런 모임들 대신, 사교생활은 식사모임을 중심으로 돌아갔다. 대부분의 상류층 학생들은 식사를 위해서뿐만 아니라 공부를 하고 친구들과 어울리며, 운동을 하고자 식사모임을 찾았다. 식사모임은 대부분 목요일과 토요일 밤에 열렸는데, 모임마다 각자 연례행사를 하거나 콘서트를 개최해 회원들에게 음식을 제공한다.

이런 모임들의 중요성을 고려할 때, 나와 동료들은 식사모임이 회원들의 옷차림에 영향을 주는지 궁금했다. 갈색의 가로줄무늬 셔츠를 입었던 두 친구처럼 같은 모임에 속한 학생들은 모두 그런 식의 '유니폼'을 입는 것일까? 그렇다면 이런 유니폼은 그 옷을 입은 학생들을 보고, 그들이 어떤 모임 소속인지를 곧바로 식별할 수 있을 정도로 확실히 차이날까?

우리는 인기 있는 식사모임 두 군데를 선택했다. 하나는 코티지 클럽이었다. 1886년에 시작된 이 코티지 클럽(때때로 대학 코티지 클럽으로 알려졌던)은 프린스턴대에서 두번째로 오래된 식사모임으로 유서 깊은 모임이다. 회원들은 비밀 심사를 거쳐 선별적으로 면접을 실시해 선발된다. 세계적으로 유명한 건축가가 설계한 회관은 전반적으로 이탈리아 저택을 본땄지만 벽판은 영국의 헨리 8세 궁전을 따랐다. 코티지 클럽의 연도별 사진을 보면, 카키색 반바지를 입고 로퍼를 신은 남성들과 샌들을 신고 파스텔색 옷으로 차려입은 여성들이 가득해 제이크루 또는 비니어드 바인스의 광고 사진처럼 보인다.

우리는 두번째 모임으로 테라스를 골랐다. 자유롭고 별난 모임으로 알려진 테라스는 제한적인 입회 절차를 폐지하고 최초로 추첨을 통해 회원을 선발했다. 이곳에서는 베지테리언부터 비건까지 아우르는 식사 메뉴를 제공하며, '음식은 사랑'이라는 좌우명을 뽐낸다. 테라스 회관은 식당이라기보다는 오스트리아 가정집처럼 생겨서 '어머니의 테라스' '어머니의 품' 같은 애칭으로 불렸다. 회원들의 성향은 프레피보다는 척테일러 컨버스화를 신고 딱 맞는 셔츠를 입은, 전위적이거나 빈티지 분위기를 풍기는 힙스터에 가까웠다.

5월의 어느 늦은 오후, 우리는 각 식사모임 건물 앞에 탁자를 가져다놓고 학생들에게 설문조사에 참여하면 5달러를 제공하겠다고 했다. 간단한 설문조사지 작성을 요청하고, 학생들이 어떻게 입었는지 확인하기 위해 전신사진을 찍었다.

그런 뒤 사진에서 의상을 제외한 모든 요소를 지웠다. 얼굴과 배경 그리고 개인정보를 식별할 수 있는 요소는 뭐든 지워버렸다. 사진에 남은 것만으로는 절친한 친구라도 알아보기 힘들 정도로 누군지 분간해내기가 불가능했다. 사진에서는 의상만 눈에 들어왔다.

며칠 뒤, 초기 설문조사에 응했던 학생들을 다시 찾아갔다. 우리는 그때 찍은 다른 사람들의 사진들을 한 장씩 보여주면서 간단한 질문을 던졌다. "이 인물은 어느 모임 소속인 것 같나요? 코티지인가요, 테라스인가요?"

이 질문에 답하기란 많은 이유에서 쉽지 않다. 어쨌거나 두 모임이 완전히 다르지는 않기 때문이다. 두 모임에 속한 학생들은 모두 같은 대학을 다니며 나잇대도, 사회경제적 배경도 비슷하다. 노인들로 구성된 모임과 머리부터 발끝까지 가죽으로 꾸민 펑크족 모임 같은 관계가 아니다.

또한 두 모임의 회원들은 입고 싶은 대로 차려입었다. 어느 쪽 모임도 유니폼 착용을 강요하지 않았기에 학생들은 색깔부터 브랜드, 스타일까지 다양한 종류의 옷을 입고 있었다.

하지만 우리가 찍은 사진에는 극히 일부 의상만 들어가 있었다. 그 사진을 찍을 때 학생들이 입은 셔츠와 바지 그리고 신발만 담겨 있었다. 그럼에도 불구하고, 관찰자들은 그 인물이 어디 소속인지 어렵지 않게 맞혔다. 사람들은 85퍼센트의 확률로 코티지 회원인지 테라스 회원인지를 제대로 분간해냈다. 코티지 클럽 회원은 코티지 클럽 회원으로, 테라스 회원은 테라스 회원으로 제대로 인식했다.

관찰자들은 회원들의 소속을 제대로 맞혔는데, 주변 사람들과 비슷하게 행동하는 사람들의 성향 때문이다. 코티지 클럽 회원들은 다른 코티지 클럽 회원들과 비슷한 옷차림이었으며, 테라스 회원들 역시 다른 테라스 회원들과 비슷했다.

하지만 그게 전부는 아니었다. 산책길에 마주쳤던 가로줄무늬 옷을 입은 두 청년처럼 특정 모임의 회원들은 비슷하게는 입지만 완전히 똑같게 입지는 않는다. 코티지 클럽 회원들은 모두 모범생 같은 차림새였지만 몇몇은 밝은 카키색을, 다른 몇몇은 진한 카키색을 입었다. 테라스 회원들은 모두 좀더 전위적인 옷차림이었지만, 어떤 이들이 찢어진 블랙진을 입을 때 어떤 이들은 찢어진 청바지를 입었다. 모방과 함께 차별화가 작용한 것이다.

차별화는 무작위로 이루어지지 않았다. 스스로 차별화하려고 신경쓴다는 학생들이 더 눈에 띄기는 했다. 그들은 특이한 용무늬가 들어간 티셔츠를 입거나 단정한 치맛단에 레이스를 덧달기도 했다.

이렇게 개성을 특히 추구하는 학생들 역시 다른 사람들이 자신의 소속을 충분히 알아볼 수 있을 정도의 옷차림을 하면서 차별화를 시도했다. 같지만 다르게. 남들과 일치하지만 개성 있게.

정말로 사회적 영향력에 따라 옷을 다르게 입을까 의심스럽다는 사람도 있을 것이다. 비슷한 취향의 학생들이 비슷한 친구를 찾아서 같은 모임에 가입했을 수도 있기 때문이다. 비슷한 부류의 친구들과 어울리기를 좋아하는 상류층 백인 아이들이 그들만의 식사모임으로 유명한 코티지에 가입했을 수 있다. 그렇다면 다른 상류층 백인 학생들과 어울려서 그들이 모범생같이 입게 된 것이 아니라 그들은 처음부터 그런 식으로 옷을 입었으며 단지 같은 옷을 입는 친구들과 한곳에서 어울리게 됐을 뿐일 수도 있다.•

달리 보자면 모두 비슷한 옷차림을 하라고 장려하는 규범이 있을 수도 있다. 모임에 검은 넥타이를 매고 참석하라고 지시했다

• 비슷하게 행동하는 두 사람을 관찰할 때 반드시 이런 차이가 생긴다. 그들의 유사성은 사회적 영향력(즉 사람들은 자신의 행동을 다른 사람의 행동 때문에 바꾸는가) 때문일까, 아니면 원래부터 서로 비슷했기 때문에 교류하게 된 것일까? 후자의 경우, 보통 동종선호라고 일컫거나 자신과 비슷한 타인과 교류하고 친구가 되는 경향으로 설명된다. 상당히 많은 연구에서 사람들이 자신과 비슷한 타인과 교류한다는 결과가 나타난다. 이런 경향은 상호 관련된 행동의 원인을 밝히는 것을 어렵게 한다. 만약 친구인 두 사람이 모두 데스메탈 장르의 음악을 좋아한다면, 이는 사회적 영향력(한 사람이 좋아하는 것을 다른 사람도 따라서 좋아하는 것) 때문일까 아니면 같은 장르를 좋아하는 성향이 그들을 친구로 만들어줘서일까? 잘 구성된 실험은 이 두 가지 설명이 섞이지 않는다는 이점이 있다.

면, 모두가 비슷하게 입었대도 놀랍지 않을 것이다. 이는 사회적 영향력이 아니라 상황에 따른 규범이나 규칙에 관한 문제다.

대부분의 상황에서는 행동을 엄격한 규범으로 제한하지 않지만, 무엇을 해야 하는지 암시하는 지침이나 의견은 많다. 해변에 간다면? 대부분은 음침한 것과는 반대되는 환하고 밝은 옷을 입는다. 멋진 곳에 저녁을 먹으러 간다면? 약간 격식에 맞춰 차려입고 싶을 것이다. 이와 비슷하게, 금요일 밤의 학생들은 특정한 방식대로 차려입는 사람들끼리 모이는 장소에 가는 중이기 때문에 비슷하게 입었을 수도 있다.

이런 두 가지 해석이 섞이지 않게 하고자 고도로 통제한 뒤 한 가지 실험을 진행했다. 나는 다른 대학교에 가서 사람들에게 간단한 설문조사를 부탁했다. 응답자들에게 네 개의 선택지를 준 뒤, 선호도에 따라 고르라고 했다.

첫번째로 선택할 것은 자동차였다. 참가자들은 회색 벤츠 스포츠 세단과 파란색 벤츠 스포츠 세단, 회색 BMW 쿠페 그리고 파란색 BMW 쿠페 중에 선택해야 했다.

다음 항목은 배낭으로, 마찬가지로 두 브랜드의 두 가지 색상 제품을 선택지로 제시했다. 참가자들에게 각 상품의 대략적인 가격이나 몇 가지 특징 같은 약간의 정보를 제공하고 무엇을 구매하고 싶은지 표시해달라고 했다.

여기서 사회적 영향력이 선택에 어떻게 영향을 미치는지를 알아보고자 사람들이 받는 정보 가운데 '타인'이 무엇을 선택했는지를 조작했다.

참가자들 중 절반은 상품 정보만 보고 골랐다. 그들은 각 문항의 선택지를 보고 독립적으로 답안을 작성했다.

다른 참가자들은 선택을 하기 전에 '타인'들이 어떤 선택을 했는지 보았다(선분 실험과 비슷하다). 이 참가자들에게 학술 연구에 예산이 제한적이라 각 설문지를 여럿이 함께 사용하게 됐다고 설명했다. 한 명씩 설문지를 받는 게 아니라 두 사람이 한 장의 설문지를 채움으로 종이와 인쇄비 절감이 가능하다고 했다.

'당신이 구매하고 싶은 것'이라는 하나의 설문지에 '응답자 1' '응답자 2'라고 각각 쓰인 칸이 두 개 있었다. 답이 표시되어 있지 않은 설문지를 받으면, '응답자 1'이라고 쓰인 곳에 답을 써넣으라고 지시받았다. 그리고 응답자 1에 답이 이미 쓰여 있다면 '응답자 2'라고 쓰인 곳에 답하라고 안내받았다.

사실 이 조사는 조작되어 있었다. 사회적 영향력 조건을 강화하기 위해, 다른 누군가가 특정한 선택지를 고른 것처럼 보이게끔 '응답자 1' 칸을 채워넣었다. 예를 들어, 자동차 문항에서 일부 참가자들은 응답자 1이 회색 벤츠를 고른 설문지를 받았으나 다른 참가자들은 응답자 1이 파란색 BMW를 고른 설문지를 받았다. 그러므로 각 참가자들은 개별적으로 선택하기 전에, 타인이 골랐다고 여겨지는 답안에 노출되었다.

조사를 마친 후, 참가자들이 응답자 1이 골랐다고 생각되는 선택지를 골랐는지 아니면 다른 선택지를 골랐는지를 분석했다.

응답자 1의 선택지는 무작위로 채워넣었기에, 취향이 같은 누군가와 한 설문지를 공유할 가능성이 낮았다.

그리고 검은 넥타이를 매야 하는 저녁 모임이나 해변에서 뭘 입을지 고르는 상황과는 달리 독립적 선택 상황이나 사회적 영향력 상황에서는 사람들의 행동을 좌우하는 규범이 전혀 없었다. 우리는 그저 다른 사람의 선택이 어떻게 사람들의 행동에 영향을 미칠지 궁금했다.

모방 측면에서 보면, 사람들은 뭐든 타인이 고른 것을 따라 고를 것이다. 누군가가 회색 벤츠를 선택했다면 같은 것을 고를 것이다.

차별화 관점에서 보면, 사람들은 뭐든 누군가가 선택한 것을 피할 것이다. 다른 사람이 회색 벤츠를 골랐다는 사실을 아는 사람들은 그 차를 피해 나머지 세 가지 선택지 그러니까 파란색 벤츠, 회색 BMW 혹은 파란색 BMW 중에서 고를 것이다.

하지만 결과는 단순히 모방이나 차별화 측면으로 설명하기 힘든 복잡한 양상을 보였다. 사람들은 단순히 같은 선택을 하거나, 다른 선택을 하지 않고 비슷해 보이면서도 달라 보일 수 있는 방식으로 선택했다.

만약 타인이 회색 벤츠를 골랐다면, 참가자들은 파란색 벤츠를 선택하곤 했다. 그리고 타인이 파란색 BMW를 선택했다면, 참가자들은 회색 BMW를 선택하는 경향을 보였다. 같은 브랜드지만 다른 색, 비슷하지만 다른 선택이었다.

중간 정도의 유사성을 띠는 것은 오래된 것과 새로운 것, 참신한 것과 익숙한 것을 섞는다. 그러면서도 적당히 다르게 보이고픈 우리의 욕구를 충족시킨다.

선분 실험이나 J. K. 롤링의 일화처럼 인간은 타인의 승인을 받고자 노력한다. 우리는 남과 비슷해지거나 같은 행동을 함으로써 제대로 잘하고 있구나 하고 확신한다.

하지만 손위 형제와 구분되려는 사람들처럼, 차별화에 대한 욕구도 가지고 있다. 우리는 모두와 똑같아지기를 원하는 것이 아니라 남과 다르고 개성 넘치고자 한다. 대중과 우리를 구별짓게 해주는 것들을 좋아한다.

이 두 가지의 동기는 상반되는 듯하다. 비슷해지고 싶으면서도 다르고 싶다. 다른 사람들과 똑같이 행동하고 싶지만, 특별해지고도 싶다.

적당한 유사성으로 이런 긴장은 풀어진다. 우리는 친구와 같은 브랜드 옷을 입으면서도 다른 스타일을 고른다. 직장 동료와 같은 침대를 사면서도 다른 색을 고른다.

주변 사람들 혹은 소속되고 싶은 그룹과 비슷하게 선택함으로써 남들과 어울리고 싶은 욕구를 충족한다. 하지만 완전히 똑같은 선택을 피함으로 차별화 욕구 또한 충족한다.

우리는 남들과 다르면서도 최선을 다해 비슷해진다.

심지어 사람들은 자신을 차별화할 속성을, 최적화된 독특성에 따라 선택한다. 스누키에게 공짜로 구찌 핸드백을 제공한 일화나 손목밴드 일화로 알 수 있듯이, 우리가 선택하는 브랜드와 여러 측면들은 대개 특정 정체성을 표현한다. 만약 누군가가 항상 나이키 옷만 입는다면 다른 사람들은 그를 운동선수라고 추측할 수 있고, 누군가가 구찌를 입는다면 사람들은 그가 패션에 신경쓰는 사람이라고 추측할 것이다.

이런 상황에서 브랜드는 정체성과 관련되는 속성이다. 이는 사회적 정체성에 관한 정보를 드러내며, 그 브랜드를 입은 사람의 선호도를 보여준다.

그러나 정체성과 관련 없는 속성들도 있다. 예를 들어, 누군가가 파란색이나 검은색 셔츠를 입었대도 그 사람에 대해 많은 것을 알 수는 없다. 마찬가지로 대부분의 상황에서는 탱크톱을 입는 것과 티셔츠를 입는 것으로 정체성이 표현되지 않는다.

그 결과, 특정한 정체성을 표현하면서도 개성을 지키고픈 사람들은 정체성과 관련된 속성들을 바탕으로 자기 자신을 차별화할, 정체성과 무관한 속성들을 함께 선택한다. 예를 들어, 신입 변호사들은 자신의 성공을 보여주기 위해 종종 BMW를 구매한다. 그

중에서 돋보이고 싶은 변호사라면 오렌지색을 택할 것이다. 원하는 정보를 전달하는 브랜드를 선택하되 특이한 색을 구매함으로 자신을 차별화하는 셈이다. 만약 펜디가 이번 시즌에 '잇백'을 내놓았다면, 패셔니스타들은 모두 그 가방을 구입하겠지만 조금 덜 대중적인 색상을 고르려고 할 것이다. ●

다음해에 뭐가 인기 있을까? 누구도 확신할 수 없다. 하지만 생각만큼 무작위로 일이 일어나지는 않는다. 최근에 인기 있었던 것과 공통점을 가진 것들이 경쟁자들 사이에서 우위를 점한다. 친근할 정도로 비슷하면서도 참신하고 신선할 정도로 다르면 된다.

따라서 올해의 색이 뭘지 예측하거나 '_____가 대세다'라는 일반적인 문장을 채울 때, 푸른빛 회색 같은 대답이 나올 수 있다.

사회적 영향력 활용하기

유사성과 차별성의 통합은 특히 혁신을 꾀할 때 중요하다. 스위퍼 같은 신상품은 어떻게 설명되어야 할까? 혁신적인 먼지떨이? 새로운 청소도구? 어떤 식의 디자인이 좋을까? 더 이상 그럴 필요가 없는데도 무인차의 좌석은 늘 그래왔듯 계속 전면을 향해야 할까?

● 색상이 정체성 관련 속성인 상황도 있는데, 이 경우에는 다른 차원의 속성들로 차별화를 표현한다. 고스족과 펑크족들은 대개 머리부터 발끝까지 검은색으로 빼입지만 어떤 고스족들은 검은 트렌치코트를 입는 반면 어떤 이는 검은 티셔츠를 입는다. 마찬가지로 만약 복숭아색이 유행한다면, 유행에 발맞췄다 싶게 보이고픈 사람들은 아마도 모두 복숭아색을 입을 테지만 다른 브랜드를 선택할 것이다. 사람들은 정체성을 표현하는 속성과 그렇지 않은 속성에 따라 자신이 순응하고 차별화할 속성들을 선택한다.

새로운 상품이나 기술은 경쟁자들보다 시대적으로는 훨씬 앞설 수 있지만, 성공하느냐 아니냐는 소비자의 인식에 달려 있다. 만약 그 상품이 기존에 출시된 상품들과 너무 비슷하면, 사람들은 별로 사고 싶어하지 않을 것이다. 올해의 아이위젯(iWidget, 아이폰에서 웹브라우저를 통하지 않고 기능을 바로 이용할 수 있도록 만든 응용프로그램—옮긴이)이 작년 것과 똑같아 보인다면, 뭐하러 추가금을 지불하고 옛것을 교체하겠는가? 그렇다고 해서 너무 급진적으로 혁신하면, 다른 문제가 발생한다. 소비자들은 신상품을 어떻게 분류해야 할지 파악하지 못하고(그래서 스위퍼가 뭐야?) 사용법도 이해하지 못하며, 그게 정말로 필요한 물건인지 가늠할 수 없다. 어느 쪽이든 극단은 위험하기 때문에 신중하게 안정적인 지점을 찾기 위해서는 유사성과 차별성을 효과적으로 조합해야 한다.

막 자동차가 등장했을 때를 예로 들어보자. 주요한 교통수단으로 말이 이용됐지만, 그 쓰임이 제한적이었다. 말은 이동하기에 느렸고 비쌌으며, 위험하기까지 했다. 말이 끄는 교통수단에서 말은 제멋대로인 엔진이었고, 이 때문에 시카고 같은 도시에서는 오늘날 자동차 사고 사망률에 일곱 배 정도의 사고가 발생했다.

자동차는 그 문제의 해결책을 보장하는 수단이었다. 더 멀리, 더 빨리 갈 수 있었고, 심지어 그 당시 주요 도시들의 골칫거리였던 말들의 배설물 문제도 줄일 수 있었다.

하지만 사람들에게 초기의 자동차를 택하게 하기 위해서는 사고의 대전환이 필요했다. 말(그리고 당나귀들)은 수천 년 동안 주요한 교통수단이었다. 그렇기에 이 방식에 결점이 많아도 사람들은 이를 편안해했다. 무엇을 예상해야 할지 알았기 때문이다.

자동차는 완전히 새로운 수단이었다. 운행을 위해서는 연료와 새로운 운전 기술 그리고 수리를 위한 새로운 노하우가 필요했다.

이런 변화에는 어느 정도 익숙함이 필요했다. 앞에서 말이 끌지 않아도 거리를 달리는 마차를 처음 본 사람들은 충격을 받았다. 미국의 시골 사람들은 이 '악마의 마차'가 도시의 타락을 상징한다며 자신들의 지역에 자동차가 침범하지 못하게 법적 조치를 취했다. 게다가 시끄럽게 덜컹거리며 말 없이 달리는 자동차를 보고 깜짝 놀란 겁 많은 말들이 승객을 태운 채 달아나기 일쑤였다.

1899년, 한 영리한 발명가가 승객과 말 모두를 편안하게 만들 해결책을 제시했다. 말 없이 말처럼Horsey Horseless이라는 이름의 이 자동차는 말의 머리부터 어깨 부분까지를 실물 크기로 만들어 자동차 전면에 달았다.

이 사륜자동차는 겉보기에 말이 끄는 것 같았기 때문에 지나가는 다른 마차에 탄 승객들과 진짜 말들을 덜 무섭게 했다. 가짜 말 머리는 가스탱크로도 사용 가능했다.

자동차 전면에 가짜 말 머리를 붙이다니 비웃을 만한 일이다. 바보 같아 보이고 우스꽝스럽기까지 하다. 하지만 오늘날에는 터무니없게 보이더라도, 자동차가 처음 도입되었을 때 그것이 얼마

나 무서운 존재였을지를 이제 와 상상하기란 쉽지 않다. 두려움을 덜고자 자동차 전면에 뭐라도 달아서 안 될 이유가 있겠는가?

더 일반적으로 보자면, 급진적 혁신을 도입한 성공 사례들은 보통 익숙함으로 새로움을 감추는 기술을 사용했다. 티보 사는 디지털비디오레코더DVR를 시장에 처음 내놓으면서 자동차 회사들과 비슷한 과제에 직면했다. 그 기술은 혁신적이었고 완전히 새로운 시장을 열 가능성이 있었다. 하지만 기술이 성공하려면 고객들의 행동이 변해야 했다. 텔레비전을 시청하는 수동적인 태도에서, 원하는 것을 원할 때 보는 적극적인 태도로 바뀌어야 했다.

이런 전환과정을 수월하게 하고 고객들에게 이 서비스를 쉽게 이해시키고자 티보 사는 자신들의 새로운 장치를 비디오카세트레코더VCR처럼 디자인했다. 텔레비전 아래나 케이블박스 위에 놓인 직사각형 모양의 검정색 VCR나 DVD 플레이어와 비슷한 모양새였다.

주변에 DVR나 VCR(만약 이걸 찾을 수 있다면)를 열어서 살펴보면 그 내부가 완전히 다르다는 것을 알 수 있다. VCR는 옛날 필름 카메라와 같다. 장치 속에서 감겨 돌아가면서 프로그램을 녹화(혹은 재생)하는 필름이 긴 플라스틱테이프라는 점만 다를 뿐이다.

티보는 전혀 다르다. DVR라는 이름처럼, 디지털비디오레코더는 사실상 컴퓨터다. 여기에는 감겨 돌아가는 필름 같은 건 필요 없다.

그러므로 이 장치는 VCR처럼 보일 필요가 전혀 없었다. 평범한 데스크톱 컴퓨터처럼 생겨도 되고, 밝은 파란색이어도 되며, 피라미드처럼 생겨도 상관없었다.

하지만 익숙한 형태를 사용함으로써 티보는 이 급진적 혁신을 사람들이 조금 더 편안하게 받아들이게 했다. 티보는 기술을 친숙하게 생긴 무언가로 감춰서, 유사성을 통해 차이성을 더 소비자 취향에 맞게 만들었다.•

오늘날의 많은 디지털 방식들이 시각적으로는 아날로그 선조들

• 이러한 시각적 신호는 새로운 기술을 더 친숙하게 느끼게 할 뿐 아니라, 그 장치를 평가하기 위한 참조 카테고리도 형성한다. 오늘날 스마트폰의 전신인 애플 사의 뉴턴은 컴퓨터처럼 디자인되었다는 이유로 결국 성능이 떨어지는 컴퓨터처럼 취급되었다. 그후 몇 년 지나지 않아 손바닥만한 사이즈로 된 수첩 같은 모양의 팜 파일럿이 소개되었는데, 이는 컴퓨터가 아닌 수첩과 비교되었다. 따라서 보통의 수첩보다 뛰어난 기능을 가졌다고 여겨져 꽤 성공을 거두었다.

을 떠올리게 한다. 문서를 저장할 때는 플로피디스크 아이콘을 클릭하고, 폐기할 디지털 파일은 쓰레기통처럼 생긴 아이콘에 끌어다 넣는다. 시각적 유사성은 오프라인에서도 나타난다. 고급 자동차들은 계기판에 가짜 나뭇결을 사용하고, 베지 버거 패티에는 종종 석쇠 자국이 남아 있다. 이는 모두 차이성을 더 유사한 것으로 보이게 하려는 의도다.

반대 경우도 마찬가지다. 디자인은 점진적 혁신을 보다 새롭게 전달할 수 있다. 애플 사가 1998년에 소개한 아이맥은 기술적으로는 아주 미미하게 향상된 제품이었다. 하지만 시각적 관점에서 보면 근본적으로 달랐다. 검은색이나 회색 상자였던 기존의 컴퓨터와 달리, 아이맥의 모양은 젤리 같았고 그 색도 오렌지색이나 딸기색이었다. 이 장치는 엄청난 인기를 끌었다. 기술이 아닌 디자인이 사람들의 구매욕을 불러일으키는 차별성을 만들어낸 것이다.

기술은 절대 단독적으로 평가되지 않는다. 디자인과 기술의 조합으로 소비자 인식이 형성되고 혁신을 최적으로 독특하게 보이게 하려면 이렇게 조합하는 게 더 효과적이다.

우리가 인식하지 못하더라도, 타인들은 계속해서 우리가 무엇을 생각할지, 무엇을 살지, 행동할지에 영향을 미친다. 하지만 사회적 영향력이 훨씬 깊은 영역까지도 영향력을 행사할까? 사회적 영향력이 성취를 위해 우리가 얼마나 노력해야 할지에도 영향을 미칠 수 있을까? 그렇다면 우리는 더 열심히 일하도록 동기부여 될까 아니면 포기하게 될까?

INVISIBLE
INFLUENCE

5장
서로에게 힘을 주는 방법

경주가 시작되기를 기다리며 캐라는 어둠 속에 조용히 앉아 있었다. 그저 단거리 달리기였다. 전혀 복잡할 것 없이 트랙만 곧장 달리면 된다. 발이 걸려 넘어질 커브 구간도 없고, 방향을 찾아서 돌 필요도 없다. 그녀 앞에는 일자로 길게 뻗은 길만 있었다. 구간의 길이도 그녀가 수십 번 뛰어본 거리였다.

여럿이 함께 경주할 때도 있지만, 오늘은 혼자 달린다. 그녀 자신, 그리고 시계에서 나는 느릿하게 똑딱거리는 초침 소리뿐이다.

관중석에서 팬들의 함성이 계속 쏟아졌다. 동료들은 경주가 시작되기를 기다리며 주변을 서성였다. 앞서 다섯 명의 선수가 달렸고, 캐라는 여섯번째였다. 준비 시간은 전부 채 1분이 안 되었다.

전등이 꺼지자 캐라는 출발선에서 뛰어나왔다. 그녀는 천천히 출발해 점차 속도를 냈다. 트랙을 전력 질주하면서 결승선에 집중하려고 애썼고, 자신에게 집중된 시선을 신경쓰지 않으려고 노력했다. 무섭고 두려웠으며, 심지어 한 발 한 발 내디딜 때마다 속까지 뒤틀렸다. 긴장된 42초가 흐른 후, 마침내 가쁜 숨을 몰아쉬며 결승선에 도착했다. 개인 최고 기록이었다.

등뒤에서 검은 문이 닫히자, 캐라는 그곳을 빠져나와 모퉁이로 갔다. 그녀는 여섯 개의 다리를 스트레칭하면서 더듬이를 가다듬었다.

캐라는 바퀴벌레였다.

1800년 후반, 심리학자 노먼 트리플렛은 현재 우리가 사회심리학이라고 부르는 분야의 시발점이 되는 연구를 발표했다. 인디애나대에서 받은 석사논문에서 그는 이천 명 이상의 사이클선수들의 경기 자료를 조사했다. 사이클선수들은 세 가지 방식으로 경기를 치른다. 어떤 때는 혼자 경기에 임하면서 단순히 최고 기록을 내기 위해 노력한다. 어떤 때는 직접적으로 경쟁관계인 다른 선수들과 정면 대결을 펼친다. 그리고 어떤 때에는 제한된 시간 동안 경기를 하는데 이 경우 다른 선수가 페이스메이커로 등장한다.

여러 선수들의 기록을 비교하던 트리플렛은 다른 선수들과 함께 달릴 때 기록이 더 빠르다는 사실을 발견했다. 경쟁방식이든 아니든, 다른 사람과 함께 달린 사람이 그렇지 않은 사람보다 1마일당 20~30초 정도 더 빨랐다. 함께 경주하는 것이 기량을 향상시키는 듯했다.

이 개념을 보다 확실히 입증하기 위해, 트리플렛은 한 가지 실험을 고안했다. 그는 아이들에게 가능한 한 빠르게 낚싯줄을 감아올리는 게임을 지시했다. 낚싯줄에는 깃발을 꽂아둬 아이들이 얼마나 빨리 낚싯줄을 감아올리는지를 관찰할 수 있었다. 혼자 하는 경우와 같은 게임을 다른 아이들과 나란히 서서 하는 경우 둘 다 측정했다.

사이클선수들을 관찰했을 때와 결과는 비슷했다. 아이들은 다른 아이들이 옆에서 낚싯줄을 감아올릴 때, 더 빨리 낚싯줄을 감아올렸다.

그후 이어진 연구에서도 마찬가지였다. 타인의 존재는 성과를 바꿔놓았다. 다른 사람이 주변에 있을 때 사람들은 자신의 기량을 더 발휘했다.

또다른 실험에서는, 대학생들에게 단어를 하나 제시하고 이에 연관되는 단어들을 1분간 최대한 많이 작성하게 했다. 다른 대학생들에게는 한 문단의 글을 읽은 후 그 주제에 해당하는 사안에 대한 반론을 가능한 한 많이 작성해보라고 지시했다. 두 경우 모두 집단적으로(개별적으로 수행했대도 다른 사람이 함께한 경우) 문제를 푼 학생들의 성과가 더 좋았다. 그들은 관련 어휘를 더 많이 생각해냈으며, 반박 논거도 더 많이 찾아냈다.

　이런 현상을 사회적 촉진이라 하는데, 다른 사람의 존재 때문에 사람들이 아무도 없을 때보다 더 빠르게 그리고 더 잘 임무를 수행하는 현상을 말한다. 타인과 협력하거나 경쟁하지 않을 때에도, 단지 타인이 곁에 있다는 사실만으로도 행동이 변한다.

　인간에게만 사회적 촉진 현상이 나타나는 것은 아니다. 동물들도 같은 방식으로 행동한다. 다른 쥐가 주변에 있을 때 쥐들은 더 빨리 마시고 더 많은 곳을 돌아다닌다. 다른 원숭이들이 있으면 원숭이들은 간단한 과업에도 더 열심히 임하고, 개들도 혼자보다 짝지어 달릴 때 더 빠르다. 개미들은 다른 개미들과 나란히 일할 때 굳이 협동하지 않아도 모래 구덩이를 평소보다 세 배 많이 판다. 사회적 촉진은 심지어 동물들의 식사량에도 영향을 미친다. 닭들은 옆에서 다른 닭들이 모이를 먹으면 배가 불러도 계속해서 모이를 쫀다.

　이런 다수의 상황들로 볼 때, 인간(그리고 동물들)은 다른 누군가가 곁에 있을 때 수행성이 더 좋은 듯하다.●

　하지만 흥미롭게도, 결과가 반대인 연구들도 있다. 타인이 함께

● 사회적 촉진에 관한 연구는 크게 두 가지로 분류된다. 하나는 관중 효과에 관한 연구이며, 다른 하나는 공동 행동 효과에 관한 연구이다. 전자는 수동적인 관중의 존재가 어떻게 수행 성과에 영향을 미치는지 연구한다. 혼자 달리는 것과 다른 사람이 지켜볼 때 달리는 것이 달리기 속도에 얼마나 영향을 미치는가를 조사한다. 후자는 동시에 진행하지만 단독으로 같은 행동을 하는 타인의 존재가 수행 성과에 미치는 영향을 연구한다. 이 경우에는 다른 사람들이 똑같이 달리는 상황에서 혼자 달리는 것이 달리기 속도에 어떻게 영향을 미치는지를 조사한다. 두 경우 모두 비슷한 이유로 타인의 존재가 수행 성과에 영향을 미칠 수 있다.

할 때, 수행 성과가 더 안 좋을 수도 있다.

한 연구에서, 대학생들에게 철자가 무작위로 조합된 단어를 암기하라고 지시했다. 관중 앞에서 단어 목록을 암기한 학생들은 익히는 데 시간이 더 오래 걸렸고 실수도 더 많이 했다. 또다른 연구에서는 사람들에게 눈을 가린 채 미로를 통과하게 했다. 관중이 있는 경우, 참가자들이 미로를 빠져나오는 데 더 오래 걸렸다. 운전면허시험을 볼 때도 차 안에 교관 외에 다른 사람이 탄 경우 통과하지 못하는 사람이 더 많았다.

마찬가지로 동물들도 다른 동물들이 있을 때 수행력이 떨어지는 경우가 있다. 짝지어 다닐 때, 방울새들은 맛있는 먹이와 그렇지 않은 먹이를 분별하는 것을 더 어려워했다. 앵무새들 역시 함께 훈련받을 경우, 미로를 통과하는 데 더 오래 걸렸으며 시행착오를 더 많이 겪었다.

그렇다면 어떤 연구 결과가 맞는 것일까? 타인의 존재는 수행 성과를 촉진할까 아니면 억제할까?

이 질문은 스탠퍼드대의 밥 자이언스 교수를 괴롭혔다. 자이언스는 학계에서 상당히 특이한 행보를 보인 인물이다. 1920년대 폴란드의 한 가정에서 외아들로 태어난 그는 1939년에 가족과 함께 나치를 피해 바르샤바로 피신했다. 하지만 그곳에 도착한 지 2주 만에 머물던 친척집이 폭격기의 공습을 당해 부모를 잃는다.

다리가 부러진 채 가까스로 살아남은 열여섯 살의 자이언스는 병원에 입원해 있던 중, 나치에게 붙잡혀 독일의 강제 노동 수용소로 보내진다. 그는 다른 두 명의 수감자와 함께 겨우 그곳을 탈출해 320킬로미터 이상을 걸어 프랑스로 향했다. 하지만 국경을 넘은 후, 독일군에게 다시 붙잡혀 프랑스 감옥에 갇힌다. 자이언스는 이에 굴하지 않고 다시 한번 탈출을 감행해서 프랑스 레지스탕스에 합류한다. 그 과정에서 그와 동료는 음식을 훔쳐 먹고 옷을 주워 입으면서 거의 885킬로미터를 걸었으며, 결국 마음씨 좋은 어부를 만나 아일랜드까지 가게 된다.

그곳에서 자이언스는 영국으로 향한다. 영어와 프랑스어, 그리고 독일어를 배운 그는 미군 통역사로 일한다. 종전 후에는 미국으로 이주하기에 앞서 잠시 유엔에서도 근무했다. 그후, 미시간대의 학부과정에 지원해 청강생으로 받아들여진다. 그곳에서 학사학위와 석사학위를 받았고, 1955년에는 사회심리학 전공으로 박사학위까지 받았다.

자이언스는 오랫동안 간과되었던 중요한 질문들을 포착해서 기발한 통찰력으로 재조명하는 능력을 갖춘 학자다. 인간 행동에 대한 예리한 통찰력을 가진 그는, 늘 복잡한 패턴에 숨겨진 단순한 관련성을 찾고자 했다. 그의 사회적 촉진 연구에는 이러한 균형잡힌 시각이 깔려 있다.

연구 결과로 되돌아가보면, 각 결과는 서로 모순되는 듯하다.

많은 연구에서 타인의 존재만으로 성과가 향상된다고 한다. 관중이 있거나 누군가가 같은 과제를 수행하면 사람들은 더 빠르게 혹은 더 많이 수행했으며, 경쟁 상황이 아니더라도 마찬가지였다. 다른 한편으로는 이와 유사한 설정에서 흥미진진한 반대 결과가 나타난다. 타인의 존재가 학습과 성과를 떨어뜨리는 것이다.

자이언스는 무엇이 이런 상이한 결과를 만드는지에 대한 이론을 발표했다. 단순하지만 명쾌한 설명이었다.

그는 자신의 이론을 시험할 방법이 필요했다. 여기서 캐라가 등장한다.

머릿속으로 올림픽 400미터 달리기 경기를 떠올려보자. 관중석으로 둘러싸인 커다란 붉은 트랙. 자국 선수를 응원하며 소리치는 팬들로 가득찬 경기장. 그리고 나란히 서서 출발 신호를 기다리는 참가자들.

자, 이제 똑같은 광경을 사람이 아니라…… 바퀴벌레로 바꿔보자. 스판덱스 재질의 경기복을 입은 근육질의 단거리선수 대신 참가자들이…… 바퀴벌레다. 카메라로 무장하고 국기를 흔들며, 부부젤라를 불며 요란하게 응원하는 팬들…… 역시 바퀴벌레다.

생각만 해도 끔찍하다.

사람들은 바퀴벌레를 혐오한다. 부패한 음식을 먹으며, 어둠에서 번식하는, 허둥지둥하는 벌레라고 인식하기 때문이다.

하지만 사실 바퀴벌레는 가장 깨끗하고 가장 강한 생물이다. 바퀴벌레는 공기 없이도 45분간 생존 가능하며, 30분 동안 잠수했다가도 회복될 수 있다. 심지어 목이 잘려도 일시적으로나마 버틸 수 있어서, 머리가 잘린 채 몇 시간을 살 수 있는데, 냉각시키거나 음식을 준다면 더 오래 버틸 수 있다(그러길 원하는 사람이 있을지는 모르겠지만 말이다).

자이언스는 사회적 촉진을 시험하기에 바퀴벌레가 완벽한 대상이라고 생각했다.

그래서 그는 바퀴벌레 경기장을 만들었다. 바퀴벌레들이 정해진 코스를 얼마나 빠르게 달리는지 측정할 수 있는 플렉시 유리로 된 커다란 정육면체 경기장이었다. 정육면체 한쪽에 위치한 스타팅 박스에서 바퀴벌레들은 경기가 시작되기를 기다렸는데 이 작고 어두운 공간은 트랙과 얇은 금속 문으로 분리되어 있었다. 정육면체의 다른 한쪽에 위치한 결승선은 또다른 작고 어두운 공간으로, 동일한 금속 문으로 트랙과 분리되어 있었다.

바퀴벌레는 불빛을 싫어한다. 그래서 자이언스는 총성을 울리는 대신 투광조명등을 사용했다. 트랙과 이어지는 입출구를 가로막았던 문을 열고, 스타팅 박스에 밝은 빛을 탁 하고 켤 것이다. 그러면 바퀴벌레는 숨을 만한 어두운 장소를 찾아 트랙으로 빠르게 질주할 것이었다. 트랙 전체가 불빛으로 가득차면, 결승선 쪽에 자리한 어두운 공간으로만 피할 수 있었다. 마침내 바퀴벌레가 날쌔게 거기에 도착하면, 자이언스는 문을 닫고 그를 어둠 속으로 돌려보낼 것이다.

자이언스는 한 상자에서 다른 상자로 건너가는 데 얼마나 걸리는지 측정했다. 한쪽 끝에 위치한 문을 연 순간부터 반대편 문을 닫는 순간까지였다.

자이언스는 타인의 존재가 성과에 어떤 영향을 미치는지 시험하기 위해, 바퀴벌레 관중석도 만들었다. 다른 바퀴벌레로 채워진 작은 관중석이 트랙 옆에 놓였다. 팬들이 잘 보이게 구성했지만, 경기장 난입을 방지하기 위해 투명한 벽면으로 트랙과는 갈라놨다. 어떤 경기에서는 관중석을 제거하고, 어떤 경기에서는 관중석을 유지하면서 자이언스는 타인의 존재, 이 경우에는 다른 바퀴벌레의 존재가 선수들의 속도를 바꿀 수 있는지를 측정했다.

대단히 기발한 설정의 실험이었다. 천재적이라고 감탄할 정도였다. 하지만 여기에 핵심 구성 요소가 하나 더 있다.

자이언스는 왜 타인의 존재가 상반되는 결과로 이어지는지 어느 정도 파악하고 있었다. 어떤 경우에는 타인의 존재가 성과를 향상시키지만 어떤 경우에는 성과를 감소시키는지 말이다.

그의 견해에 따르면, 이는 과제의 복잡성 또는 사람(혹은 동물)들이 그 일로 평가받는 상황에 달려 있었다. 너무 쉽거나 이전에 수차례 해본 과제라면 관중의 존재는 성과를 촉진시킨다. 하지만 과제가 어렵거나 과제에 새로운 것을 배우는 과정이 포함된다면 관중의 존재는 성과를 억제한다.

이런 가정을 시험하기 위해, 그는 두 가지 형태로 트랙을 만들었다. 하나는 직선 트랙이었다. 양 끝에 각각 스타팅 박스와 결승선 박스가 있었다. 매우 단순한 구조였다. 바퀴벌레에게 외길만 주어졌으며, 이 경우 불빛이 비치는 쪽을 피해 반대편으로 달리기만 하면 됐다.

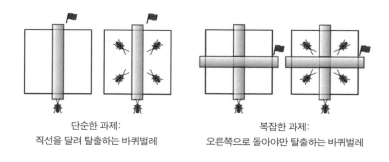

단순한 과제:
직선을 달려 탈출하는 바퀴벌레

복잡한 과제:
오른쪽으로 돌아야만 탈출하는 바퀴벌레

다른 트랙은 훨씬 더 복잡한 구조였다. 직선으로 된 트랙 중간쯤에 두번째 트랙을 수직으로 배치한 십자가 형태의 구조였다. 바퀴벌레들에게는 외길이 아니라 세 가지 선택지가 주어졌다. 하지만 그중 안전한 길은 하나뿐이었다.

그리고 쉬운 과제에서는 스타팅 박스 반대편에 결승선이 위치했지만, 이번 과제에서는 옆면에 놓였다. 그래서 바퀴벌레는 직선으로 달리다가 오른쪽이나 왼쪽으로 돌아야만 탈출할 수 있었다.

그렇기에 맹목적으로 달릴 수 없었고, 어떤 방향이 맞는지 여러 가지 시도를 해봐야 했다.

당연히 복잡한 트랙을 달리면 시간이 더 오래 걸린다. 어떤 방향으로 가야 하는지 알아야만 하고, 그러기 위해서는 세 번의 시도가 필요했다.

하지만 관중의 존재 역시 성과에 영향을 미쳤다. 직선 경로일 때는 관중이 존재하면 평소보다 거의 삼분의 일 정도로 시간이 단축됐다. 하지만 트랙이 복잡해지자 관중의 존재가 반대 효과를 가져왔다. 관중이 존재하면 평소보다 삼분의 일 정도 시간이 지연됐다.

자이언스의 예상이 맞았다. 타인의 존재가 성과에 도움이 되는지 방해가 되는지를 좌우하는 것은 과제의 복잡성이었다.

이 중대한 연구가 발표된 이래, 지난 몇십 년간 같은 결과가 반복됐다. 쉽고 잘 아는 과제에서는 주변 사람들의 존재가 (예를 들어 속도든 정확성이든) 성과를 향상시키지만 익숙하지 않고 더 어려운 과제에서는 성과를 떨어뜨렸다.

예를 들어, 신발을 찾아 신을 때 다른 사람들이 있다면 더 빨라지지만 나비넥타이를 맬 때는 더 느려질 것이다(대개 나비넥타이를 자주 매지 않을 테니 말이다). 노련한 당구선수들은 다른 사람들이 지켜볼 때 득점 기회를 더 오래 이어가지만, 그렇지 않은 선수들은 더 많이 실수한다. 우리가 평소에 안 쓰던 손으로 필기하지 않는 한, 누가 볼 때 필기 속도가 더 빨라진다. 우리가 오른손잡이인데 다른 사람이 지켜보는 가운데 왼손으로 필기해야 한다면 속도가 느려질 것이다.

친구와 함께 체육관에 가본 적이 있다면, 혹은 나란히 놓인 러닝머신에서 모르는 사람과 함께 달려봤다면, 타인이 주는 긍정적인 영향력을 경험해봤을 것이다. 경쟁 상황이 아니더라도 그들의 존재는 도움이 된다. 타인이 있을 때 좀더 무거운 기구를 들어올릴 수 있고, 좀더 빨리 달릴 수 있다.

하지만 평행주차를 하는 동안 누가 당신을 지켜본 적이 있다면, 타인이 주는 부정적인 영향력 또한 겪어봤을 것이다. 평행주차는 절대 쉬운 일이 아니지만, 다른 사람들이 본다면 더 어려워진다. 당신은 차를 똑바로 세웠다고 생각했지만, 너무 늦게 핸들을 돌려서 다시 옆으로 빠져나와 처음부터 다시 주차해야 한다. 당신 뒤에는 다른 차들이 늘어서서 대기중이다. 당신은 다시 한번 주차를 시도하지만, 이번에는 차를 너무 바짝 세워서 다시 해야만 한다. 그러자 동승자까지 당신을 다시 운전면허를 따야 할 사람이라는 듯이 쳐다본다.

단순히 주차에 서툰 사람들도 있겠지만, 사회적 촉진 역시 작용된다. 누군가가 지켜보는 것은 (어느 정도) 평행주차라는 다소 어려운 과제 수행을 더 오래 걸리게 한다.

성과에 도움이 되든 손상을 주든, 사회적 촉진은 몇 가지 이유로 발생한다. 첫째, 타인이 집중을 방해해서다. 그들은 평행주차 또는 우리가 집중하는 대상에서 주의를 분산시킨다. 둘째, 타인이 인상관리 행동을 증가시켜서다. 우리는 타인에게 좋게 보이기 위해 열심히 노력한다. 셋째, 부분적으로 인상관리가 작용해 생리학적으로 흥분도가 높아져서다. 심장박동수가 빨라지고 혈류 속도가 빨라져 우리 몸이 행동할 준비를 하는 것이다.

이런 요소들 때문에 무의식적이고 습관적이거나 잘 학습된 과제를 더 잘 수행하게 된다. 도전의식이 생기며 경쟁심이 발동되어 행동을 위해 벌떡 일어난다. 이때, 꽤 능숙하게 할 수 있는 일(예를 들어 러닝머신에서 달리기나 이전에 수백 번 해본 적이 있는 활동처럼)이 주어지면 더 능숙하게 할 수 있다.

하지만 더 어려운 일이나 더 집중력을 요하는 과제가 주어지면 동일한 요소가 수행을 저해한다. '다른 사람들이 어떻게 생각할까? 내가 주차를 형편없게 한다면, 나를 어떻게 평가할까?' 우리는 겁먹고 불안해한다. 실패하거나 실수할까봐 걱정한다. 그리고 이런 과정이 우리의 수행을 방해한다.

에너지 법안 2.0

오늘 이메일을 확인해보았는가?

많은 사람들에게 이는 질문거리도 안 될 것이다. 대부분은 그렇다고 답할 것이다. "물론이지." 이메일을 열어본 지 한 시간도 안 지났을 수도 있다. 어쩌면 이번 장을 읽는 동안 확인했을 수도 있다.

그렇다면 일기예보는 어떤가? 오늘의 날씨는 확인했는가? 이번주 날씨는? 운동 경기 결과나 소셜미디어는 어떤가?

이메일만큼 자주 확인하지는 않지만, 확실히 이런 정보들을 꽤 자주 챙긴다. 이번주 날씨가 어떨지 우리 지역 운동팀의 성적은 어떤지 적절하게 파악하고 있으며, (소셜미디어 덕분에) 고등학교 때 친구가 휴가차 떠난 아루바 섬이 얼마나 아름다운지도 알 수 있다.

하지만 가정의 에너지 사용량에 대해서는 어떤가? 당신과 가족들이 집에서 얼마나 많은 전력을 사용했는지 확인했는가? 오늘 확인했는가? 이번주에는? 한 번이라도 확인한 적이 있는가?

에너지 사용은 사회 직면 과제 중 하나다. 하지만 모두가 중요하다고 인지하는 이 문제의 해결책은 기술적인 부분보다 사회적 영향력에 달려 있다.

기후 변화는 21세기 들어 가장 시급한 지구적 당면 과제다. 정치적 신념과는 상관없이 적어도 기온 상승에 대한 압도적인 과학적 증거는 인정하지 않을 수 없다. 빙하가 붕괴하고 아열대 사막이 확장된다. 가뭄이나 폭설 같은 극단적인 기후 현상이 더 빈번해지고 식물과 동물 종이 사라져가며, 농작물 수확량이 감소해 식량 안보가 위협받는다.

에너지 사용은 이러한 지구 온난화 추세의 핵심이다. 화석연료를 태우면 이산화탄소가 발생되며, 자동차와 공장 그리고 발전소가 배출하는 온실가스도 계속해서 증가한다. 세계 경제가 성장할수록 사람들은 더 많은 에너지를 사용한다. 겨울에 따뜻하게 지내고 여름에 시원하게 지내기 위해 에너지가 필요하다. 컴퓨터를 작동시키고 공장을 가동시키는 데도 에너지가 필요하다. 그리고 출퇴근할 때에도 에너지가 필요하다. 세계가 더 산업화될수록 우리는 천연자원에 더 큰 부담을 지운다.

해결책이 필요하다. 에너지 사용량을 줄이거나 사용 습관을 바꾸지 않는다면, 세계는 우리 삶을 동요시키는 변화에 휘말릴 것이다.

지금까지는 대부분 상당히 규모가 큰 해결책들이 제시됐다. 발전소의 이산화탄소 배출량을 정부 규제로 제한하거나 자동차 연비 규제를 하는 등의 방안을 시행했다. 그 밖의 해결책으로 새로운 기술과 대체에너지에 주목했다. 태양열 발전소와 풍력 발전소가 좀더 일반화됐으며, 지열에너지 개발을 활발히 진행해 지구핵의 열기를 이용하게 됐다.

소비자 행동 전환을 위한 시도 역시 큰 변화에만 집중한다. 사람들에게 물을 아끼고 에너지 효율이 높은 에너지스타 인증을 받은 세탁기를 구매하라고 한다. 오래된 백열전구를 열 배 이상 오래가는 형광등으로 교체하라고 조언한다. 심지어 더 효율적인 단열재를 사용해 다락방을 개선할 수 있다고 말한다.

하지만 무엇보다도 간단한 해결책은 사람들에게 에너지를 절약하게 만드는 것이다. 방을 나설 때는 전등을 끄고 샤워는 짧게 한다. 겨울철에는 난방기 온도를 1~2도 정도 낮추고 외출할 때는 최저 설정을 유지한다. 많은 사람들이 동참한다면, 에너지 절약이라는 작은 변화가 큰 영향력으로 이어질 수 있다.

그렇다면 사람들의 행동을 변화시키려면 어떻게 해야 할까?

만약 당신이 전력산업을 혁신할 누군가를 찾는다면, 댄 예이츠는 적임자가 아닐 것이다. 샌디에이고의 장대높이뛰기선수 출신으로 거의 어깨까지 내려오는 헤어 스타일을 한 예이츠는 하버드대에 진학했다. 그로부터 몇 년 후 컴퓨터공학으로 학위를 받았는데, 기업 활동에 흥미를 보였다.

예이츠는 샌프란시스코로 옮겨가 어느 회사에서 짧게 경력을 쌓은 후, 하버드대 동기와 교육 평가 소프트웨어 회사를 함께 차렸다. 사업은 번창해 3년 후에는 백사십 명 이상의 직원들과 오백 개 가까운 학군을 고객으로 두게 되었다. 저명한 출판사인 호튼미플린이 그 회사에 관심을 보여 예이츠와 공동 설립자는 사업체를 매각했다.

1년 동안 호튼에서 일한 예이츠는 쉬고 싶어졌다. 그래서 예이츠 부부는 절대 잊지 못할 1년간의 여행을 계획했다. 이들은 도요타의 4러너를 중고로 구입해서 팬아메리카 고속도로를 타고 알래

스카에서 출발했다. 그리고 약 4만 8000킬로미터를 달려 아르헨티나 최남단에 위치한 우수아이아까지 내려갔다.

아름다운 여정이었다. 남서 볼리비아에서는 희귀 동물을 봤고, 코스타리카의 운무림에서는 상록수로 이뤄진 장관을 접했다.

하지만 예이츠와 그의 아내는 자연 파괴 현장도 많이 목격했다. 방대한 열대우림이 파괴되었다. 경작지를 일구기 위해 덤불이 우거진 땅과 원시림이 불태워졌다. 예이츠는 환경을 위해 무엇을 할 수 있을까 고민하며 여행에서 돌아왔다.

예이츠는 또다른 하버드대 동기인 알렉스 래스키와 함께 에너지 낭비를 줄이기 위한 방법을 모색했다. 그들은 다양한 아이디어를 주고받았다. 태양열을 이용하는 방법도 배기가스를 줄이는 방법도 있었다.

하지만 예이츠가 전기요금 고지서를 볼 때 가장 유망한 방안이 떠올랐다. 고지서는 혼란스러웠다. 킬로와트시나 섬therm 같은 복잡한 용어뿐 아니라 시스템 유지비, 전력 조절료, 규제 수수료 등이 쓰여 있었다. 주의해서 읽어볼 내용이 많았지만, 그런 정보를 분석하기란 불가능하지는 않더라도 어려운 일이었다. 예이츠는 더 나은 방법이 있을 것 같았다. "저는 킬로와트시가 뭔지 이해할 수 없었어요. 섬도 마찬가지였죠. 그런 건 알고 싶지 않았어요. 이웃과 비교해서 아니면 적어도 이해 가능한 범위에서 제가 에너지를 얼마나 썼는지만 알고 싶었어요."

예이츠만 그런 게 아니었다. 전기요금 고지서는 너무 복잡해서 대부분은 그 세부사항을 이해하려 애쓰지 않는다. 그저 매달 요금을 납부하고 다음달로 넘어간다.

이런 상황에서 사회적 영향력은 도움이 될 수도 있다.

산마르코스는 에너지 관리를 연구하기에 적합한 장소다. 샌디에이고에서 북쪽으로 약 56킬로미터 떨어진 이 도시는 5번 주간 고속도로가 해안을 감싸는 내륙에서 떨어져 있다. 남부 캘리포니아는 풍부한 일조량으로 유명한데, 산마르코스 역시 실망시키지 않는다. 미국 내 다른 지역과 비교했을 때 이 도시의 강수량은 그 절반에도 미치지 않고 1년에 260일 이상 화창하다.

하지만 산마르코스도 겨울이 되면 난방기를 작동해야 할 정도로 추워진다. 그리고 여름에는 무더위에 시달리기 때문에, 주민들은 맹렬하게 에어컨을 가동한다. 또한 이 넓은 도시는 가뭄 때문에 골치를 앓는지라 몇 년에 한 번씩 제한 급수가 시행된다. 주민들은 어디 사는지에 따라 하루 중 특정 시간대에만 세차를 할 수 있고, 일주일 중 특정 요일에만 잔디에 물을 줄 수 있다. 늘은 아니지만 무의식적으로 주민들은 에너지 사용에 대해 인식하고 있다.

10년도 전인 어느 건조한 여름날, 밥 치알디니, 웨스 슐츠, 제시카 놀런, 노아 골드스타인, 블라디스 그리스케비시우스 교수는 산마르코스에서 간단한 실험을 진행했다.

대학원생들이 집집마다 돌면서 에너지 절약을 장려하는 메시지를 전달했다. 각 가정에 에너지 절약을 장려하는 내용이 담긴 (호텔에서 쓰는 '방해하지 마시오' 팻말과 비슷한) 문고리 표지판을 전달했다. 선풍기 사용을 권하고, 샤워 시간을 단축할 것과 에어컨의 야간 사용 자제를 홍보하는 표지판이었다.

행동 변화를 촉구하는 에너지 절약 캠페인의 경우, 대개 세 가지 호소방식에 집중한다. 돈 절약하기, 환경 보존에 동참하기, 혹은 사회적 책임감 북돋우기. 어떤 방식이 가장 효과적인지 알아보기 위해, 각 가정을 그룹으로 나누어 각 그룹마다 다른 메시지를 전달했다.

어떤 집주인들은 돈 절약을 강조하는 호소문을 받았다. 예를 들어, 이러한 문구로 선풍기 사용을 권장했다. "여름이 왔으니 가정 내 전기요금 지출을 줄일 때입니다. 이번 여름, 어떻게 돈을 절약할 수 있을까요? 에어컨 대신 선풍기를 사용하면 됩니다! 왜냐고요? 산마르코스 주립대학 연구원들에 따르면, 여름철 냉방을 위해 에어컨 대신 선풍기를 사용하면 한 달에 54달러를 절약할 수 있으니까요."

두번째 그룹은 환경과 관련된 메시지를 받았다. 이는 사람들에게 이렇게 호소했다. "에너지 절약으로 환경을 보호합시다. 여름이 왔으니 온실가스를 줄일 때입니다. 이번 여름, 어떻게 환경을 보호할 수 있을까요? 에어컨 대신 선풍기를 사용하면 됩니다! 왜

냐고요? 산마르코스 주립대학 연구원들에 따르면, 여름철 냉방을 위해 에어컨 대신 선풍기를 사용하면 한 달에 약 120킬로의 온실가스 배출을 막을 수 있으니까요! 에어컨 대신 선풍기를 사용하기—환경을 위한 선택입니다."

세번째 그룹은 바람직한 시민 되기에 관한 메시지를 받았다. "여름이 왔으니 에너지 절약을 위해 힘을 모아야만 합니다. 후손들을 위해 어떻게 에너지를 절약할 수 있을까요? 에어컨 대신 선풍기를 사용하면 됩니다! 왜냐고요? 산마르코스 주립대학 연구원들에 따르면, 여름철 냉방을 위해 에어컨 대신 선풍기를 사용하면 매달 전력량을 29퍼센트까지 줄일 수 있으니까요! 에어컨 대신 선풍기 사용하기—사회적으로 책임감 있는 선택입니다."

각기 다른 호소문을 전달하고 그와 함께 호소문의 전달 전후 각 가정에서 전력을 얼마나 사용하는지 측정했다.

대부분의 사람들은 환경적인 호소가 가장 효과적일 것이라고 예상했다. 이는 돈 절약이나 공동체에 이바지하는 측면을 강조한 메시지와 많은 차이는 없더라도, 다소나마 효과가 있을 것 같았다.

하지만 이러한 예상은 틀렸다. 호소문은 모두 효과가 없었다. 에너지 절약 메시지는 에너지 소비에 아무런 영향을 미치지 못했다. 환경적 측면을 강조했든, 돈 절약을 강조했든 바람직한 시민의 태도를 강조했든 간에 사람들은 꿈쩍도 하지 않았다. 사람들은 이전보다 에너지 사용량을 조금도 줄이지 않았다. 메시지가 전혀 전달되지 않게 보일 정도였다.

다행스럽게도, 연구자들은 네번째 호소방법도 시도해봤다. 에너지 절약을 왜 해야 하는지 여러 가지 이유들을 언급하며 행동 변화를 촉구하는 대신, 간단하게 사회 규범을 강조했다. 즉, 지역 주민들이 어떻게 하는지 알려줬다. "조사 결과, 여름철 냉방을 위해 지역 주민 중 77퍼센트가 에어컨 대신 선풍기를 사용한다고 합니다. 당신도 에어컨을 끄고 선풍기를 켜세요."

사람들은 그렇게 했다. 이 메시지를 받은 가정의 에너지 사용량은 상당히 줄었다. 더구나 이러한 소비량 감소는 호소문을 받고 몇 주 뒤에도 지속되었다. 단순히 다른 이웃들이 에너지를 절약하고 있다고 알려줌으로 사람들은 스스로 에너지 절약을 하게 됐다.

이 결과로 예이츠와 래스키는 하나의 가능성을 발견했다. 간단하고 비용 측면에서도 효율적이게 사회 규범이 사람들의 에너지 사용을 감소시킬 것이다. 타인의 사용량을 함께 보여줌으로써 더 효과적인 에너지 고지서를 만들 수 있을 것이었다.

그들이 설립한 오파워Opower는 현재 전 세계 백여 곳 이상의 전력 회사들과 함께 일한다. 오파워는 고객들에게 신중하게 선별한 에너지 보고서를 발송한다. 혼란스러운 전문 용어보다는 고객들이 에너지를 얼마나 사용했는지 쉽게 알아보게끔 구성한다. 산마르코스에서의 연구 결과를 토대로 제작된 이 에너지 보고서들은 고객들의 에너지 소비량을 인근의 유사한 가정들과 연관짓는다. 이웃들보다 에너지를 더 많이 사용하는지, 더 적게 사용하는지 보여주는 것이다.

사회적으로 비교된 정보는 고객들을 동기부여했는데, 보고서는 여기서 그치지 않았다. 그들은 이런 정보와 함께 각 고객에게 에너지 절약을 위한 맞춤형 방안을 제시했다. 예를 들어, 특정 전자제품 교체하기, 전등 끄기 그리고 텔레비전 설정 조정하기 등이었다.

이러한 프로그램 때문에 사람들의 에너지 소비량은 2퍼센트가량 낮아졌다. 개별적으로 본다면 크지 않은 듯한 감소량이나 전체적으로 집계해보면 그 영향력이 엄청났다. 오파워의 프로그램이 출시된 이래 시간당 6테라와트 이상의 에너지가 절약됐다. 여기서 시간당 6테라와트는 알래스카와 하와이의 모든 가구 수와 맞먹는 이백십만 명 이상의 사람들이 1년 동안 전력망을 끈 에너지 소비량에 해당한다.

오파워는 에너지 절약뿐 아니라 이산화탄소 배출량 감소에도 공헌했다. 이렇게 감소한 배출량의 누적치는 미국에서 축구장 크기의 산림을 이만 사천 개 보존한 것과 동일하며, 1년 동안 시카고에서 자동차 운행을 중단한 것과 효과가 거의 같았다.

타인과 관련된 작은 반응치고는 나쁘지 않은 결과다.

흥미롭게도 조사에 앞서 산마르코스 주민들에게 이 방법이 성공할지 물었을 때, 대부분의 주민들은 실패를 예상했다. 주민들에게 친구나 이웃이 에너지를 절약한다는 사실을 신경쓰느냐고 묻자 조금은 그렇지만 환경 보존이나 돈을 절약하기만큼 중요하지는 않다고 답했다.

하지만 그들의 생각은 틀렸다. 사람들이 대개 그러하듯, 그들 역시 타인이 우리의 행동에 큰 영향을 미친다는 사실을 과소평가했다.

타인들이 우리를 더 열심히 일하게 하거나 에너지 보존에 힘쓰게 동기부여한다는 사실은 명확해졌지만, 우리의 성과가 타인과 비교되는 방식 자체도 중요할까?

실패의 긍정적인 점

스포츠 베팅을 해본 적이 없더라도 누군가가 당신에게 농구 경기에 베팅하라고 1만 달러를 줬다고 상상해보자. 하프타임에 당신은 이길 것 같은 팀을 선택한다. 당신이 이긴다면 돈을 가져갈 수 있지만, 진다면 돈을 전부 잃는다.

행운(그리고 친구의 너그러움)이 진짜인지 볼을 꼬집어 확인한 후, 어느 팀에 돈을 걸 것인지 선택하는 데 집중한다. 빠르게 진행되는 게임으로 양팀 모두 이길 가능성이 있다. 양팀이 엎치락뒤치락하다가 마침내 한 팀이 8점 차로 앞서나간다. 그러나 상대팀이 차이를 좁히면서 바싹 따라와 다시 우세가 바뀌었다. 전반전 말미가 되자, 한 팀(이들을 워싱턴 위너스라고 부르자)이 상대편 팀(이들을 루이빌 루저스라고 하자)을 한 점 차이로 앞섰다.

어떤 팀이 이긴다는 데 1만 달러를 걸 것인가? 이기고 있는 팀인가, 지고 있는 팀인가?

만약 당신이 대부분 사람들과 비슷하다면, 아마 이기고 있는 팀을 선택할 것이다. 힘든 경기에서 이기기 위해 싸우든, 사무실에서 최고의 판매 사원이 되기 위해 노력하든, 결국 앞서간다는 것은 이길 확률이 높아진다는 것을 직관적으로 보여주기 때문이다. 전반전을 마쳤을 때 앞서 있던 하키팀 중 삼분의 이 이상이 경기에서 승리하고, 3이닝까지 이기던 야구팀 중 사분의 삼 이상도 승리한다. 농구도 마찬가지다. 이기고 있는 팀은 결국 승리하고 이러한 경향성은 크게 앞설수록 더욱 강해진다. 예를 들어, 하프타임까지 4점 차로 이기던 팀이 경기에서 승리할 확률은 약 60퍼센트다. 8점 차 이상으로 이기던 팀이 승리할 확률은 80퍼센트 이상이다.

이러한 경향성은 전혀 놀랍지 않다. 더 잘하는 팀이 이기고 있을 경우가 많다. 어느 정도는 그래서 그들이 앞서는 것이다.

또한 지고 있는 팀은 이기려면 더 많은 점수를 내야 한다. 기계적으로 보면, 역전승을 하려면 그들은 상대팀보다 점수를 더 많이 내야만 한다.

하지만 뒤처진 게 가끔 좋은 일이 될 수 있지 않을까? 지고 있는 게 오히려 사람들을 이기게 할 수도 있을까?

지금껏 해본 일 가운데 가장 즐거우면서도 가장 힘들었던 일은 유소년 축구팀의 코치직이었다. 대학생 시절, 학교생활을 잊게 해줄 재미난 과외 활동을 찾다가 마침 한 친구가 대학생들에게 유소년 스포츠를 가르칠 기회를 주는 나이키 프로그램을 알려줬다. 어렸을 때 아버지에게서 축구를 배웠고, 늘 축구를 좋아했기에 한번 시도해봐야겠다고 생각했다.

그후 몇 개월 동안, 매주 화요일과 목요일 오후를 미국 유소년 축구협회의 이스트 팰러앨토 소속인 열여덟 명의 소년들과 함께 보냈다. 멋지지만 무모한 열한두 살 난 소년들의 시간강사이자 매니저가 되었다. 운동장을 돌며 몸 상태를 끌어올렸고 팀워크를 다지기 위해 패스 연습을 했으며 드리블 연습으로 자신감과 경쟁력을 키워갔다. 빈둥거리다가 필드 주변에서 서로 따라잡는 훈련도 많이 했다. 최고의 코치는 아니었지만 알고 있는 경기에 대한 약간의 지식을 그들에게 전해주고 더 좋은 선수가 되게끔 도왔다.

일반적으로 봤을 때, 우리는 강한 팀이었다. 우리에겐 키가 크고 솜씨가 능숙한 시건방진 공격수와 그보다 키는 작지만 날쌔서 득점력이 좋은 선수가 있었다. 거기에 뛰어난 수비수 몇 명과 암만 필드를 위아래로 뛰어다녀도 지치지 않을 듯한 실력 있는 미드필더도 몇 명 있었다.

경기에 나서자 우리는 하나가 되었다. 가끔은 멋진 경기를 펼치기도 했다. 아이들이 처음으로 '기브 앤드 고' 플레이를 했을 때는 울 뻔했다. 훈련으로 배운 것을 그들이 체득해가는 과정을 지켜보는 일은 놀라웠다.

잘되지 않을 때도 있었다. 어떤 것들은 몇 주간 수십 번씩 연습해도 잘 습득되지 않는 듯했다. 몇 번을 연습했느냐와 상관없이 제대로 해낼 수 없었다.

코치로서 사이드라인 따라다니기 외에 할 수 있는 게 거의 없었다. 어떻게 하면 더 나아질 수 있는지 계획도 짰고 동기를 갖게끔도 시도했다. 이리저리 선수 교체도 할 수 있었지만, 경기를 하는 것은 아이들이었다.

하프타임에는 한 차례 변화를 주어야만 했다. 잔디밭에 대충 원형으로 모여 선 아이들이 물을 들이켜고 오렌지를 먹는 가운데 전략에 대하여 이야기했다. 무엇을 잘하고 있는지 무엇을 더 잘해야 하는지 언급했다. 아이들을 자극할 수 있는 이런저런 말을 던졌다. "너희는 할 수 있어!" "나가서 잡아버리자!" 아이들은 후반전을 뛰었지만, 휴식 시간에 강조했던 것들은 대부분 그리 달라지지 않았다.

경기에서 이기고 있든 지고 있든, 휴식 시간에 내가 한 주문은 경기방식을 바꾸지 못한 것 같았다. 이기거나 비기다가 중간 휴식을 할 때는 괜찮았다. 때로는 이겼고 때로는 졌다. 하지만 하프타임까지 지고 있던 경기에서는 뭔가 다른 상황이 벌어졌다. 아이들은 더욱 동기부여가 되었다. 0대 1로 지다가 3대 2로 이겼다. 혹은 두 골 뒤져서 1대 3으로 지다가 5대 3으로 이기며 경기를 마치기도 했다. 우리 팀은 지고 있을 때 더 괜찮은 경기를 하는 것 같았다.

코치로서 미칠 노릇이었다. 만약 역전해서 이길 수 있다면, 어째서 항상 좋은 경기를 못하는 걸까? 기술과 능력을 명확히 갖췄는데 어째서 질 때만 그게 발휘될까?

어떤 팀이 어떤 경기에서 이기고 지는 데는 팀워크, 기술, 홈어드벤티지, 심지어는 날씨 등 많은 이유가 얽힌다. 하지만 우리 팀의 경기력은 어떤 경향을 강하게 보여주는 것 같지 않은가?

행동경제학자인 데빈 포프와 함께 이에 대해 알아보기로 했다. 축구는 많은 점수가 나지 않는 운동 종목이고 아이들의 경기에서는 유의미한 데이터를 충분히 모으기도 힘들 것이기에 프로 농구를 대상으로 조사해보기로 했다.

우리는 15년치 이상의 경기를 분석했다. 약 이천 건에 달하는 NBA 경기들이었다. 데이비드 로빈슨이 샌안토니오 스퍼스에서 뛰었을 때의 경기부터 폴 피어스, 레이 앨런, 그리고 케빈 가넷이 뛰었던 보스턴 셀틱스의 경기까지 모두 포함되어 있었다. 우리는 하프타임까지의 점수를 기록했고 그 경기에서 어느 팀이 최종적으로 승리를 거뒀는지도 정리했다.

홈어드벤티지라는 유명한 말처럼 실제로 원정경기보다 홈경기 시 이길 확률이 더 높았다. 더 잘하는 팀, 즉 시즌 우승 확률이 높은 팀일수록 경기에 이길 확률이 높았다. 그리고 당연히 하프타임까지 많이 앞선 팀일수록 이길 확률이 더 높았다. 또한 상대편보다 2점씩 더 앞서 있을 때마다(예를 들어 2점 앞서 있는 것이나 2점이 아닌 4점을 앞서 있는 경우) 경기에서 이길 확률이 약 7퍼센트 더 올라갔다.

일리 있는 결과였다. 이기고 있으면 승리로 이어진다.

딱 하나 예외가 있었다. 확률이 거의 0에 가까웠지만 말이다. 바로 지고 있던 팀이 역전하는 순간이다.

1점 차로 지고 있는 팀을 살펴보자. 다른 모든 요소가 1점 차로 이기고 있는 팀들에 비해 이러한 팀의 이길 확률은 7퍼센트 떨어진다고 반증한다. 각 팀의 경기력이 어떻든, 홈경기든 원정경기든 그리고 다른 모든 요소들을 통제한다면 하프타임까지 1점 차로 지고 있는 팀은 1점 차로 이기고 있던 팀보다 백 번의 경기 중 일곱 경기를 적게 이겨야 한다.

하지만 그렇지 않았다.

실제로는 1점 차로 지고 있던 팀이 이길 확률이 더 높았다. 단지 지고 있던 팀이 이길 확률만 높아진 게 아니라(약 8퍼센트 정도), 상대팀과 비교했을 때 1점 차로 지고 있던 팀은 실제로 더 많은 경기에서 이겼다. 그들은 더 안 좋은 팀이었고 이기기 위해서 상대보다 더 많은 점수를 내야만 했음에도 말이다.

만약 베팅해야 한다면, 하프타임까지 1점 차로 뒤지고 있는 팀에 거는 게 안전할 수도 있다. *

왜 지고 있다가 이기는 걸까? 이를 알아보기 위하여 간단한 게임을 진행해봤다.

컴퓨터 키보드 앞에 앉아 있다고 상상해보자. 키보드 왼쪽에 있는 Q키 바로 밑에는 A키가 있다. 키보드 아래쪽을 보면 V키와 N키 사이에 B키가 있다. 한 손가락을 A키에 그리고 다른 한 손가락을 B키에 올려놓고 계속해서 A키와 B키를 가능한 한 빠르게 반복해 누른다고 상상해보자. A, B, A, B, A, B, 할 수 있는 한 최대한 빠르게.

당신이 두 개의 키를 유효하게 누를 때마다 득점한다. 이 두 개의 키를 더 빠르게 누를수록 점수를 더 많이 얻는다. 세상에서 가장 재미있는 게임은 아니지만 상당히 쉬운 게임이다.

이제 같은 게임으로 누군가와 경쟁한다고 상상해보자. 경기는 30초씩 두 번(또는 전후반전) 진행되고 중간에 짧은 휴식 시간(또는 하프타임)이 있다. 경기가 끝나면 누구든 가장 많은 점수를 얻는

* 대학 농구 경기도 마찬가지다. 사만 오천 경기 이상을 분석한 결과 하프타임까지 지고 있던 NCAA팀이 이길 확률이 증가했다. 실력이 약간 떨어지는 팀 역시 이길 확률이 더 높다. NCAA의 토너먼트가 예순네 개의 팀으로 늘어난 이래 아홉번째 시드를 받은 팀이 여덟번째 시드를 받은 팀을 이긴 경기는 54퍼센트였다. 많은 차이는 아니지만 여덟번째 시드를 받은 팀이 더 실력 있는 팀일 테니 놀랍다.

쪽이 약간의 상금을 받는다.

우리는 하프타임 동안 선수에 따라 다르게 이야기를 해주었다. 어떤 선수들에게는 아무 말도 해주지 않았고, 어떤 선수들에게는 경쟁자에 대해 알려줬다. 오파워의 에너지 고지서처럼, 그들은 다른 사람에 비해 얼마나 경기를 잘하고 있는지 정보를 얻었다.

지고 있는 상황이 어떤 영향을 미치는지 알아보고자 우리는 경쟁자의 정보를 조작했다. 그들에게 지금까지 상대가 한 점 차로 앞서고 있으니 그들은 한 점 차로 뒤지고 있다고 알려주었다. 그러고 나서 그들이 후반전에 얼마나 열심히 경기에 임하는지 측정했다. 키보드를 누르는 횟수가 늘었는지 줄었는지가 판단 기준이었다.

지고 있다고 생각하는 사람들에게 더 많은 동기부여가 이루어졌다. 그 정보가 사람들을 더 열심히 하게 했다. 경쟁자 정보를 전혀 받지 못한 참가자들에 비해서 자신이 지고 있다는 정보를 받은 참가자들은 세 배 이상 더 노력했다. *

경쟁은 사람들의 기준을 형성하거나 자신이 얼마나 잘하고 있는지 척도를 만들게 함으로 동기에 영향을 미친다. 5킬로미터 달

---

* 또한 이 실험은 농구 경기 데이터에서는 통제할 수 없었던 몇 가지 요소를 배제했다. 실력이 부족한 팀을 심판이 응원해서 지고 있는 팀에게 휴식 시간을 주거나 파울을 적게 줘서 그들이 이기게끔 도울 수도 있다. 혹은 지고 있는 팀의 코치들은 이기고 있을 때보다 선수들에게 동기를 부여하기 더 좋을지 모른다. 우리의 실험 때문에 이러한 가능성에 대해 의구심이 들 수 있겠지만 그럴더라도 데이터에서 배제할 수는 없었다. 하지만 이 실험에서는 그럴 수 있었다. 코치나 심판이 없더라도 사람들은 상대방보다 약간 뒤처졌다고 생각하면 더 열심히 했다.

리기를 하거나, 시험을 치르거나 사무실에서 영업 전화를 돌릴 때 우리는 종종 목표를 세운다. 20분 안에 완주하기, A학점 받기, 혹은 이번 달 신규 고객 열 명 유치하기처럼 말이다.

이러한 목표들에 대한 성과는, 우리가 얼마나 계속해서 열심히 할 수 있는지에 영향을 미친다. 다음 상황을 살펴보자.

칩과 조지는 둘 다 운동을 좋아했고 각자 하루에 스물다섯 번 앉았다 일어서기를 비롯한 운동 계획을 실천하고 있다. 어느 날, 칩은 앉았다 일어서기 목표를 서른일곱 번으로 상향 조절했고 조지는 서른세 번으로 목표를 바꿨다. 칩과 조지 모두 앉았다 일어서기 서른다섯 번을 한 뒤 지쳐버려서 기껏해야 한 번 혹은 어쩌면 두 번 정도 더 할 힘만 남았다.

이 마지막 한두 번의 앉았다 일어서기를 누가 더 열심히 할까? 칩일까 조지일까?

사람들은 아직 목표 달성을 못한 칩이 조지보다 이 마지막 한두 번의 앉았다 일어서기를 더 열심히 하리라고 생각했다. 서른일곱 번을 목표로 정했으나 아직 서른다섯 번밖에 못 했기 때문이다. 칩은 거의 목표에 도달했고 조금만 더 노력하면 애초에 설정했던 목표를 달성할 수 있다. 또한 조지는 이미 목표에 도달했으니 기분 좋을 테지만, 칩은 아직 목표를 이루지 못했기에 불만족스러울

것이다. 그리고 그러한 불만족은 그를 더 열심히 하게끔 동기부여
할 것이다. 앞서 있는 것과 비교해볼 때 뒤처져 있는 것이 더 많은
동기를 부여한다.

지고 있는 상황이 동기를 유발하는 효과는 전체 목표에 대해서
만이 아니라 진행과정에서도 일어난다. 만약 이번 달에 열 명의
신규 고객 유치를 목표로 세웠는데 중순까지 네 명만 유치했다면,
여덟 명일 때보다는 덜 만족스러울 것이다. 이상적으로 생각했던
궤도에서 뒤처지면 우리는 더욱 열심히 하도록 동기부여된다.

경쟁은 비슷한 이유로 동기에 영향을 미친다. 우리는 성공인지
아닌지를 미리 정해놓은 확실한 목표(앉았다 일어나기 서른다섯 번
혹은 열 명의 신규 고객)로 판단하는 것처럼 종종 타인을 비교 기준
으로 삼는다. 농구 경기에서의 승리는 당신의 팀이 얼마나 많은
점수를 내느냐가 아니라 상대팀보다 더 많은 점수를 내느냐에 달
려 있다. 한 달에 에너지를 1074킬로와트시 사용한다면 사용량이
많은 것일까? 이에 대해 답하긴 어렵지만, 만약 이웃집 누군가가
그보다 적게 사용한다면 사람들은 격차를 줄이려 동기부여될지도
모른다.

가끔은 남들보다 더 잘하는 경우 분명하면서도 매력적인 보상
을 받는다. 영업 실적이 가장 좋은 직원은 보너스를 받을 것이다.
가장 적은 타수로 경기를 마친 골프선수는 우승할 것이다.

어떤 때에는 성취감만을 보상으로 얻는다. 지는 것보다는 이기

는 것이 더 만족스럽다. 이웃보다 에너지를 더 적게 사용하는 것이 더 많이 사용하는 것보다는 더 기분이 좋다.

결과적으로 남들보다 뒤처지면 더 잘하게끔 동기부여될 수 있다. 하프타임까지 한 점 차로 지고 있던 팀은 라커룸에서 더 열정적인 모습으로 나왔다. 그들은 열심히 뛰었고 후반전이 시작되고 몇 분 만에 미흡했던 부분을 대부분 떨쳐냈다. 우리 실험에서 사람들이 A키와 B키를 누르던 것처럼 뒤처져 있는 상황은 더 열심히 하게끔 동기를 부여했다. 그리고 그 결과, 그들 팀은 이길 가능성이 더 올라갔다.

하지만 뒤처졌다는 게 항상 동기를 부여할까?

지고 있는 상황이 이어져 더 심하게 지는 상황이 된다면

리처드 '판초' 곤살레스는 테니스 역사상 최고의 선수 중 하나로 손꼽힌다. 1928년 캘리포니아 로스앤젤레스에서 태어난 곤살레스는 몇 안 되는 멕시코계 미국인 스타다. 열두 살이 되던 해 어머니에게 51센트짜리 라켓을 받은 이래 그는 절대 뒤돌아보지 않았다. 주로 독학을 했고 근처의 공공 테니스장에서 경기중인 선수들을 보며 테니스를 배웠다. 열아홉 살이 되자 키가 192센티미터에 달해 큰 키로 상대방을 압도하는 강력한 서브를 개발할 수 있었다.

곤살레스는 8년간 세계 최고의 선수 자리에 이름을 올렸다. 그는 선수생활 동안 열일곱 개의 메이저 대회에서 우승했는데 그중 두 번은 그랜드슬램이었다. 『스포츠 일러스트레이티드』편집자들이 뽑은 20세기에 활동한 선수 가운데 가장 좋아하는 운동선수 명단에서 곤살레스는 15위를 차지했다. 그들은 지구의 운명이 테니스 한 경기에 달려 있다면 지구 대표로 곤살레스가 서브를 넣었으면 좋겠다고 말했다.

하지만 곤살레스의 경기 중 가장 독특한 경기는 1969년 윔블던에서 열렸던 찰리 파사렐과의 경기였다. 당시 마흔한 살이던 곤살레스는 테니스계에서 할아버지나 마찬가지였다. 반면 파사렐은 훨씬 젊을 뿐 아니라(당시 스물다섯 살), 곤살레스에게 훈련을 받은 터라 그의 스트로크를 따라하면서 기술을 익힌 선수였다.

두 사람이 각각 서브를 하는 게임을 따내면서 매치가 시작되었다. 곤살레스가 서브를 넣으면 그 게임은 곤살레스가 이겼다. 파사렐이 서브를 넣으면 그 게임은 파사렐이 이겼다. 이런 식으로 계속 주고받았다. 첫번째 세트에서는 5게임, 그러고 나서 10게임, 다시 15게임이 이어졌다. 곤살레스는 패하지 않기 위해서 수많은 세트포인트를 막아냈다. 20게임, 그리고 30게임, 그러고 40게임이 진행되었다. 결국 파사렐은 곤살레스의 마흔여섯번째 게임의 서브를 로브샷으로 받아냈고 공이 베이스라인 뒤쪽 끝에 걸쳤다. 24대 22로 첫 세트를 그가 가져갔다.

두번째 세트는 오후 일곱시가 조금 지나 시작되었다. 당시 런던은 흐렸고 해가 지고 있었다. 곤살레스는 시야 확보가 어렵다며 불만을 제기했지만 심판은 이를 받아들이지 않았다. 화가 나서였는지 잘 보이지 않아서였는지는 모르겠지만 곤살레스는 다시 한 번 졌고 이번에는 1대 6으로 훨씬 빨리 승부가 갈렸다. 두번째 세트가 종료된 후 경기가 중단되었다.

다음날 아침, 날씨는 더 좋아졌고 선수들은 치열한 경합을 벌이기 위해 돌아왔다. 위기가 있기는 했지만 곤살레스는 결코 무너지지 않았고 세트는 서서히 진행되어 6대 6, 8대 8, 그리고 10대 10이 되었다. 파사렐은 곧 예전 스승을 이긴다는 사실에 압박감을 느꼈다. 스물아홉번째 게임이 지난 후, 파사렐은 두 번의 더블폴트(주어진 서브 두 번을 모두 실패하는 일—옮긴이)를 범하며 세번째 세트에서는 14대 16으로 패했다.

이 시점부터 흐름이 바뀌었다. 파사렐은 또다시 더블폴트를 범했고 네번째 세트 또한 3대 6으로 졌다. 이제 매치는 2대 2의 세트 스코어로 동점이 되었다. 곤살레스는 지쳐 보였고, 점수가 나기 전후로 라켓에 기대서서 시간을 벌었다. 하지만 포기하지는 않았다. 파사렐은 계속해서 그를 궁지에 몰았지만 끝낼 수가 없었다. 게임 포인트 4대 5에서 곤살레스는 0대 40포인트 상황까지 몰렸지만 매치 초반에 괜찮았던 파사렐의 로브샷이 불안정해졌다. 곤살레스는 반격을 가했고 일곱 번의 듀스 끝에 5대 5 동점을 만들어냈다.

다음 게임은 파사렐이 가져갔지만 곤살레스가 다시 0대 40포인트인 상황에서 6대 6 상황을 만들어냈다. 다시 한번 경기의 흐름이 오락가락했고 게임의 기록은 점점 더 올라갔다. 곤살레스가 11대 9로 마지막 세트에서 승리하며 매치에서 우승을 차지했다.

그 경기는 110게임 이상에 걸쳐 다섯 시간 넘게 진행되었다. 윔블던 사상 가장 긴 단식 경기 중 하나였다.

이 장대한 경합을 계기로 윔블던은 1971년에 타이브레이크 제도를 도입했다. 경기 중 누군가가 두 게임을 앞설 때까지 계속 진행되는 것이 아니라, 여섯번째 게임에서 동점이 되면 타이브레이크 게임에서 승자를 결정하는 것이다.● 선수들은 번갈아가며 서브를 넣고 누구든 7점을 먼저 내면 이긴다(상대편보다 2점을 앞서 있는 한). 타이브레이크 게임도 여전히 오래 진행될 가능성이 있지만, 곤살레스와 파사렐의 경기만큼 길어질 기회는 줄어들었다.

농구 경기의 연구처럼, 테니스에서 지고 있는 상황이 경기력에 어떤 영향을 미치는지 궁금해한 경제학자가 있었다. 타이브레이크 게임에서 패한 선수를 한번 보자. 그것이 나머지 매치에서 그 선수가 얼마나 잘하느냐에 영향을 미칠까?

수천 경기를 분석한 뒤 그는 확실히 그렇다고 결론내렸다. 하지만 그 영향은 농구 경기에서의 발견과는 반대였다. 이기고 있는 선수가 더 나은 경기를 한다기보다는 지고 있는 테니스선수의 경

● 마지막 세트에 모두 걸려 있다.

기력이 더 떨어졌다. 평균적으로 첫번째 세트의 타이브레이크 게임에서 진 선수는 두번째 세트의 나머지 게임에서도 졌다.

왜 그런 걸까?

지고 있는 상황이 왜 경기 결과에 상이한 영향을 미치는지를 두 운동 종목 간의 차이 탓으로 볼 수 있다. 농구는 팀 경기인 반면 테니스는 개인전이다. 농구는 경기 시간이 한 시간 이하인 반면, 테니스 경기는 그보다 두세 배는 더 걸리는 경우도 왕왕 있다. 그 밖에도 여러 차이점들이 있다.

하지만 사실 이는 농구와 테니스 간의 차이점과는 거의 관련이 없고 그보다 격차의 정도, 혹은 지고 있는 측의 상황이 얼마나 더 나쁜가와 연관된다.

사람들은 목표에 가까워질수록 더욱 동기부여를 받는다. 카페, 베이글 가게 혹은 다른 종류의 포인트 적립 카드를 보자. 이러한 카드를 통해 단골들에게 무료로 상품이 제공된다. 커피 아홉 잔을 사면 열번째는 무료로 제공해주거나 베이글을 여섯 번 살 때마다 하나씩 무료로 주는 식이다. 이러한 보상들은 사람들의 재방문을 유도하지만 그것이 얼마나 동기부여를 하는지는 그 보상에 얼마나 가까워졌느냐에 달려 있다. 이제 막 포인트 카드를 받은 사람보다는 카드를 거의 다 채운 사람이 훨씬 빨리 구입한다. 거의 도달했다고 느끼면 더 동기부여가 되고 그 가게에 더 빨리 재방문한다.

동물들도 같은 행동 패턴을 보인다. 이제 막 미로를 출발한 쥐들보다 보상(예컨대 치즈)에 가까워진 쥐들이 더 빠르게 달린다. 더 가까워질수록 그들의 동기는 더 커진다.

그러니까 경쟁이란 뒤처져 있느냐에 대한 게 아니다. 이는 누군가 얼마나 뒤처져 있느냐에 대한 것이다. 조금 뒤처진 것은 승리라는 목표의 달성과 더 가깝기 때문에, 많이 뒤처진 것보다 더 동기부여가 많이 된다.

하프타임까지 한 점 차로 뒤지고 있는 팀을 보자. 거의 따라잡았다. 그들은 마치 코너를 돌아 치즈를 발견한 쥐 같다. 좋은 수비를 펼치고 추가점을 뽑는다면 격차를 좁힐 수 있을 것이다. 조금만 더 노력한다면 역전승도 가능할 것이다. 농구 해설가는 그들의 승리가 코앞에 와 있다고 말할지도 모른다.

점수 차가 많이 나는 경우와 비교해보자. 예를 들어 8점 차 정도로 지고 있는 상황이다. 그들은 여전히 경기중이지만 승리는 가시화되지 않았다. 그들은 상대방의 공격을 몇 번은 막아내야 하고, 추가 득점을 해야 하며 거기다가 아마 한동안은 이렇게 진행되어야만 한다. 그들과 승리는 멀리 떨어져 있다. 승리의 향기는 맡을 수 있을지 몰라도 그 맛을 보기에는 너무 멀리 떨어져 있다.

우리가 한참 뒤처져 있을 때는 추가적으로 동기부여되기 힘들다. 8점 차이라면 이길 가능성은 있겠지만 차이가 많이 벌어지면 승리할 가능성이 낮아 보인다. 또한, 큰 차이를 만들어낼 것이라고 확신할 수 없다면 추가적으로 노력을 북돋우기 힘들다.

이러한 맥락에서 사회적 비교는 동기를 증가시킬 뿐 아니라 감소시키기도 한다.

8점 차이가 아니라 20점이나 25점 차이로 지고 있다고 상상해 보자. 너무 뒤처졌기에 승리가 요원해 보인다. 따라잡으려면 많은 것들이 잘 풀려야만 하는데, 가능해 보이지도 않는다. 그래서 당신은 포기하게 된다. 그러한 상황에서 성공은 불가능해 보이고, 동기는 떨어진다. 경쟁이 의욕을 꺾어버린다.

타이브레이크에서 진 선수들에게 바로 이런 일이 일어난다. 매치에서 우승하기란 불가능하지는 않지만 훨씬 어려워진다. 3판 2승제로 진행되는 매치에서는 두 세트만 이기면 우승한다. 그렇기 때문에 첫 세트의 타이브레이크에서 지면 매치 우승을 향한 길에서 절반이나 지고 들어가는 셈이다. 그들은 약간 뒤처진 것이 아니라 많이 뒤처지게 된다. •

이렇듯 상대적인 성과가 급격히 변하면 특히 더 의욕이 떨어진다. 물론 뒤처졌다는 것이 기분 좋은 일은 아니지만 거의 다 잡았

• 오파워에 대한 연구에서는 많이 뒤처진 것이 의욕을 떨어뜨리지 않는다는 결과가 나왔다(올콧, 2011). 이웃들이 훨씬 에너지를 적게 사용한다는 이야기를 듣더라도 포기하거나 더이상 에너지 사용량에 대하여 무관심해지는 것처럼 보이지 않았다. 데이터를 살펴보니 오히려 가장 많은 에너지를 사용하는 가정이 가장 많은 에너지를 절약했다. 오파워 프로그램이 소개되자, 남들보다 훨씬 많은 에너지를 사용하던 사람들이 에너지 사용량을 가장 큰 폭으로 감소시켰다. 하지만, 이것이 심리적 요인인지 좀더 기계적인 요인인지는 밝혀지지 않았다. 이는 마치 9킬로그램 정도 과체중인 사람이 1.5킬로그램 정도 과체중인 사람보다 1킬로그램을 감량하기가 더 쉬운 것처럼, 에너지를 많이 사용하는 가정에서 절약 가능한 부분이 많았던 것이다. 또한 그들은 처음에는 사용량을 줄이기 위한 많은 방법들을 사용하지 않았기 때문에 결과적으로 쉽게 사용량을 줄였던 걸지도 모른다.

다가 놓치면 특히 더 기분이 안 좋다. 당신이 승진 대상 중 최우선 순위일 거라고 생각했는데 실제로는 최하위 순위라는 걸 알아버렸을 때와 마찬가지다. 바닥이라는 것은 절대 기분 좋을 리 없지만 정상이 코앞이라고 생각했을 때라면 더 마음 상할 것이다.*

당연하게도 상당히 뒤처졌다는 사실은 사람들을 그만두게 한다. 완전히 포기하고 시도하지 않게 한다.

하지만 흥미롭게도 사람들이 그런 이유로만 중단하는 건 아니다. 중단은 처음부터 자신이 남보다 얼마나 더 잘할 수 있을지에 대한 기대 때문에 이루어지기도 한다.

테니스 경기에서는 종종 어떤 선수를 우승 후보로 지목한다. 다른 경기에서의 최근 성적이 좋은 선수들이다. 마찬가지로, 아무도 들어본 적 없는 선거 후보보다는 현재 재임중인 정치인이 선거에서 이길 것이라고 대부분 예상한다(그들이 재임 기간 동안 괜찮았다면).

하지만 우승 후보들의 실력이 더 뛰어나리라 **예상되지만 이러한**

---

* 앞서 있는 것 역시 의욕을 떨어뜨릴 수 있지만 그 이유는 다르다. 누군가 경쟁에서 훨씬 앞서 있다면 그가 승리의 왕관을 쓰는 게 거의 확실해 보일 것이다. 극단적인 상황이 생기지 않는 한 패하지 않을 것이다. 결과적으로 사람들은 가속 페달에서 발을 뗄 것이다. 계속해서 최선을 다하지 않고 현실에 안주하며 쉬엄쉬엄하게 된다. 예를 들어, 유명한 「이솝 우화」 중 토끼와 거북이 이야기를 보면, 토끼는 거북이를 한참 앞서 있었고 쉽게 경주를 이길 것처럼 보였다. 하지만 승리를 자신한 토끼는 낮잠을 잤다. 그리고 그가 눈을 떴을 때에는 이미 거북이가 우승한 뒤였다.
하지만 현실 안주는 압도적으로 앞서 있을 때만 나타났다. 약간 앞선 정도로 사람들은 안주하지 않았다.

기대감이 혹처럼 붙기도 한다. 사람들은 그들에게 기대를 거는데, 이는 실패할 가능성이 있거나 (그러한 기대에 반했을 때) 더 안 좋을 수도 있다. 약자가 진다고 해서 그 사실이 약자에게 나쁘게 작용하지는 않는다. 그들은 패하리라 예상됐기 때문에 그들에 대한 사람들의 생각은 바뀌지 않는다. 하지만 우승 후보가 진다면 다른 사람들이 그들에게 가졌던 인상에 부정적인 영향을 미친다. 우승 후보들은 이기리라 기대됐기 때문에, 뭐든 그 이하의 결과가 나오면 결국 잘하지 못했다는 인상만 주게 된다.

결과적으로, 참가자들은 자기불구화self-handicap 방법을 찾을지도 모른다. 형편없는 성과에 대한 구실로 말이다.

예를 들어 누군가가 중요한 프레젠테이션을 망쳐버릴까봐 걱정한다면, 실패했을 때 유용하게 쓸 외부 요인을 만들기 위해 역설적으로 전날 밤을 지새울지도 모른다. 만약 프레젠테이션이 엉망이 된다면, 그에겐 핑곗거리가 생긴다. 그들의 능력이 지적되지 않으면서 잠재적 실패에 대한 다른 변명이 가능해지기 때문이다. '어제 밤만 안 새웠으면 잘할 수 있었을 텐데……'

중단은 이와 비슷한 작용을 한다. 계속 매달리다가 지기보다 중단함으로써 참가자들은 만약 계속했다면 이길 수도 있었다고 계속해서 생각한다. 경기가 결국 의도대로 진행되지는 않았지만, 확실히 자신이 더 강한 참가자였다고 여길 수 있다.

연구 결과, 우승 후보들은 정확히 이런 이유에서 중도에 멈췄다. 약자에 비해 우승 후보로 지목된 테니스선수들이 경기를 중도에 그만두는 비율이 더 높았다. 순위가 더 높은 선수들이, 말 그대로든 비유적인 의미로든 경기중 수건을 던지는 경우가 더 많았는데 특히 첫번째 세트에서 졌을 때 더 그랬다.

누구나 이기리라 예상했지만 이제는 질 듯한 선수들에게 중단은 일종의 체면을 세우는 방법인 셈이다.

사람들과 조직들은 자주 경쟁에서 낙오한다. 농구선수들은 슛을 하기 위해 점프했다가 다리를 다쳐 남은 경기 시간 동안 앉아만 있게 되기도 한다. 가족과 더 많은 시간을 보내겠다며 선거 기간에 중도 사퇴하는 정치인들도 있다. 다른 전략적 우선 순위에 집중하겠다며 계약 대상 업체에서 자신들의 이름을 빼는 회사들도 있다.

어떤 경우에는 중단이 타당하다고 인정된다. 다리를 다친 선수, 가족을 사랑하는 정치인, 그리고 회사의 추구 방향과 일치하지 않는 계약을 마다하는 회사처럼 말이다.

하지만 다른 경우, 중단은 실패를 회피하게 하는 현명한 방어 수단이다. 중단함으로써 만약 우리가 시도했다면 성공할 수 있었을 것이라는 생각이 유지된다. 다시 말해, 우리가 끝까지 경쟁을 이어갔다면, 승리를 거두었으리라고 믿는 것이다.

사회적 영향력 활용하기

이러한 생각이 무슨 뜻일까? 영업팀이 더 열심히 일하게 영감을 불어넣거나 학생이 더 열심히 공부하도록 북돋는 일 등에 있어서 사회적 비교는 강력한 동기부여 요소가 될 수 있다. 사람들에게 동료와 어떻게 비교되는지를 알려주면 더 열심히 일하게끔 하고 그들의 목표 달성 가능성을 더 올려준다. 하지만 그와 동시에 사회적 비교가 주의깊게 짜이지 않는다면 사람들은 낙담해서 포기하고 그만둬버린다.

불행하게도 많은 회사와 학교에서 승자 독식 모델을 채택한다. 이번 분기에 가장 많은 상품을 판매한 사람이 승진한다. 성적이 가장 우수한 학생이 졸업생 대표로 졸업 연설에 나선다.

이러한 전략은 최고의 자리에 오를 기회를 쥔 사람들에게 동기를 부여하지만, 자신이 이길 거라 생각지 않는 사람들의 의욕을 종종 떨어뜨린다. 최고 영업 사원에 비해 판매 실적이 절반밖에 안 되는 사람은 너무 뒤처졌다며 그냥 포기해버릴 수도 있다. C학점이나 D학점을 받는 학생들도 아마 비슷한 기분일 것이다. A학점을 받기가 요원한데 뭐하러 계속 노력하겠는가?

인내심을 고취시키기 위해 비교군을 좁힐 수 있다. 성과를 토대로 큰 그룹을 더 작은 그룹으로 쪼갠다. 골프 토너먼트 경기에서는 실력이 비슷한 참가자들끼리 모아놓는다. 이렇게 실력이 비슷한 선수들과의 비교를 부추김으로써 뒤처졌다는 느낌을 덜 주면서 동기를 유지하게 한다.

　이와 유사하게, 어떤 조직에서는 모든 사람이 아니라 그들보다 바로 앞에 앞서가는 사람에 대한 정보만 제공한다. 오파워는 가장 에너지 사용량이 적은 이웃에 대해서가 아니라 그들과 비슷한 가정의 에너지 사용량만 제공한다. 1점 차로 뒤지고 있는 농구팀과 마찬가지로 약간만 뒤처졌다고 느끼게 함으로 그들의 노력과 성과를 높인다.

　사회적 비교는 다른 학교나 다른 회사를 대상으로도 할 수 있다. 예를 들어, 렌터카 회사인 에이비스는 자신들이 업계 1등이 아니라 2등이기 때문에 더 노력한다고 홍보해왔다. 하버드대의 토드 로저스 교수와 UC 버클리의 돈 무어 교수는 이러한 발상을 정계에 적용했다. 그들은 백만 통 이상의 이메일을 플로리다의 민주당원들에게 보내 그들의 주지사 후보가 설문 결과 간발의 차이로 이기고 있다거나 지고 있다고 알려주었다. 그 결과 지고 있다고 알려진 주지사 후보는 후원금을 60퍼센트 이상 더 모을 수 있었다. 자신이 지지하는 후보가 간발의 차로 지고 있다는 생각에 사람들이 무언가를 하게끔 동기부여됐기 때문이다.

　이러한 생각들은 누구를 고용할지 결정할 때도 영향을 미친다. 실력 있는 누군가를 낙점해야 하지만 누가 최적인지 판단하기 어려울 때는 종종 좀더 동기부여된 사람을 잡는다. 예를 들어, 오바마 대통령은 2008년 캠페인에서 주 장관을 맡을 만한 인물을 찾으면서, 수차례 장관을 역임했던 인물보다는 이전에 부장관을 지냈던 인물을 뽑고 싶어했다. 임금이 더 낮다는 이유도 있지만 무언가를 증명해내려는 인물로 그룹을 구성하고자 했던 것이다. 그들은 스스로 조금 뒤처졌다고 보았으므로 더 많이 동기부여가 되었고 현실에 안주하려 하지 않았다.

누군가를 고용하거나 후원금을 모을 때 혹은 에너지를 절약할 때, 사람들은 로봇처럼 합리적이지 않다. 다른 사람과 비교했을 때 내 위치가 어디인지가 동기에 영향을 미친다.

사회적 촉진은 사람들의 역량을 최고로 끌어올린다. 하프 마라톤을 위해 훈련을 하든 몇 킬로그램 정도 체중 감량을 시도하든, 동료들은 성공 확률을 높이는 데 도움이 된다.

기본적으로 동료들의 존재는 책임을 갖게 한다. 대부분 일주일에 최소한 며칠은 운동하겠다고 다짐하지만, 업무, 가족, 그리고 일상생활 때문에 쉽지 않다. 하지만 누군가가 당신을 기다린다면 그냥 건너뛰기는 어렵다. 친구와 저녁 여섯시 반에 헬스장에서 만나기로 한다면 운동 계획을 완수할 확률이 높아질 것이다.

동료들은 더 열심히 일하도록 동기부여를 해줄 수도 있다. 혼자 있을 때 우리는 게을러지기 쉽다. 어떤 운동을 할 때 몇 세트씩 하겠다고 종종 다짐하지만, 몇 번 해보고 생각보다 힘들면 두 세트 정도면 충분할 것 같다며 자신과 타협한다.

하지만 주변에 누군가 있다면 포기하기 어렵다. 경기장에서 달리기 경주를 했던 바퀴벌레들처럼 누군가가 주변에 있을 때 사람들은 더 노력한다. 특히 우리가 경쟁심이 강하다면, 친구와 함께 운동하는 것이 그렇지 않을 때보다 더 멀리, 더 빠르게 그리고 더 열심히 하게 해준다. 경쟁심이 강하지 않더라도, 단지 누군가가 주변에 있다는 것으로 계획한 것을 끝까지 해낼 수 있을 것이다.

만약 함께 운동할 상대를 찾기 어렵다면, 다른 사람이 주변에 있을 때 뛰거나 헬스장에 가자. 누군가가 러닝머신에서 뛰고 있다면 멀리 가지 말고 바로 옆에 자리를 잡아라. 그들의 존재만으로 우리는 능력을 110퍼센트 발휘할 수 있을 것이다.●

● 두 가지 경고. 첫째, 훨씬 능력이 뛰어난 누군가와 직접 비교하지 마라. 프로 육상선수는 좋은 조언을 해줄 수는 있지만, 항상 그들과 같이 뛴다면 너무 뒤처진다고 느껴 포기할지 모른다. 자신보다 약간 더 잘하거나 약간 더 못하는 누군가를 고르는 게 좋다. 만약 그들이 약간 더 잘한다면 더 열심히 하도록 동기를 부여할 것이다. 그리고 약간 더 못한다면 최소한 기분은 좋을 것이다.
둘째, 막 시작할 때는 누군가와 함께하는 것에 주의하라. 만약 농구를 전혀 해본 적이 없다면, 다른 사람들이 조언해줄 수도 있겠지만 더 불안해질 수도 있다. 잘 아는 사람에게 배운다면 부정적인 영향을 받을 가능성이 줄어들 것이다.

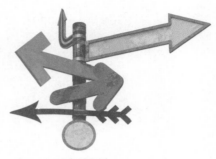

INVISIBLE
INFLUENCE

결론

사회적 영향력 활용하기

미국은 항상 기회의 땅으로 여겨졌다. 하지만 이민자들이 마주하는 현실은 그런 숭고한 이상과 상당히 거리가 멀었다. 1900년대 초, 뉴욕 시에 처음 도착한 사람들은 금방이라도 쓰러질 것 같은 공동주택에서 한방에 열두 명씩 잠을 자곤 했다. 거리의 아이들은 온기를 나누기 위해 서로 옹송그리며 모여 있거나 구두닦이를 하고 구걸을 하며 골목길을 배회했다. 가난하고 황폐한 빈민가는 일말의 희망까지 뒤섞여 혼란스러웠다. 다 쓰러져가는 판잣집들로 빽빽한 모습은 오늘날 개발도상국이라 해도 믿길 정도였다.

이런 상황에 자극을 받은 미국 정부는 1930년부터 공영주택 건설을 시작했다. 프랭클린 루스벨트 대통령이 시행한 뉴딜 정책의 일환이었던 전국산업부흥법으로 공공사업청PWA은 빈민가를 정리하고 저소득층을 위한 주택을 건설하였다. 1936년 애틀랜타에 첫 공영주택이 생긴 이래 1930년대 말까지 쉰 개 이상의 추가 사업이 미국 전역에서 진행되었다.

지역 사회에 상호작용을 촉진하고자 유명 건축가들이 임명됐다. 건물에는 아이들이 뛰어놀 수 있는 중앙 공간이 갖춰져 있었고, 단지 안에는 도서관과 유치원이 세워졌다. 몇몇 가정에는 그 당시만 해도 사치품이었던 욕조와 전자레인지까지 설치되었다.

빈민가를 없애기 위해 이러한 개발 사업을 진행했지만 얼마 지나지 않아 그곳이 빈민화됐다. 자연스럽게 노후화되었고, 건물 수리를 뒷전으로 하자 곰팡이가 피었으며, 공공 기물 파괴가 이어졌다. 바퀴벌레들이 걷잡을 수 없이 늘어났다. 날림 공사와 부실 시공 때문에 대부분 불만을 터트렸고 공실률이 높아졌다.

본래 다양한 입주민들의 요구를 충족시키고자 높은 기준을 세워 건설되었던 공영주택은 결국 최후의 거주지로 전락했다. 가난과 범죄 그리고 인종 차별의 집약체를 상징하는 장소가 되었다. 정치인들은 중산층과 노동자 계층의 거주지에 공영주택 건설을 반대했고, 이미 형성된 빈민가 주변에 세우게끔 초점을 맞추었다. 백인 중산층들의 교외 이주 현상과 공영주택 입주에 소득 요건이 생기면서 인구 분리는 더욱 심화되었다. 결국 어디에도 갈 곳 없는 사람들만 공영주택에 남게 되었다.

1960년대 말부터 1970년대 초까지, 정부는 다른 접근법을 시도했다. 기존에는 저비용 주택의 공급과 물량 확보에만 집중했지만, 주택수당시범사업은 수요 측면에도 초점을 맞추었다. 특정 지역의 개발에만 적용해 '사업 기반'적인 원조만 공급하는 대신, 각 가정에 바우처를 제공했다. 이 임차인 기반의 지원은 가구 소득의 25퍼센트와 공정시장 임대료 간의 차액을 보완했는데, 바우처 사용이 가능한 어디서든 쓸 수 있었다. 사람들은 주택단지에 얽매이지 않고 원하는 곳이라면 어디든 자유롭게 이동할 수 있었다.

바우처는 사람들을 더 나은 지역으로 이주시키고자 계획되었다. 저소득층 가정에도 이제 선택권을 주자는 발상이었다. 사람들이 억지로 주택 단지에 모이지 않고, 범죄율과 빈곤층 비율이 좀 더 낮은 지역으로 이주할 수 있으리라 생각했다.

하지만 유감스럽게도 현실은 달랐다. 유연성 그 이상의 문제가 존재했다. 임대지원금을 받은 가정들은 수많은 걸림돌과 맞닥뜨리게 되었다. 이주 가능 지역에 대한 정보 부족, 차별, 시장 상황 그리고 교통수단의 부족 등은 빈곤 지역 거주자들의 타지역 이주를 힘들게 했다. 어디든 갈 수 있는 것 같았지만 그럴 수 없었다.

1992년 미국 정부는 '기회를 위한 이사Moving to Opportunity'라는 새로운 사업을 시작했다. 이전 사업에서의 문제점을 파악하고 이번에는 임대 지원 바우처뿐 아니라 주거환경을 철저히 조사하고 상담 서비스까지 제공했다. 이동 가능성뿐 아니라 실제로 이주 가능한 능력을 준 것이다.

사업 초기에는 대도시권에 위치한 꽤 큰 도시들로 한정되었다. 미국 내 스물한 개의 후보지 중 경쟁을 통해 다섯 개 지역으로 추려졌다. 볼티모어, 보스턴, 시카고, 뉴욕 그리고 로스앤젤레스였다.

선출된 각 도시의 공영주택국은 전단 광고와 임차인 연합 등 다양한 수단으로 참가자를 모집했다. 자녀가 있는 저소득층 가정으로 참가 자격을 제한했다. 빈민 지역에 위치한 공영주택이나 8지구 사업Section 8 project 선정 주택에 거주하는 가정이 대상이었다. 즉, 빈곤율이 적어도 40퍼센트 정도 되는 지역에 거주해야 했다. 지원자들의 사분의 삼 정도가 복지수당을 받았으며, 고졸자는 절반에도 못 미쳤다.

수요가 많았기 때문에 추첨으로 참가자를 정했다. 그리고 '기회를 위한 이사'라는 사업 이름에 걸맞게 사람들을 단순히 이동시키는 게 아니라 빈곤율이 비교적 낮은 지역으로 이주시켰다. 지원자들은 임대할 개인주택을 구하기 위해 상담 서비스와 지원을 받았지만, 빈곤선 이하의 주민들이 전체 인구수의 10퍼센트 미만인 지역에 주택이 있어야 했다. 이 프로그램은 미국의 가장 황폐한 도시 지역에서 벗어나 전혀 다른 환경으로 이주하도록 장려했기에, 선택된 저소득층 가정들은 단순히 한 주택단지에서 다른 주택단지로 이동할 수 없었다.

'기회를 위한 이사'의 영향은 특히 중요했다. 수십 년간, 학자들과 정책 입안자들은 소위 '이웃 효과_{neighborhood effects}'에 대해 논쟁을 벌여왔다. 극빈 지역에 거주자들은 다양한 차원에서 사정이 더 나빠지곤 했다. 빈곤층 거주 지역에서 자란 아이들은 지능과 언어 구사력 그리고 독해력이 더 낮았다. 청소년들의 자퇴율, 폭력성 표출 정도 그리고 범죄 가담률도 더 높았다. 또한 우울증과 실업, 알코올 중독 그리고 정신 건강 문제 등이 더 심각했다. 경제적, 건강적, 그리고 교육적 측면 등 다양한 차원에서 빈곤층 이웃을 둔 사람들이 더 불행했다.

하지만 이런 격차의 원인이 불분명했다. 빈곤층 지역에서 자란 사람들은 확실히 더 큰 문제에 직면한다. 범죄율은 이미 높고, 학교들은 재정 부족에 시달리며, 정부 서비스는 질이 낮다. 인종차별도 심하다. 고소득 직장도 거의 없는 데다 그런 직장을 잡으려면 극복해야 할 난관이 너무나 많다.

하지만 수입, 인종, 학력 등 각 가정의 특성 역시 다양하다. 가난한 지역에서 사는 사람과 부유한 지역에서 사는 사람이 완전히 똑같을 수는 없다.

결과적으로, 무엇이 지역 간의 격차를 만드는가를 규명하기란 어렵다. 개인적이고 가족적인 상황 때문일까 아니면 주변 이웃 환경 탓일까? 빈곤 지역에서 자란 아이들의 학업 성적이 저조한 이유는 학교가 안 좋아서일까, 아니면 부모가 많이 배우지 못해서일까? 극빈곤층 지역의 거주자들이 행동과 정신 건강에 문제가 더 많은 것은 개별적인 문제 때문일까 아니면 거주지 때문일까?

이는 본성이냐 양육이냐 하는 고전적인 논쟁이다. 삶은 유전적 요인과 환경적 요인 중 어떤 것에 더 영향을 많이 받을까? 저마다의 개성과 그들을 둘러싼 환경 중 무엇이 더 중요할까?

여기에 대한 대답은 정치적으로 중요한 의미를 가진다. 이에 따라 정부는 후견 프로그램에 더 많이 투자할 수도 있고, 가난한 가정들을 고소득층 거주지로 이주시킬 수도 있다. 개인의 건강 상태에 집중할 수도, 지역 사회 향상에 더 집중할 수도 있다.

'기회를 위한 이사'로 이런 의문들을 탐구할 특별한 기회가 마련됐다. 다른 가정들은 변함없이 지내는 데 반해, 어떤 가정들에게는 무작위로 더 나은 지역으로 이사할 기회를 제공함으로써 어떻게 이웃들이 영향을 미치는지를 조사할 수 있었다. 본성이 아니라 양육에 대해서 말이다.

몇 년 후, 연구자들이 데이터를 분석하자 인상적인 결과가 나왔다. 덜 빈곤한 지역으로 이주하자 어른과 아이 모두의 건강과 행복 수준이 상당히 향상됐다. 아이들이 범죄의 피해자가 되는 경우가 35퍼센트가량 줄어들었을 뿐 아니라 부상을 당하거나 천식 발작을 할 가능성도 더 낮았다. 여자아이들이 마리화나를 피우는 경우도 줄어들었고, 돈을 노린 범죄로 체포되는 경우도 낮아졌다. 어른들 역시 비만이 되거나 심리적 고통 혹은 우울증을 겪을 확률이 더 낮았다. 거주지 이주는 항당뇨병제를 복용하는 것만큼이나 당뇨병 치료에 효과가 컸다.

그렇지만 무엇보다도 경제적 성과가 놀라웠다. 열세 살 이전에 가족과 함께 상대적으로 빈곤층이 적은 지역으로 이주한 아이들의 대학 진학률이 더 높았으며 자라서 고소득 직장을 더 많이 구했다. 어른이 되어서, 이 아이들은 결국 더 잘사는 지역에 거주하게 되었고 한 부모 가정이 될 확률도 낮았다.

게다가 물질적인 차이도 꽤 컸다. 조사 대상자들을 이십대 중반까지 추적해보자, 이주하지 않았던 아이들과 비교했을 때 또래들보다 연 수입이 33퍼센트 정도 더 높았다. *

어릴 때 이주한 아이들일수록 효과가 훨씬 컸다. 여덟 살 때 이주한 아이들은 사회생활을 시작하면 30만 달러 이상을 더 벌 것으로 예상되었다. 이 부양책은 보조금 바우처로 쓰인 투자비 이상의 효과를 거뒀다.

더 좋은 지역으로의 이주는 사람들의 삶의 질을 향상시켰으며, 더 좋은 지역에서 더 오래 살수록 삶의 질은 더 향상되었다.

어디에 사느냐는 우리 삶이 어떻게 펼쳐지느냐에 큰 영향을 미

* 정확히는 성장 지역에 따라 성인이 되었을 때의 기대소득이 증가되느냐 감소하느냐로 연구했다. 예를 들어, 성장할 때 뉴저지의 베르겐에서 1년씩 더 보낼 때마다 성인기의 가계 수입은 대략 0.7퍼센트씩 증가한다. 하지만 뉴욕의 맨해튼에서 1년씩 더 보내면 성인기의 가계 수입은 0.5퍼센트 이상 감소된다. 이 자체로는 크지 않아 보이지만, 20년 넘게 쌓이면 상당히 차이가 벌어진다. 베르겐에서 성장하는 것은 전국 평균보다 거의 15퍼센트 높은 수입을 가져다주나, 반면에 뉴욕에서 성장하는 것은 수입을 10퍼센트가량 감소시킨다. 더 자세히 알고 싶다면, 웹사이트(http://www.equality-of-opportunity.org/)를 방문하기 바란다.

친다.

이웃 효과는 확실히 다면적이다. 다양한 이유에서 환경은 건강과 행복을 향상시킨다. 어느 지역에는 신선한 농작물로 가득한 식료품점이 더 많으며 교사당 학생 비율이 낮고, 아이들이 뛰놀 수 있는 주민센터가 더 많이 갖춰져 있다. 이 모든 것이 주민들을 더 행복하고 더 건강하며, 더 부유하게 해줄 수 있다.

하지만 다른 사람의 존재라는 측면도 중요하다. 주변에 누가 있느냐도 무시할 수 없다. 그들이 운동을 하는가, 텔레비전을 시청하는가? 그들이 토론 모임에 참여하는가, 마약을 하는가?

당신이 어릴 때 가난한 지역에서 성장했든 사업가들이 거주하는 부유한 지역에서 자랐든, 우리 곁에는 늘 다른 사람이 있다. 옆집에는 아이들이 산다. 사무실에는 동료들이 있다. 수영장 옆 레인에는 함께 수영하는 사람이 있다.

우리의 환경이 우리의 운명을 결정할까? 반드시 그런 것은 아니다. 가난하게 자란다고 종신형을 선고받는 것도 아니며, 부유하게 성장한다고 성공이 보장되지도 않는다.

하지만 우리는 끊임없이 우리를 둘러싼 사람들의 영향을 받는다.

때때로 사회적 영향력은 우리를 모방으로 이끈다. 분홍 곡물과 파란 곡물 중에서 선택한 원숭이처럼 우리는 타인의 행동을 정보로 사용하여 선택과정을 단순화하며 스스로 내렸을 결정보다 더 나은(그리고 더 맛있는) 것을 선택한다. 우리는 주변 사람들의 선택과 행동을 모방하며, 이런 모방은 우리가 유행하는 상품이나 개념을 어떻게 판단할지부터 모든 것을 결정한다.

그렇기는 해도, 다른 사람들은 우리를 끌어당길 뿐 아니라 밀어내기도 한다. 우리는 같이 식사하는 사람과 다른 음료를 주문하거나 너무 유명해진 뮤지션을 외면한다. 동생들이 손위 형제와 자신을 차별화시키는 것처럼 우리는 남과 뚜렷하게 구분되는 정체성을 공들여 만들어간다. 항상 다른 선택을 하지 않더라도, 스스로 충분히 다르다고 느낄 만큼 선택을 통해 표현한다.

그리고 우리가 모방하느냐 차별화하느냐는 그 타인이 누구냐에 달려 있다. 우리가 하는 선택—무엇을 입느냐, 학교에서 얼마나 노력하느냐, 그리고 어떤 직업을 원하느냐—들은 이러한 행동을 누가 하느냐에 달려 있다. 작은 청개구리들이 그러듯이 우리 역시 이상적인 신호를 보내는 대상을 선택하며, 바람직하지 않은 신호를 보내는 대상의 선택과 행동을 피한다.

하지만 이는 단순한 양자택일의 문제가 아니다. 우리는 완벽히 똑같아지기도, 완벽히 달라지기도 원하지 않는다. 대신 유사성과 차이성을 엮어가면서, 자신을 최적으로 구분짓는 방식을 선택해 그에 따라 행동한다. 골디락스처럼 우리는 극단적인 선택은 회피한다. 적당히 비슷한 대상을 좋아해서, 딱 적당하다 싶을 정도로 신선함의 매력을 익숙한 편안함과 조화시킨다.

결국 주변 사람들은 무조건 우리의 선택에 영향을 미치는 게 아니라, 우리의 행동에 동기를 부여한다. 다른 사람의 존재 때문에 우리는 더 빠르게 자전거를 타게 되고 에너지를 더 절약하게 되며, 지고 있는 경기를 뒤집기도 한다. 그러나 우리가 너무 뒤처졌다면 다른 사람의 존재가 오히려 우리를 포기하게 만들 수 있다. 격차가 너무 큰 듯하면 포기해버리는 것이다.

하지만 이렇게 다른 사람이 거의 모든 것을 형성함에도 우리는 보통 이런 영향력의 발생을 인식하지 못한다. 다른 사람들이 사회적 영향력의 먹잇감이 되는 예시는 집어내면서 자기 자신에게 미치는 영향력은 잘 파악하지 못한다.

이 책의 전반부에서 대학생들을 대상으로 실시한 외적 매력 평가 실험에 대해 살펴봤었다. 심리학자 리처드 모얼랜드는 학생들이 수업에 더 많이 출석한 학생을 더 매력적으로 평가한다고 결론 내렸다. 누군가를 더 자주 보면 사람들은 그를 더 좋아했다.

몇 년 전, 그러니까 모얼랜드가 대학생이던 시절, 그는 콜로라도 볼더에 위치한 조이스라는 동네 식료품점에서 일했다. 우리가 서문에서 만났던 가상의 커플처럼, 그곳에는 그와 같은 시간에 일하는 어린 소녀가 있었다. 그녀와 몇 번 마주친 모얼랜드는 그녀를 꽤 귀엽게 여겼다. 그들은 대화를 나누었고, 그다음엔 데이트를 했으며, 결국 그 소녀는 그의 아내가 되었다.

사실 그 가게에선 많은 로맨스가 피어났다. 그곳에서 근무한 거의 모든 직원이 그들끼리 결혼했다. 학교와 직장만 오갔던 그들에게는 다른 사람을 만날 시간이 많지 않았고, 그래서 함께 일하는 동료와 사랑에 빠졌던 것이다.

모얼랜드는 지금의 아내를 그때 더 자주 보았기 때문에 그녀를 더 좋아하게 되었고, 그 결과 결혼까지 하게 된 걸까?

이러한 질문에 대부분 사람들처럼 모얼랜드도 그렇지 않다고 답할 것이다. 우연히 근무 시간이 같아서가 아니라, 상대가 매력적이고 그 미소가 멋졌기에 끌렸다고 믿고 싶어한다.

상품을 구매할 때나 직업을 선택할 때와 마찬가지로, 우리는 의식적으로 배우자와 친구를 골랐다고 믿는다. 즉, 얼마나 자주 우연히 그들과 마주쳤느냐 혹은 그들이 어떤 부류에 속하느냐와 관계없이 우리의 개인적 선호에 따라 그들을 선택했다고 믿는다.

하지만 누군가의 행동을 관찰하는 외부자의 입장에서는 의문을 가질 수밖에 없다.

우리 모두는 본질적으로 사회적 동물이기 때문이다. 인식하든 못 하든, 다른 사람들은 우리의 거의 모든 행동에 미묘하면서도 놀라울 정도로 영향을 미친다. 우리 삶에 있어서 사회적 영향력은 강한 만큼 조용하다. 우리가 볼 수 없다고 해서 그것이 존재하지 않는 건 아니다.

냉소적인 시각으로 사회적 영향력을 판단하기 쉽고, 사람들이 나그네쥐 같다며 한탄하기 쉽다. 사람들이 아무 생각 없이 주변 사람들에게 휘둘리는 것만 같다. 그리고 순응이 나쁜 경우도 확실히 있다. 모방의 습성 때문에 반대해야 할 때 순응할 수도 있고, 의견을 내야 할 때 침묵할 수도 있다.

하지만 사회적 영향력 그 자체는 나쁘지도 좋지도 않다. 만약 사람들이 악한 타인을 따라한다면, 세상은 더 악해질 것이다. 만약 사람들이 선한 타인을 따라한다면, 세상은 더 선해질 것이다.

또한 우리는 스스로의 영향력을 선택할 수 있다. 사회적 영향력은 행동에 엄청난 영향을 미친다. 하지만 이것이 어떻게 작용하는지를 이해함으로써 이 힘을 활용할 수 있다. 사회적 영향력의 단점은 피하고 이로운 장점만 취할 수 있다. 각자의 개성을 유지하면서 대중에게 휩쓸리지 않을 수 있다. 사회적 상호작용에 더 만족할 수 있으며, 더 성공할 수 있고, 더 합당한 결정을 내리는 데 다른 사람들을 활용할 수 있다. 사회적 영향력이 언제 유익한지를 이해함으로써 언제 이런 영향력을 거부하고 언제 이를 받아들일지 결정할 수 있다.

사회적 영향력이 어떻게 작용하느냐에 대해 통찰력을 가진다면, 이를 활용하고 자기 자신과 다른 사람들의 삶을 향상시킬 수 있다. 영향력은 다른 것들과 마찬가지로 일종의 도구다. 이를 이해하면, 그저 가만히 수동적으로 그 발생과정을 보지 않아도 된다. 우리는 이를 활용할 수 있다. 사회적 영향력의 힘으로 세상을 더 좋은 곳으로 변화시킬 환경을 설계하고 상황을 만들어나갈 수 있으며 오파워나 '기회를 위한 이사' 같은 사업을 시작할 수 있다.

당신은 어디서 영향력을 보는가? 주변 사람들은 어떻게 당신의 삶을 형성하며 당신은 어떻게 그들의 삶을 형성하는가?

이렇게 쉽사리 보이지 않는 영향력을 이해하면 우리는 더 잘 살아갈 수 있다.

보다 영향력을 갖추고 싶은가? 선택을 잘하고 싶은가?
스스로와 다른 이들에게 동기부여하고 싶은가?

JonahBerger.com에서 더 많은 정보와 방법을 살펴보자.

감사의 말

　여러 가지 면에서 두번째 책의 감사인사를 쓰기가 첫 책보다 더 어렵다. 앞으로 또다른 책을 쓰게 될지 불분명하다면, 아마 첫 책을 집필할 때 일생 동안 도와준 모든 사람들에게 감사인사를 전할 것이다. 그러다 결국 두번째 책까지 내게 되면, 좀 고민에 빠진다. 두번째 책을 쓸 때까지 도와준 모든 사람들에게 다시 감사인사를 해야 하는 걸까? 첫 책에서 했던 감사인사로 충분하지 않을까? 그럼에도 불구하고, 첫 책, 『컨테이저스 전략적 입소문』에서 언급했던 모든 사람들에게 다시 한번 감사인사를 전하고자 한다. 당신들이 없었다면, 『보이지 않는 영향력』은 세상에 나올 수 없었을 것이다.

　새롭게 감사드려야 할 분들도 많다. 우선 연구에 있어 유익한 조언을 해준 타냐 차트런드와 사프나 셰언 그리고 세라 타운센드에게 감사드린다. 아기 이름에 관한 통찰력을 공유해준 리베카 브루노에게도 감사의 말을 전한다. 또한 리처드 모얼랜드, 니콜 스티븐스 그리고 기꺼이 인터뷰에 응해주었지만 최종 원고에는 미처 소개하지 못한 많은 분들에게도 감사의 마음을 보낸다. 그리고 첫 책과 마찬가지로 즐겁게 작업하게 도와준 벤 로넨, 리처드 로러, 모린 콜을 비롯한 사이먼 앤드 슈스터 출판사 직원들에게도 감사인사를 전한다. 문장을 다듬을 때 도와준 앨리스 라플란테와 임신중임에도 매의 눈으로 편집에 임해준 마라 아나 비토리누에게 특별히 감사하다. 내가 코치를 할 수 있도록 허락해준 이스트 팰러앨토 AYSO 축구팀의 모든 선수들과 스태프들, 이 책의 많은 부분을 집필하는 동안 사무실을 쓰게 해준 듀크대 마케팅학과에도 감사하다. 그리고 즉석 농구 시합을 함께 해준 윌슨대 학생들 덕분에 집필중 멋진 휴식을 취했다. 형편없는 농구 실력이었지만 이 책이 타당한 변명이 되어주기를 바란다.

공동 연구자들과 이 책에서 연구를 언급한 모든 학자들에게 엄청난 신세를 졌다. 그들이 없었다면 사회과학자로의 삶이 전혀 즐겁지 않았을 것이다. 고등학교 시절, 엘리엇 애플스타인 선생님의 AP심리학 수업으로 사회심리학에 발을 들여놓게 되었다. 그 수업에서 마지막 과제로 집단사고에 관해 다뤘는데, 이 때문에 사회적 영향력이 어떻게 행동에 영향을 미치는지 생각하게 됐다. 애플스

타인 선생님을 비롯해 리 로스, 마크 레퍼, 헤이즐 마쿠스, 필 짐
바도 등 여기까지 올 수 있게 나를 이끌어준 모든 다른 선생님들
과 교수님들, 그리고 시간을 쪼개어 이 분야의 경이로운 시각을
공유해준 많은 분들께 감사드린다. 그분들과 함께할 수 있어서 행
운이었다.

누군가가 한 무리의 사람들에게 어떤 사회심리학자를 가장 좋
아하는지 물은 적이 있다. 내게 이런 질문을 했다면 대답하기 불
가능할 것 같다. 책에서 언급했던 치알디니와 레빈, 셰리프 같은
위대한 학자들 외에도 많은 사람들이 예상 후보로 떠오른다. 하지
만 광범위한 공헌도로만 보자면, 단연 밥 자이언스다. 이 책에서
다룬 얼마나 많은 연구들이 그의 작업을 참고했는지, 그가 얼마나
많은 영역에 기여했는지는 놀라울 정도다. 여기에 그의 개인사까
지 더해지면, 그대로 전설이 된다.

짐 러바인에게는 다시 한번 감사를 전한다. 함께할수록 점점 그
의 모든 일에 더 깊이 감사하게 된다. 늘 사려 깊게 조언해주었으
며, 성취감 있는 삶이 작업보다 중요하다는 사실을 훌륭히 일깨워
주었다. 이 책이 방향을 잡아가게끔 시간을 내주고 격려해주었던
다이앤과 제프리, 낸시 그리고 스티브, 키바, 빅터, 대니, 프레드
그리고 다른 모든 이들에게도 감사하다. 이분들은 요청드렸던 피
드백과 함께 계속 나아갈 수 있는 열정을 불어넣어주었다.

마지막으로 가장 중요한 사람, 조던과 조. 그들이 보내준 모든

도움과 지지, 설득 그리고 단계마다 귀기울여주고 이해해주고 생각해주며 믿어준 일에 감사하다. 테니스공 쫓는 게 훨씬 재미있겠다고 모두가 동의했던 순간마저도 감사하다. 당신들의 영향력은 보이든 보이지 않든 존재했고, 그 모든 것에 진심으로 감사를 표한다.

옮긴이 **김보미**

고려대학교 국어국문학과를 졸업했으며, 성균관대학교 번역테솔대학원을 졸업했다. 현재 번역 에이전시 엔터스코리아에서 전문 번역가로 활동하고 있다. 옮긴 책으로는 『사랑 끌림의 심리학: 행복한 남녀관계를 위한 실용적인 안내서』 『해결중심치료로 상처 치유하기』 『돈, 피, 혁명』(공역) 『비즈니스는 유대인처럼』(공역) 『다니고 싶은 회사 만들기』(공역) 등이 있다.

보이지 않는 영향력

1판 1쇄 2017년 3월 24일
1판 7쇄 2022년 8월 31일

지은이 조나 버거 | 옮긴이 김보미
책임편집 임혜지 | 편집 황은주 | 모니터링 이희연
디자인 고은이 이주영 | 저작권 박지영 형소진 이영은 김하림
마케팅 정민호 이숙재 박치우 한민아 이민경 박지영 안남영 김수현 정경주
브랜딩 함유지 함근아 김희숙 박민재 박진희 정승민
제작 강신은 김동욱 임현식 | 제작처 한영문화사(인쇄) 경일제책사(제본)

펴낸곳 (주)문학동네 | 펴낸이 김소영
출판등록 1993년 10월 22일 제2003-000045호
주소 10881 경기도 파주시 회동길 210
전자우편 editor@munhak.com | 대표전화 031) 955-8888 | 팩스 031) 955-8855
문의전화 031)955-3578(마케팅) 031)955-2672(편집)
문학동네카페 http://cafe.naver.com/mhdn
인스타그램 @munhakdongne | 트위터 @munhakdongne
북클럽문학동네 http://bookclubmunhak.com

ISBN 978-89-546-4480-8 03320

www.munhak.com